Ole Nydahl: Die Buddhas vom Dach der Welt

Ole Nydahl

DIE BUDDHAS VOM DACH DER WELT

Mein Weg zu den Lamas

OCTOPUS VERLAG WIEN

Überarbeitete und erweiterte Neuauflage der erstmals beim Diede-
richs-Verlag, Köln, 1979 erschienenen Ausgabe. Der Verlag dankt
Herrn Ulf Diederichs für die freundliche Genehmigung dieser
Neuausgabe.

Hinweis auf die Schreibweise von Fremdworten:
Die Fremdworte in Tibetisch und Sanskrit wurden in einfacher, dem
Deutschen angepaßten Umschreibung wiedergegeben, um auch für
Laien eine richtige Aussprache zu ermöglichen. Fachleuten wird es
nicht schwer fallen, die richtige Transliteration daraus abzuleiten.

Impressum:

ISBN 3-900 290-53-9

1989

Octopus Verlag, Erich Skrleta, A-1010 Wien, Fleischmarkt 16

Umschlag: Hugin-Fotosatz, Texing
Umschlagfoto: Christian Rath
Druck: Wiener-Verlag, Himberg

Inhalt

D. C. CENTRE
RUMTEK, SIKKIM,
INDIA.

11-8-1983

To Whom It May Concern.

This is to certify that Mr. Ole Nydahl, Denmark, is appoint-
ed Buddhist Master, and that he transmits the blessing and activity of the Karma Kagyud Lineage.

His qualifications are these: He has been a close, personal
disciple of H.H. the Gyalwa Karmapa since December 1969, when
he met Him at the Swayambhu Stupa in Nepal, and he has taken i-
nitiations and Mahamudra teachings from His Holiness and the
highest Kagyud Lamas which he has practiced accordingly.

For the last 10 years he has been starting centres, teaching
and protecting the practitioners all over the world on the request of His Holiness, and he is fully qualified in guiding me-
ditations and leading people in the Dharma.

His wide-ranging activity has been of great benefit for count-
less students so far, and it is my request that Mr. Ole Nydahl
may be recognized in accordance with the above declaration and
receive all help in his important work.

His Holiness Shamar Rinpoche

Vorwort

Sehr liebe Freunde!

Als ich das Manuskript dieses Buches Anfang 1988 wieder in die Hand nahm, waren für die zweite Auflage ein paar Rechtschreibfehler zu verbessern.

Anfangs tat ich auch nur das, hakte die von Tina und Alex Draszczyk vorgeschlagenen Verbesserungen einfach ab. Obwohl wie üblich in großer Eile, trat dabei der Text hinter den roten Strichen hervor und ich sah, daß mir die Sprache oft recht fremd war.

Hier ist nun, was ich schon das erstemal mit besseren Deutschkenntnissen geschrieben hätte, und ich danke allen, die dabei halfen.

Eine weitere Bearbeitung der Jahre bis '72 wird es wohl kaum geben, aber dafür bald "Die Arbeit im Westen" über die spannende Zeit danach. Ich bin sehr froh, daß der Octopus Verlag wieder für uns druckt und über das Umschlagbild von Christian Rath.

Manila, Mahakala-Tag im August '88

Hannah und Ole

Die Hochzeitsreise

Als Hannah und ich im Mai 1968 Nepal zum Ziel unserer Hochzeitsreise wählten, ahnten wir nicht, daß dies der Anfang einer fantastischen inneren Reise werden würde. Einer Reise, die uns über manche Um- und Irrwege der sechziger Jahre zu dem Tibetischen Buddhismus, dem sogenannten Diamantweg, führen sollte. Es wurde der Beginn einer Suche, die uns seither zwischen dem grünen Flachland Nordeuropas und den eisigen Gipfeln des Himalaja hin- und herpendeln ließ, während sich verwirrte "weltliche" Geisteszustände durch die Praxis der Meditation auflösten. Im Kreise von Schmugglern und Hippie-Freunden begonnen, führten uns die Fahrten zur Freundschaft mit den höchsten tibetischen Lamas der Kagyü-Praxis-Linie und zur Einweihung in ihre geheimen Überlieferungen und Praktiken.

Wir berichten von dieser Reise nicht nur, um eine abenteuerliche, aber wahre Geschichte festzuhalten. Wir wollen auch den vielen Menschen, die sich heute auf der Suche nach ihrem innersten Wesen dem Buddhismus zuwenden, aufzeigen, wie sich bei uns der Weg zur Verwirklichung der Buddha-Natur vollzieht. Viele Leser werden so eigene Erfahrungen wiedererkennen und Teile unserer Entwicklung mitmachen können.

Denen, die Vertrauen zu ihrem Geist haben und diesen auch erkennen wollen, soll dieses Buch ein Wegweiser sein.

Hannah war gerade zweiundzwanzig und ich siebenundzwanzig Jahre alt, als alles begann. Wir stammen beide aus sehr harmonischen und liebevollen Familien. Unsere Väter waren Lehrer, die an Gymnasien nördlich von Kopenhagen unterrichteten, und wir wuchsen in einer heilen Welt auf, in der Vertrauen zu den Menschen noch üblich war. Wir erhielten alle Liebe, die Kinder von ihren Eltern bekommen können. Ich selbst war allerdings ziemlich wild. Ich mochte mich nie einordnen, und der Umstand, daß ich Gesetze und Verordnungen nicht ernst nehmen wollte, führte zu vielen Schwierigkeiten mit meiner Umwelt. Hannah war ähnlich selbständig, doch da sie eher ein sanfter Typ ist, verarbeitete sie ihre Probleme innerlich, anstatt, so wie ich, Löcher in die Welt zu schlagen.

Im Jahre 1961, nach der Entlassung aus der Armee, die mich liebend gern früher losgeworden wäre, hatte ich als einer der ersten Dänen die Gelegenheit, Hanf kennenzulernen. Ich hatte damals gerade mein Philosophikum an der Universität von Kopenhagen mit der besten Note bestanden. Alles was mit Erkenntnis zu tun hatte - oder zu tun zu haben schien -, interessierte mich immer brennend. Von Hanf und ähnlichen Drogen versprach ich mir Welten von neuen Erkenntnissen, und was damals, zu Anfang der Drogen-Subkultur in Europa mit mir geschah, führte zu vielem, was heute noch wirkt.

Auf der Toilette des "Kannibal" - so nannten wir die Mensa der Universität von Kopenhagen - ließ mich mein Freund Jens-Erik drei kleine Pfeifen mit einem "Grünen Marokkaner" einziehen. Der Geschmack des Rauchs kam mir irgendwie sehr vertraut vor, und während der paar Schritte zurück in die Mensa begann die Umwelt zu verschwimmen und sich immer mehr zu verändern. Die Kommilitonen im Kannibal, die mich sonst als gefürchteten Schläger kannten, der niemals das Gesicht verlor, sahen mich plötzlich lachend wie ein Kind auf ihren Tischen herumklettern. Ich selbst erlebte sie mit vielen Köpfen, die alle anders aussahen, und zeigte auf sie: "Ha, Ha wenn ihr euch sehen könntet!" Draußen dann, auf der dunklen Straße, hatten die Spiegelungen der Leuchtreklamen auf den nassen Pflastersteinen plötzlich eine überwältigende Leuchtkraft. Sie schimmerten in Farbschattierungen, die ich nie zuvor wahrgenommen hatte; es war das Schönste, was ich je gesehen hatte. Einige Stunden später saß ich Jens-Erik in einer Kneipe gegenüber, schüttelte ihn aufgeregt und sagte: "Ich kann doch wieder dahin, nicht wahr?"

Mein Interesse an den Drogen war geweckt, und ich beschloß, meine Doktorarbeit über Aldous Huxley und die "Glücksbringende Vision" zu schreiben. Während ich in den folgenden Jahren in Tübingen, München und Dänemark studierte und alles probierte, was an bewußtseinsverändernden Stoffen auftauchte, der Zerstörung meiner Konzentrationsfähigkeit noch mit Boxen und häufigen Motorradunfällen nachhalf, arbeitete sich Hannah durch die letzten Jahre des Gymnasiums. Wir sahen uns dort wieder, wo viel Wichtiges geschah, im Kannibal.

Mit zehn Jahren hatte ich Hannah in einem Wald nördlich von Kopenhagen beigebracht, wie man aus Ästen Hütten macht, und obwohl Mädchen schlecht klettern können und deshalb in meinen Augen zu nichts gut waren, begleitete ich sie nach Hause. Ich hatte mich in sie verliebt und wollte sie wiedersehen. Als in der Nähe ihres Zuhauses in "Sorgenfri" Hochhäuser gebaut wurden - die ersten in Dänemark -, waren Hannahs Eltern weiter nach Norden gezogen, und wir hatten uns fünfzehn Jahre lang nicht gesehen. Nun stand sie plötzlich wieder vor mir, schöner als alles, was ich mir je erträumt hatte, und ließ mich die interessante Rothaarige in meiner Begleitung vergessen. Es war auf den ersten Blick um uns geschehen - Hannah stand da wie vom Donner gerührt, sie zitterte am ganzen Körper, und auch ich wußte: die will ich. Obwohl Hannah damals schon seit vier Jahren verlobt war, lebten wir bald zusammen, nichts hätte das stoppen können.

Zu jener Zeit - ich war gerade fünfundzwanzig Jahre alt - machte ich meine ersten Erfahrungen mit LSD. Auf meinem ersten Trip in Kopenhagen, fühlte ich mich plötzlich in einen düsteren Hinterhof der Altstadt hineingezogen; ich wußte, daß hier etwas Besonderes auf mich wartete. Da stand ich dann vor einer Hauswand mit tiefen, klassizistischen Fensternischen und sagte: "Jetzt zeige mir die Wahrheit, zeige mir alles". Die Hauswände um mich herum atmeten noch stärker, der Hinterhof war voller wirbelnder Feuerräder - und plötzlich war die Welt verschwunden, es war nur noch Licht, ein gleißendes, außerirdisches Licht, kreisende, grenzenlose Energie.

Als der Erleber mich wieder vom Erlebnis getrennt hatte, fühlte ich mich wie neu geboren und bald darauf erforschte Hannah die anderen Wirklichkeiten der Drogenerfahrungen mit mir; es zeigte sich wie immer, daß ihr Geist voller Schönheit und Güte ist, und sie machte nur gute Erfahrungen. Mit einer Gruppe von Freunden nahmen wir alles, was es an bewußtseinsverändernden Stoffen gab - auch dann noch in dem Glauben an ihre erleuchtende Kraft, als schon die ersten Freunde körperlich und geistig daran kaputtgingen. Es gibt nichts, was ich nicht opfern würde, um sie heute noch unversehrt zu sehen - aber die meisten von ihnen sind schon gestorben - oft auf die elendste Art und Weise -, und andere haben sich so weit in Wahnvorstellungen verirrt, daß sie für dieses Leben verloren sind.

Heute haben wir nur einen Rat: Finger weg von Drogen! Nichts davon ist gut. Die Schäden, die sich nicht sofort zeigen, kommen später zutage und sind schwer zu beheben. Um Erleuchtung zu erlangen, brauchen wir nichts als unseren Geist, so wie er hier und jetzt ist.

Abends gab ich Englischunterricht am Gymnasium und machte zwischendurch Schmuggelreisen nach Nordafrika, in den Nahen und Mittleren Osten. Als ich 1967 mit 34 Kilo Gold am Körper in einem Flugzeug auf dem Weg nach Indonesien war, sah ich nördlich von Bombay leuchtende Wolkenformationen, die vom Himalaja kamen. Sie waren von einer solchen Schönheit, beeindruckten mich so tief, daß ich plötzlich wußte: dort, wo diese Wolken herkommen, müssen wir hin. Dort wartet etwas sehr Wichtiges!

Im Frühjahr 1968 heirateten dann Hannah und ich - das Klügste, was wir bis dahin getan hatten -, und auf unserer Hochzeitsreise wollten wir in den Himalaja. Schon 1966 wollte ich nach Nepal, aber der indisch-pakistanische Krieg hielt mich drei Wochen in Afghanistan, das Land der schweren Durchfälle, fest, wo ich mir zudem noch eine schwere Dysenterie holte. Ich verlor fünfundzwanzig Kilo Körpergewicht und lernte auf dem Rückweg nach Europa viel über die Moslems. Diesmal wollten wir nicht wieder bei ihnen hängenbleiben.

In Hamburg kauften wir billig einen alten VW-Bus und einen Käfer und fuhren los, in großer Eile und mit viel Schutz aber sehr wenig Vorbereitung. Jens und Jens-Erik, Ursprung meiner ersten Hasch-Pfeifen, und seine Frau reisten mit uns. Jens-Erik saß im Rollstuhl - er hatte sich auf einem Trip aus dem Fenster gestürzt und war seitdem querschnittgelähmt. Nur Hannah, Jens und ich konnten fahren. Jens vertrug allerdings die fünfundfünfzig Grad Hitze in Persien und die vielen Löcher in der Straße ganz und gar nicht. Auf der mittleren Route über Teheran gab es damals noch keinen Asphalt, und die Straßen waren ein einziges Waschbrett. Wir wurden dermaßen durchgeschüttelt, daß nur deutsche Auto-Qualität das durchhalten konnte. Aber ich wollte nach Nepal, und zwar so schnell wie möglich, koste es, was es wolle. Also trieb ich unsere kleine Karawane so sehr zur Eile an, daß Jens, der ein harter Bursche ist, aufgab und sich nicht mehr ans Steuer setzen wollte.

Schließlich fuhren Hannah und ich fast alleine. Am vierten Tag waren wir so übermüdet, daß wir jede Menge Blumen, Hubschrauber, Radfahrer und Kühlwagen in der Wüste sahen. Da wir von unseren Trips jedoch einiges an ungewöhnlichen Wahrnehmungen gewohnt waren, nahmen wir diese Halluzinationen nicht allzu ernst und fuhren weiter. Nach sage und schreibe sechs Tagen und Nächten erreichten wir Afghanistan. Wir setzten unsere Freunde ab und verkauften

1. Stopp im Ausland
auf dem Weg nach Indonesien

2. Hannah auf chemischer Reise

3. Nach gelungener
Schmuggelfahrt

4. Wir werden handelseinig,
Libanon 67

14

die Autos; damals bekam man noch einen guten Preis. Wir waren sie kaum los, als Hannah, so wie ich auf der vorherigen Fahrt, die Kabulindis bekam, die schlimmste Durchfallkrankheit Asiens. An einem Abend verlor sie fünf Kilo - glücklicherweise in einem Hotel, in dem es eine Toilette gab. Am nächsten Tag war Hannah vollgestopft mit Antibiotika und so schwach, daß ich sie in den Bus tragen mußte, der uns über den Khyber-Paß in die nordindische Tiefebene bringen sollte.

In Kabul hatten wir Dänen getroffen, die die Restaurierung der größten Buddha-Statue der Welt leiteten. Sie ist dreiundfünfzig Meter hoch und steht nördlich von Kabul in Bamian, wo die Russen so viele Leute verloren. Sie machten uns auf die reiche buddhistische Kultur aufmerksam, die es in dieser Gegend einmal gab. Zu Beginn unserer Zeitrechnung blühte im Tal von Peshawar, im Gebiet des heutigen Nordwest-Pakistan, die Gandhara-Kultur, die bis in die Täler der Flüsse Kabul und Swat hinein wirkte.

Die Gandhara-Kunst, die besonders für ihre Buddhas mit Schnurrbart bekannt ist, stellt eine spaßige Mischung griechischer und indischer Elemente dar, die im Museum von Peshawar erstklassig zu sehen ist - allerdings schauen die erst vor kurzem in einem in-disch-pakistanischen Krieg erbeuteten Waffen inmitten der offenbar von Engländern perfekt angelegten Sammlung etwas sonderbar aus.

Es entspannte, nach Indien zu kommen. Schon an der Grenze spürten wir die ganz anderen Schwingungen. Wir hatten die sexuell notleidende Atmosphäre der moslemischen Länder hinter uns und waren in bester Laune. Ich setzte den mageren Rikschafahrer neben Hannah auf sein Fahrradtaxi und radelte uns unter hängenden Ästen die fünf Kilometer nach Ferozepur, von wo der Zug nach New Delhi abfährt. Wir mußten unsere Visa für Nepal in Delhi abholen - heute bekommt man ein auf eine Woche begrenztes Visum auch an der nepalesischen Grenze. New Delhi ist eine Stadt, in der viele Menschen auf etwas warten, wo aber niemand länger bleibt, als unbedingt nötig. Nur im nahen Old Delhi findet man das malerische indische Durcheinander, in dem sich einige Europäer wohlfühlen - wenigstens solange sie das Geld haben, um wegkommen zu können. Wer aber dieses Gedränge nicht zurücklassen kann, wann es ihm paßt, kann hier jede Art von Geduld lernen.

In Delhi machten wir die ersten Erfahrungen mit Hindu-Gurus; Erfahrungen, die uns anfänglich beeindruckten, die uns jedoch nicht besonders berührten. Wir haben nie den Draht zu ihnen bekommen, waren von Anfang an nicht besonders auf einen Kontakt mit Hindus aus. Trotzdem sollten wir einen Einblick in die Fähigkeiten, die sie auf ihrem Weg erlangen, bekommen.

Eines Tages waren wir auf dem Weg um den großen Connaught Circus, jenem Platz, den die Engländer den Indern als Abschiedsgeschenk hinterließen - es wird gesagt, um sie noch mehr zu verwirren. Von ihm gehen sternförmig Straßen mit Botschaften und Verwaltungsgebäuden aus, und was in New Delhi geschieht, geschieht hier. Da tauchte ein älterer Inder mit Turban aus der Menge auf, zog uns beiseite, murmelte etwas von "lucky forehead" und drückte mir drei zusammengefaltete Papierfetzen in die Hand. Er gestikulierte mir vor dem Gesicht herum und zog damit meine Aufmerksamkeit auf seine Hände. Dabei sah er mir starr in die Augen und sagte: "Nenne mir eine Frucht!". Mir fiel eine ganze Reihe von Früchten ein, auch solche, von denen er sicher nichts wußte. Doch während ich noch überlegte, ob ich mir einen Spaß mit ihm erlauben sollte, hatte ich bereits "Apfel" gesagt. Vergnügt tanzte er noch heftiger herum, zog mir eines der Papiere aus der Hand, entfaltete es, und tatsächlich, es stand "apple" darauf.

"Jetzt nenne mir eine Blume", forderte er mich auf. Wieder geschah das gleiche. Während ich noch an Hibiskus und andere exotische Pflanzen dachte, tauchte in jenem für die Hypnose so typischen halb bewußten, halb der Suggestion erlegenen Zustand das Bild einer Rose in mir auf, und ich sagte, um das spannende Spiel nicht zu verderben: "Rose". Und natürlich stand "rose" auf dem zweiten Zettel, was sein Herumfuchteln noch belebte. Bei der dritten Probe - ich sollte eine Zahl zwischen eins und zehn nennen - blieb ich jedoch stur. Mein Stolz erlaubte es mir nicht, an irgend etwas anderes als an eine Eins zu denken, und daran hielt ich unverrückbar fest. Doch sein Glück kam ihm zur Hilfe: die Sieben, die er mit hatte suggerieren wollen und die auf seinem Zettel stand, sah einer eins so ähnlich, daß er die Situation noch zu retten vermochte und wir das Spiel weiterspielen konnten.

Er zog uns in ein Eck, in dem kein Polizist ihn sehen konnte, schlug das Buch auf, das viele der Wahrsager seines Schlages bei sich tragen, und forderte uns auf: "Tut Geld hinein, tut Geld hinein, dann sehe ich für euch in die Zukunft!" Uns war gar nicht wohl bei der Sache, aber da wir schnell weiter wollten, zur nepalesischen Botschaft, wo unser Visa jetzt bereitliegen mußten, und auch weil uns der alte Mann leid tat, legten wir ihm den Gegenwert von fünf Mark in sein Buch. Hannah zog mich von ihm fort, sein Einfluß auf mich ließ nach, und als er merkte, daß wir nicht länger zu halten waren, bewies er uns noch, daß er noch mehr beherrschte als Tricks. Er verriet uns nämlich, eine Frau namens Olsen hätte uns zu Hause in Verdacht gebracht. Der Name sagte uns damals nichts, aber in Katmandu angelangt, fanden wir einen Brief vor, in dem wir erfuhren, daß eine Erika Olsen - wir kannten sie unter einem anderen Namen - durchgedreht und an falscher Stelle über uns geplaudert hatte. Der Mann hatte also wirklich hellseherische Fähigkeiten. Zum Abschied sagte er mir noch, wie es alle klugen Leute tun, ich solle bei Hannah bleiben.

Seit Kopenhagen trugen wir ständig ein grünes Buch mit einem athletischen Buddha auf dem Umschlag mit uns herum und studierten es in jeder freien Minute. Es war das von Lama Kazi Dawa Samdup und W. Y. Evans-Wentz übersetzte und kommentierte "Tibetan Yoga and Secret Doctrines". Dieses Buch behandelt die religiösen Praktiken der Kagyü-Linie des tibetischen Buddhismus, die besonders schnell wirkenden Methoden zur Umformung der Geistesenergien, die der Buddha an seine allernächsten Schüler gab, und wann immer wir das Buch aufschlugen, löste das Gelesene in uns starke Erlebnisse aus, wie wir sie früher nicht gekannt hatten. Wir fühlten dabei eine eigenartige Wärme, ein Glücksgefühl und eine tiefe Sehnsucht; ich spürte, wie eine halb angenehme, halb unangenehme kitzelnde Kraft in meiner Körpermitte aufstieg, und immer lauter sagte eine innere Stimme in uns: "Wir kommen, jetzt kommen wir!"

Auf der Fahrt von Hamburg aus hatte uns diese Sehnsucht so mitgerissen, daß wir die Strecke in einer Rekordzeit hinter uns gebracht hatten, und jetzt, wo wir dem Ziel so nahe waren, platzten wir fast vor Ungeduld. Kaum hatten wir die Visa in der Tasche, da liefen wir schon zum Bahnhof, um den Zug nach Nepal zu besteigen. Die Fahrt von Delhi nach Raxaul, der Stadt an der nepalesischen Grenze, und dann weiter nach Birganj in Nepal, von wo aus man mit dem Bus weiter nach Katmandu gelangt, war unsere erste Erfahrung mit den Zügen, die von Delhi aus nach Norden und Osten gehen. Wer eine solche Fahrt noch nicht mitgemacht hat, kann sich nicht vorstellen, wie das ist. Hunderte von weißgekleideten und laut schreienden Menschen drängen auf jeder Station in den Zug hinein, bis die Leute fast wieder aus den Fenstern fallen, und selbst die Dächer der Waggons sind voll besetzt. Es ist schon erstaunlich, daß die Menschen in dieser qualvollen Enge so wenig aggressiv werden, daß nur ganz selten mal einer durchdreht. Zuerst schreien sie sich an, das gehört dazu, aber wenn der Zug erst einmal rollt, gibt es keine schlechten Gefühle mehr - bis dann an der nächsten Station erneut eine weiße Menschenwoge heranrollt.

Von allen Bundesstaaten Indiens ist Bihar derjenige, der von Naturkatastrophen immer wieder am härtesten getroffen wird. Jahr für Jahr erlebt man dort entweder Überschwemmungen oder große Dürre, und so erscheint der Übergang von dort zu den schönen Vorgebirgslandschaften in Nepal besonders kraß. Man kommt jetzt wirklich in eine andere Welt, zu den Menschen in den Bergen. Schon bei Patna hatten wir die ersten kleinen, muskulös aussehenden und Ruhe ausstrahlenden Nepalesen gesehen, oft Gurkha-Soldaten auf dem Heimweg in die Berge. Sie kamen uns vor wie Inseln der Gelassenheit in einem Ozean von Unruhe. Wir spürten in ihrer Nähe etwas, an dem wir gern teilgehabt hätten, das uns anzog. Als das Flachland hinter uns lag und es immer gebirgiger wurde, spürten wir dieses Gefühl der Gelassenheit nicht nur sporadisch, es war überall um uns herum.

Wir fühlten uns wohl bei diesen Menschen, unter denen sich eine Frau unbesorgt allein bewegen kann. Hier schauten mir die Frauen wieder ins Gesicht, lachten und scherzten. Nach den tiefverschleierten Gestalten, wahren "wandelnden Zelten" in den moslemischen Ländern, und den indischen Frauen, die allen Kontakt vermieden, hatten wir hier ein wohltuendes Gefühl der Offenheit. Daß wir von vielen Seiten gewarnt worden waren, hier würde man uns oft betrügen, machte uns vorerst nichts aus - es ging ja sowieso bloß um Pfennigbeträge. Außerdem konnten wir anfangs beide nicht entziffern, was auf den kleinen über und über mit Glückszeichen bedeckten Aluminium- und Messingmünzen stand. Als wir später jedoch entdeckten, daß sogar die Streichholzschachteln banderoliert waren, damit auf dem Weg zum Käufer nicht schon die Hälfte der Hölzer daraus verschwand, stellten wir uns auf die Art dieser Menschen ein. Und als wir im Handeln mit ihnen geschickter wurden, bekamen wir erstaunlicherweise einen viel besseren Kontakt zu ihnen, denn erst jetzt nahmen sie uns ernst.

Inzwischen hatte der Monsun eingesetzt, und die Straße, die von Birganj in den Himalaja hinaufführt, war vom Monsunregen unterspült und an vielen Stellen abgesackt. Da die Ausbesserungsarbeiten an den Straßen für die Leute im Himalaja die einzige gesicherte Arbeit ist, geben sie sich Mühe, die Ausbesserungen nicht allzu solide auszuführen. Zur Sicherheit hinterlassen sie an strategischen Punkten auf den Bergen noch große Felsblöcke, die mit etwas Nachhilfe zur rechten Zeit herabstürzen und für neue Arbeit sorgen. Bei einer Mark Taglohn für ihre Arbeit haben die Menschen hier auch nicht viel Sinn für längere Ferien. In einem uralten, klappernden und ratternden Bus, der wie alle Beförderungsmittel in dieser Gegend total überladen war, schaukelten wir langsam in die Berge hinauf. Allmählich gewöhnten wir uns daran, daß der Fahrer und alle Businsassen bei jeder gefährlichen Situation - und davon gab es auf der Fahrt über die engen Gebirgsstraßen genug - lächelten. Wir erfuhren auch bald, daß es eine Methode war, die sie anwandten, um keine Spur von Angst in ihrem Geist zu behalten und den Geist von negativen Einflüssen zu klären. Wir freuten uns über so viel praktische Weisheit, und das Land, das so viele Buddhas segneten und noch segnen, nahm uns immer mehr auf.

Es war die gute alte Zeit in Katmandu. Geld-Touristen und Hippie-Ströme waren noch nicht angekommen, und wer in den von Hindus besiedelten Gebieten eine Kuh überfuhr, riskierte damals noch Kopf und Kragen, wenn er die Einheimischen nicht mit etwas Geld davon überzeugen konnte, daß die Kuh Selbstmord begangen hatte. Zwei oder drei starke Taxis, darunter ein uralter Volvo, der niemals repariert werden mußte, waren die Vorboten der zahllosen zerbeulten Datsuns und Toyotas, die heute die Straßen von Katmandu auffüllen. Ständig in zu hohem Gang - um Benzin zu sparen - und ununterbrochen hupend drängen sie sich durch das Gewühl von Trägern, Handkarren und Fußgängern, die mit Engelsgeduld ausweichen, während sich die Touristen über den Lärm empören. Damals wie heute durfte man nur abgekochtes Wasser trinken und selbst geschälte Früchte essen, wollte man nicht Wirt für alle möglichen exotischen Krankheiten werden. In jenen Tagen trafen sich die Leute vom Stamm der Newaren noch jeden Abend in den Tempeln, um Musik zu machen: unendlich schöne buddhistische Gesänge, die sie mit den langgezogenen

5. Indien vom Zug aus

6. Zum ersten Mal in Nepal

Klängen ihrer Handorgeln begleiteten. Es war eine Musik, die unmittelbar in unseren Geist eindrang und dort eine tiefe Wirkung hinterließ.

Damals konnte man bei einem Gang durch die Stadt seine Gedanken leicht zusammenhalten. Alles geschah spontan, oder nur kurz nachdem man daran gedacht hatte. Wenn man zum Beispiel wegging, um einen Freund zu besuchen, dann konnte man fast sicher sein, ihn auf halbem Weg zu treffen: "Hallo, ich wollte auch gerade zu dir." Oft hielten wir das, was wir uns wünschten, schon in den Händen, bevor wir den Gedanken daran überhaupt zu Ende gedacht hatten. Tausendjährige Heiligtümer und zahllose Yogis haben ein Kraftfeld über das Katmandutal gelegt, in dem sich der oberflächliche Gegensatz von Geist und Materie auflöst.

Im damaligen Katmandu konnte man sein Hasch - das in der Wirkung klarste der Welt - noch ganz legal beim staatlichen Händler kaufen. Stilvoll prüfte man die Qualität, während die Töchter des Händlers Tee brachten, und plauderte über die Aussichten für die neue Ernte. Heute ist der Stoff meistens verschnitten und - nachdem die Amerikaner der Regierung dreißig Millionen Dollar gezahlt haben - wenigstens offiziell verboten.

Es war die Zeit, da man dort noch wirkliche Originale traf. So etwa Acht-Finger-Eddy, der im "Cabin" seine magischen Tänze mit den Händen vollführte und die Zuschauer in seinen Bann zog. Er war ein Armenier aus den USA, den wir schon in Kopenhagen getroffen hatten. Er hatte einen starken Einfluß auf manche Hippies in Katmandu und hatte bald eine eigene Schule von Freaks um sich versammelt.

Oder auch "Onkel", der seine mit Alraune angereicherten Haschkuchen verschenkte, nach deren Genuß so manches "Schleckermaul" seinen Körper für mehrere Tage nicht mehr wiederfand. Und natürlich der gute Doktor um die Ecke, der einem immer gern eine intravenöse Spritze verpaßte. Dabei pries er die absolute Sauberkeit seiner Instrumente und empfahl, nach diesem Heroin aus China doch beim nächsten Mal die neue Sendung Kokain aus Burma zu probieren. Mehr als eine Spritze am Tag gab er jedoch niemandem, und er versuchte, die Dosis unter der Suchtschwelle zu halten. Wenn wir jedoch einen seiner Kunden trafen, der gerade auf dem Weg zu ihm war, so stellten wir fest, daß sie es seltsam eilig hatten. Versuchten wir, sie zu einem Schwätzchen aufzuhalten, dann traten sie nervös von einem Fuß auf den anderen und waren bemüht, das Gespräch so schnell wie möglich zu beenden. Der gute Doc sah seine Behandlung als eine der kleinen Freuden des täglichen Lebens an, etwa wie einen Kinobesuch, aber seine Kunden waren offenbar schwächer als er glaubte, und er hatte wohl kein Monopol.

Es war das Katmandu, in dem Peter-Sellers-Filme verboten waren, weil angeblich dieser Komiker dem König allzu ähnlich sah; in dem ständig irgendwelche religiösen Feste stattfanden und in dem die ganze Stadt einen Tag lang streikte, zutiefst schockiert über einen Raubmord an einem Taxifahrer. Die täglichen kleinen Gaunereien war man gewohnt, auch politische Morde, aber einen Raubmord, das hatte es bis dahin noch nicht gegeben. Jeder Tag brachte einen neuen Grund zum Feiern, und auf den Straßen trafen wir blumengeschmückte Menschen zwischen den kleinen Prozessionen, in denen die Toten auf einer Bahre zum Verbrennungsplatz am Fluß getragen wurden. Der Verbrennungsplatz lag gleich neben dem Schlachthof, wo - wie überhaupt in großen Teilen Asiens - vor allem Moslems angestellt sind, weil in ihrer Religion das Schlachten von Tieren erlaubt ist.

Die Häuser sind klein in Katmandu, und Menschen wie Hannah und ich, die eine für Nordeuropa normale Statur haben, sind dort wahre Riesen. In den niedrigen Zimmern der Altstadthäuser konnten wir nicht aufrecht stehen und uns oft kaum ausstrecken - ein witziges Gefühl. Die Fenster sind mit schönen Holzschnitzereien geschmückt, Decke und Wände sind meist rauchgeschwärzt; nur der Boden sieht immer neu aus. Sobald die alte Lehmschicht des Fußbodens verschmutzt oder zerbrochen ist, trägt man einfach eine neue Schicht auf. Überall in Katmandu und in den beiden Nachbarstädten Patan und Bhatgaon fühlt man sich wie in einer großen Kunstausstellung, ist von so viel Schönheit umgeben. Eine Unzahl von Stupas, buddhistische Reliquienschreine, und viele Tempel weisen auf die uns innewohnende Buddha-Natur hin. Das bloße Umherwandern zwischen ihnen wird für den, der sich nicht von schlechten Gerüchen, herumliegendem Kot und den Bettlern und Kranken auf der Straße abschrecken läßt, zu einem unvergeßlichen Erlebnis.

Zu der bunten Szene von Katmandu gehörte eine Fülle von bunten Leuten, viele davon Freunde aus dem an Originalen so reichen

7. Terrassenfelder in Nepal

8. Prozession in Katmandu

9. Swayambhutnath-Stupa

10. Um den Swayambhutnath-Stupa

Dänemark. Die zahlreichen skurrilen Geschichten, die sich damals in Nepal zutrugen, würden ein eigenes Buch füllen. So will ich hier nur eine davon erzählen: Da war Niels Ebbe, der in der vollen Ausstattung eines Saddhu, eines Hindupriesters, herumlief - mit hellbraunen Gewändern, Asche auf der Stirn und einem Dreizack in der Hand -, bis er eines Tages in das wichtigste Heiligtum der Hindus in Nepal, Phashupathinath, hineinmarschierte. Die Hindus konnten sich für diesen Import aus Dänemark wohl nicht ganz begeistern; sie verprügelten ihn fürchterlich und warfen ihn hinaus. Am nächsten Tag wurde auf dem Markt von Katmandu eine komplette Saddhu-Ausrüstung zum Kauf angeboten, und Niels Ebbe lief in Turnschuhen und Jeans herum - auf dem Weg in einen neuen Trip.

Nach der Lektüre von "Tibetan Yoga and Secret Doctrines" waren wir natürlich erpicht darauf, einen tibetischen Lama kennenzulernen. Der erste "Lama", den wir in Katmandu trafen, hat uns jedoch ziemlich verwirrt. Er hieß Tschini Lama, und wohnte in dem rotgestrichenen Haus mit der Terrasse gleich gegenüber dem großen Bodhnath-Stupa.

Freunde hatten uns zum Geldwechseln zu ihm geschickt, denn auf dem freien Markt war der Kurs damals doppelt so hoch als in der Bank. Uns fielen zwar die Mercedes auf, die schon damals vor der Tür standen, aber wir dachten uns nichts dabei. Erst später wurde uns klar, daß sein "Lama"-Titel geerbt, und seine Funktion die des Aufsehers der Bodhnath-Stupa war, die er aber gut bestritt. Der Tschini Lama war ein älterer, etwas korpulenter Herr mit kahlgeschorenem chinesischen Kopf. Als wir sein Zimmer betraten, schien er gerade geschlafen zu haben. Er setzte sich auf, und dabei sahen wir, daß er an jedem Arm mindestens fünf Armbanduhren trug, vom Handgelenk bis über die Ellenbogen hinauf. Ich erinnerte mich, daß ich damals dachte, er brauche diese Uhren sicher für ganz besonders komplizierte Atemübungen. Er fragte uns sofort, ob wir Waffen zu verkaufen hätten, und wir waren ganz gerührt bei dem Gedanken, daß er offenbar die tibetische Widerstandsbewegung unterstützte. Bedauernd erklärten wir ihm, wir besäßen keine Waffen, nur gute Dolche.

Als nächstes wollte er wissen, ob wir ihm einen Kassettenrekorder verkaufen könnten. Wir besaßen zwar einen Philips, sie waren zu der Zeit eben erschienen, aber nachdem wir ihn heil bis nach Katmandu gebracht hatten, wollten wir ihn auch wie vorgesehen verwen-

11. Buddha im Freudenzustand
(in Swayambhu)

12. Bodhnath-Stupa

den. Wir sagten ihm, daß wir mit ihm noch einige buddhistische Musik aufnehmen wollten, was ihn allerdings nicht sonderlich zu interessieren schien.

Als er uns dann seinerseits etwas Opium zum Kauf anbot, staunten wir über die Weltfremdheit dieses heiligen Mannes. Wir versuchten ihm allen Ernstes zu erklären, daß dieses Zeug süchtig mache, daß es sehr ungesund sei und er es besser nicht verkaufen solle. Zugleich bestärkte uns dieses Erlebnis jedoch in der Illusion, die wir erst Jahre später verlieren sollten, daß nämlich alle Heiligen des Ostens Drogen nehmen und daß man seinen Weg zur Erleuchtung chemisch steuern kann.

Schließlich verkaufte uns der Tschini Lama etwas Haschisch - zu einem Wucherpreis - und wechselte unser Geld, das jedoch zum besten Kurs in der Stadt. Als wir den Stoff später in einer der Teestuben von Katmandu mit Freunden rauchen wollten, gab es ein großes Gelächter: das Stück "Haschisch" erwies sich als Holzkohle, die außen mit schwarzer Schuhcreme überzogen war. Auch in feiner Gesellschaft soll man auf die Qualität der Ware achten.

Es gab viel zu tun in Katmandu, viel zu sehen und zu erleben, aber eine Stelle zog uns besonders an: der Berg mit dem Swayambhu-Tempel etwas außerhalb der Stadt. Der kürzeste Weg nach Swayambhu führte vorbei an den aufgestapelten Tierköpfen beim Schlachthof, wo es die einzigen gut genährten Hunde in Katmandu gab - ziemlich unangenehme Köter. Die Straße war schlecht, und wir hatten wenig Vertrauen zu den Teehäusern, die dort so nah am schmutzigen Fluß liegen, denn wir vermuteten, daß das Wasser für den Tee aus dem Fluß geholt wurde. Außerdem regnete es meist in Strömen, die Gummisandalen warfen uns den Matsch der Straße nach und wir schwitzten höllisch unter unseren chinesischen Plastikumhängen. Aber alle Unannehmlichkeiten des Weges hielten uns nicht zurück; immer wieder gingen wir hin, angezogen wie von einem Magnet.

Der Swayambhu-Tempel ist schon von Katmandu aus zu sehen. Er liegt auf einem pyramidenförmigen Hügel mit drei Treppen, die an großen Buddha-Statuen und zahlreichen Stupas vorbeiführen. Die symbolische Form dieser Stupas ist eine Repräsentation der fünf Weisheiten, die den Geist eines Buddha und damit auch die wahre Natur aller Lebewesen ausmachen.

13. und 14. Katmandu 1968

Auf der Spitze des Hügels steht ein zentraler Bau, noch aus dem Zeitalter des Mahakasha, des Buddhas, der vor Buddha Shakyamuni, dem Buddha unseres Zeitalters, in dieser Welt wirkte. Der Bau ist mehr als dreitausend Jahre alt, und ist der nepalesische Hauptsitz des großen tibetischen Yogi Gyalwa Karmapa, der später unser Leben ändern sollte. Um den Zentralbau liegt ein Hof, auf dem die Leute das kreisförmige Gebäude im Uhrzeigersinn umwandeln und dabei die in die Wand eingelassenen Gebetsmühlen in Bewegung setzen. Am Rand der Hügelkuppe liegen die Gebäude des tibetischen Hauptklosters. Das Wort "Swayambhu" bedeutet "das von selbst Entstandene". Es gilt den Buddhisten dieser Region als ebenso heilig wie die Stelle in Bodhgaya, an der Buddha Shakyamuni zur vollen Erleuchtung gekommen war. Bei Swayambhu wirken die Energien der Buddhas ebenso stark wie dort. Das Heiligtum ist von einer Kraft durchdrungen, die meditative Zustände fördert und die Wesen besonders schnell zur Verwirklichung führt. Es gibt zahllose Berichte von Wundern, die sich hier ereignet haben, und wir waren selbst bei einigen dabei.

Anfangs machte Swayambhu auf uns als Nordeuropäer auch keinen sonderlich guten Eindruck. Uns störte der in Nepal allgegenwärtige Schmutz und die Leute in Mönchsroben, die uns ständig irgendetwas verkaufen wollten. Das unangenehme Gekreisch der Affen, die sich ständig stritten und bei denen immer die Starken die Kleinen und Schwachen bissen und ihnen das Futter wegnahmen, lag in der Luft; überall liefen kaputte und haarlose Hunde herum, die aus dem ganzen Katmandutal hierher kamen, um hier zu sterben, weil sie die Ausstrahlung dieses Ortes spürten.

Und doch zog uns Swayambhu in seinen Bann; wir hatten das Gefühl, diesen Ort schon lange zu kennen, erlebten alles als sehr spannend. Obwohl unten in Katmandu so viel äußerlich Aufregendes passierte, saßen wir oft stundenlang vor der großen Buddhastatue des Tempels, die eine solche Energie ausstrahlte, daß sie zu atmen schien. Oder wir lauschten der Musik der rotgekleideten Mönche und Lamas, mit der sie die Energien der Buddhas herbeirufen, um sie dann an alle Lebewesen weiterzuleiten. Den Inhalt der Zeremonien begriffen wir erst später - aber auch ohne ihre Bedeutung zu kennen, spürten wir ihre Kraft.

Schon bei unserem ersten Besuch des Swayambhu-Tempels machten zwei der tibetischen Mönche, die wir dort sahen, einen be-

15. Dordsche beim Swayambhutnath-Stupa

16. Aufgang zum Swayambhutnath-Stupa

sonders starken Eindruck auf uns. Einer von ihnen war Sabtschu Rinpotsche; er war der höchste Lama des dortigen Klosters. Er starb mit 76 Jahren und saß nach seinem klinischen Tod noch eine Woche aufrecht in der Meditationshaltung, während sich die ihn umgebenden Energien in der Form verschiedenfarbiger Perlen um seinen Körper materialisierten. Von seinen großen Kräften wußten wir damals noch nichts, aber wenn wir ihn sahen, hatten wir das Bedürfnis, ihm nahe zu sein. Als ich einmal, um einen Segen zu holen, um das Heiligtum hinter ihm herlief, drehte er sich plötzlich um, sah mir mit einem Ausdruck in die Augen, als würden wir uns schon lange kennen, und sagte etwas auf tibetisch, das ich natürlich nicht verstand. Ich fühlte, wie er eine ausgleichende Kraft auf mich übertrug - während ich im gleichen Moment, da ich ihn zum ersten Mal ganz aus der Nähe sah, vor Lachen herausplatzte: er sah einem in Dänemark allseits bekannten Sportreporter zum Verwechseln ähnlich.

Der andere war ein junger Mönch namens Püntsog, mit einer Ausstrahlung wie das klarste Wasser. Bei einem Besuch führte er uns auf das flache Dach des Klosters und schenkte uns dort seine Meditationskette mit den einhundertacht Perlen, welche die acht Bewußtseinsebenen und die einhundert Buddhaaspekte in uns repräsentieren. Dann zeigte er auf das Bild eines stattlichen Mannes, der eine schwarze Krone über seinem Kopf hielt, und sagte dabei immer wieder "Karmapa, Karmapa", so, als wolle er uns etwas sehr Wichtiges einprägen.

Damals flogen wir auch nach Pokhara, westlich von Katmandu, und besuchten die tibetischen Flüchtlingslager, in denen eine Schweizer Flüchtlingsorganisation sehr gute Arbeit geleistet hatte. Hier hat man nicht versucht, westliche Kultur oder Christentum zu verkaufen, sondern hat handwerkliche Fähigkeiten vermittelt, die den Lagerbewohnern halfen, sich und ihren Familien selbst zu helfen. Inzwischen mußten die Schweizer auf Druck der Chinesen das Land verlassen, und die tibetischen Flüchtlinge in Pokhara leben jetzt wieder arm, wie in nahezu all ihren Flüchtlingslagern.

Nach einigen Wochen im Land waren wir allmählich in der Lage, in der undifferenzierten Menge von lächelnden Gesichtern, einzelne Menschen aufzufassen. Ganz spontan gingen wir zu denen, die aus dem Land jenseits der Berge, aus Tibet, kamen. Wir kauften ihnen die Kultgegenstände ab, die sie anzubieten hatten, und verständigten uns durch Mimik, oft verstanden wir einander spontan. Die Tibeter sind fröhliche Menschen. Ich will nicht behaupten, daß ihre Art, die Gesellschaft zu organisieren, besonders fortschrittlich war. Die politischen Strukturen im Tibet des 20. Jahrhunderts waren ungefähr so wie im Europa des Mittelalters, sehr undurchsichtig. Das hat aber wenig Bedeutung, wenn man zuerst den Leuten begegnet. Dann spürt man eine hoch entwickelte humanistische Kultur und ungewöhnliche Höflichkeit. Seien es die rundköpfigen, milden Menschen aus Zentraltibet, oder die Osttibeter mit den starken, langen, eher nordeuropäischen Gesichtern - überall ist klar, daß diese Menschen etwas sehr Wertvolles besitzen, daß ihre nahezu unerschütterliche Heiterkeit und Sicherheit auf einer noch gesunden Weltanschauung beruhen. Materiell sind sie noch arm und wenig beachtet, weil sie keine Revolution machen wollen; ihre Kinder sterben wie die Fliegen, und die Hälfte von ihnen ist tuberkulosekrank. Dennoch haben sie nicht resigniert und sind voll guten Willens. Trotz der Sprachbarriere fühlten wir uns mit ihnen zutiefst verbunden, ein Gefühl, das seit jenen Tagen geblieben ist.

Im Hotel in Katmandu, beim freundlichen Wirt Scharma, der uns über die Geschehnisse im ganzen Tal auf dem laufenden hielt und uns jederzeit mit Unmengen von süßem Tee versorgte, die schwere Raucher brauchten, wohnte auch ein hakennasiger Mann aus Kaschmir. Er war ganz verwundert, daß wir seinem Hund mitunter eine Karamelle gaben - eine ungewöhnliche Geste in einem Land, wo sich die meisten Eltern kaum Süßigkeiten für ihre Kinder leisten können. Vor allem Jens, der mit uns bis Kabul gefahren war, verstand sich gut mit ihm. Jens war mit einiger Verspätung nach Katmandu nachgekommen. Auf der Fahrt durch Pakistan hatte ihm jemand bei einem Streit im Bus ein Ohr halb abgebissen. Er mußte ins Krankenhaus und wurde von dem Aufenthalt dort noch kränker. Noch in Nepal dauerte es einige Zeit, bis er wieder in Ordnung war.

Vielleicht hatte der Kaschmiri von Jens gehört, wie sehr ich meine Eltern liebte. Jedenfalls kam er eines Tages zu uns, als wir gerade auf einem LSD-Trip und deshalb in einem leicht beeinflußbaren Zustand waren. Er gewann unser Vertrauen, indem er mir erzählte, er wisse, daß mein Vater ein sehr guter und bedeutender Mann sei. Er erzählte uns dann von den Lamas und ihren Fähigkeiten noch interessantere und unglaublichere Dinge, als wir bisher gehört hatten. Wir fielen fast vom Stuhl vor Begeisterung darüber, so eine Bestätigung der übernatürlichen Dinge zu erhalten, die uns damals vor allem interessierten. Er erzählte, am nächsten Tag würde ihn eine Frau besuchen, die alle diese Fähigkeit besäße. Sie brauche nicht mehr zu essen und würde bei ihren Meditationen in der Luft herumschweben. Wenn wir etwas Geld für sie hätten, könnte sie weit oben in den Bergen Butterlampen für uns aufstellen, und wir seien dann gegen alle Gefahren geschützt. Auch sollten wir silberne Armbänder tragen, das würde unserer Leber guttun. Ich hatte damals gerade meine zweite Gelbsucht hinter mir, Hannah ihre erste, und auch mit diesem Rat traf er bei uns ins Schwarze - diese unschöne Krankheit wollten wir uns auf keinen Fall wieder holen.

Für den nächsten Abend war unser Rückflug über Ost- und Westpakistan geplant. Wir hatten diese Route gewählt, um nicht von den Indern gefilzt zu werden. Ihre Zollbehörde auf dem Flughafen betrachtet Nepal nämlich als Inland, und sie hätten uns Schwierigkeiten machen können wegen der Dinge, die wir ausführen wollten. Wir glaubten damals, ziemlich wertvolle tibetische Rollbilder und Buddhastatuen erstanden zu haben, hatten aber den Fehler aller Neulinge gemacht, mehr auf das scheinbare Alter der Kultgegenstände zu achten (deren Patina oft nur auf einige wenige Wochen in einem Kamin zurückzuführen ist), als auf die Genauigkeit der Ausführung. Was wir von dieser ersten Fahrt mitbrachten - es war oft genug mit geröteten Raucheraugen abgeschätzt -, hängt heute nicht in unseren Meditationsräumen, da diese Rollbilder und Statuen für die Meditation nicht geeignet sind. Dafür müßten ihre Proportionen und Farben genauen Regeln entsprechen.

Wir verließen Nepal guten Mutes, denn vor unserer Abfahrt war alles noch nach Wunsch verlaufen. Die Frau, von der der Kaschmiri erzählt hatte, kam in unser Hotel; wir redeten ein paar Worte mit ihr und spürten eine Verbindung. Sie war überzeugend und wir gaben dem Kaschmiri zwanzig Dollar für sie. Unser Freund Jens, der von unserer Stimmung nicht so mitgerissen war und der ein schärferes Auge für den Kaschmiri hatte als wir, hielt das allerdings für ziemlich dämlich. Er meinte, wir hätten mit dem Geld besser noch ein Kilo von dem guten afghanischen Haschisch kaufen sollen.

Im letzten Augenblick bekamen wir auch noch die silbernen Armbänder. In Katmandu fanden wir keine, aber man sagte uns, wir sollten es einmal im tibetischen Lager versuchen. Obwohl die Zeit knapp war, riskierten wir es, noch schnell hinauszufahren. Und tatsächlich, innerhalb von zehn Minuten trieb man dort zwei schwere, schön gearbeitete tibetische Armreifen für uns auf. Auf all meinen späteren Reisen habe ich nur einmal vergleichbare silberne Armbänder gesehen. Wir bekamen sie für zehn Dollar das Stück und freuten uns sehr darüber. Sobald wir sie über das Handgelenk gestreift hatte, fühlten wir in ihnen so etwas wie einen lebendigen Pulsschlag, eine lebendige Kraft, und wir wußten, daß wir etwas Gutes bekommen hatten, einen wirklichen Schutz.

Nach einer Zwischenlandung in Kandahar, wo die Ware, die wir mit nach Europa nehmen sollten, bei Ali für uns bereitlag, flogen wir weiter über Teheran nach Rom. Dort konnten wir einen Mietwagen übernehmen, den wir nach Dänemark zurückfahren sollten, und nach zwanzig Stunden waren wir an der dänischen Grenze, wo wir erst eine "leere" Probefahrt machten. Zu unserer Erleichterung gab es dort keine Komplikationen, obwohl jene Erika Olsen, von der wir in Delhi gehört hatten, durchgedreht und über uns geredet hatte.

Unsere erste Reise nach Nepal war nicht sehr lang gewesen, insgesamt hatte sie etwas über einen Monat gedauert. Aber die Wirkung dieser Fahrt ließ nicht nach. Die Erlebnisse hatten uns geprägt und stiegen immer wieder in uns auf. Äußerlich hatten wir uns kaum verändert, aber innerlich war etwas mit uns geschehen, das spürten wir ständig.

Wir waren noch nicht lange in Kopenhagen zurück, da wurde Tom, einer unserer Freunde, sehr krank. Wir hatten ihm ein Zimmer verschafft in dem Haus gleich gegenüber dem Wall des Christianshafens, in dem auch wir wohnten. Eines Tages brach Tom ohnmächtig auf der Treppe zusammen. Er sah aus wie eine Obsthandlung, total gelb im Gesicht und mit braunroten Augen - er hatte eine schwere Gelbsucht. Ich trug ihn in sein Zimmer, und als ich ihm half, auf die Toilette zu gehen, sah ich, daß es wirklich ernst war: sein Urin war dick und braun. Es war Toms zweite Gelbsucht, und ich hatte großes Mitleid mit ihm. Wir hatten uns bei einer riesigen Schlägerei kennengelernt und waren deshalb besonders gute Freunde geworden. Auch was Motorräder und das Rauchen anging, hatten wir gemeinsame Interessen, und er boxte, so wie ich. Da er für seine Kämpfe mehr Energie brauchte, als ein Raucher normalerweise aufbringt, injizierte er sich oft etwas Amphetamin - und da er schon mal beim Spritzen

34

war, mischte er noch etwas Morphium bei, damit die Treffer des Gegners nicht so weh taten. Nun war er irgendwo an schmutziges Werkzeug geraten - das Resultat sahen wir vor uns liegen.

Da erinnerte ich mich an die Worte des Kaschmiri, daß die silbernen Armbänder gut seien gegen Leberkrankheiten. Ich streifte Tom meinen Armreif über das Handgelenk und ging in unsere Wohnung zurück. Einen Moment blieb ich vor meinem Rasierspiegel stehen und schaute hinein ... Im gleichen Augenblick durchfuhr mich eine ungeheure Energie. Es war, als sei ich an eine Starkstromleitung angeschlossen. Ich stand starr wie eine Salzsäule, wußte nicht mehr, wo ich war; die Haare standen mir zu Berge, und ein gleißendes Licht löschte alle Gedanken und Sinneswahrnehmungen aus. Wie lange ich in diesem Licht stand, weiß ich nicht mehr; als ich mich schließlich im Gang vor dem Spiegel wiederfand, fühlte ich mich ausgebrannt und verwirrt. Ganz ohne Drogen war das alles gekommen, und es war noch stärker als die Erlebnisse, die ich mit LSD gehabt hatte. Selbst bei meinem ersten Trip in jenem Hinterhof von Kopenhagen hatte ich keine derart starke Energie gespürt. Ich lief in das Schwimmbad um die Ecke, stand lange unter dem Wasserstrahl der Dusche, ließ mich durchrieseln und dachte: "Was war das? Woher kam das?"

Am nächsten Morgen ging ich mit Hannah zu Tom hinüber. Er war gesund, vollkommen gesund! Sein Gesicht und seine Augen hatten die normale Farbe, sein Urin war kristallklar, und er hatte sehr starke Träume gehabt, die ihm zu verstehen gaben, daß er nicht mehr fixen dürfe. Das war ein Wunder, ein wirkliches und handfestes. Eine derart schnelle Heilung kommt bei einer schweren Gelbsucht nicht vor. Wir fielen aus allen Wolken, wußten nicht, was wir denken sollten. Die einzige Erklärung war: das Armband mußte magische Kräfte besitzen, es konnte offensichtlich heilen.

Wir saßen, noch etwas verwirrt, wieder in unserer Bude, da klopfte es an die Tür. Jenny stand vor der Tür, vielleicht das unglücklichste Wesen, das wir kannten. Sie war ein Mädchen, in dessen Leben alles schiefging und die sehr viel litt. Sie sagte nur: "Ich habe Gelbsucht." Noch einmal fielen wir aus allen Wolken. Wir hatten Jenny seit vielen Monaten nicht gesehen, sie konnte keine Ahnung haben von dem, was hier geschehen war, und dennoch stand sie da, auf rätselhafte Weise zu uns hingezogen. Sie war sehr kaputt, aber Hannahs Armband heilte sie in einer Woche. Sie erzählte uns von "Lichtern der Gnade", die sie während dieser Woche gesehen hätte. Sie war im westlichen Jütland aufgewachsen, in einer Umgebung, in der man solche Ausdrücke noch kannte.

Hannah und ich waren überglücklich. Wir hatten das Wunder unseres Lebens erfahren - und es hörte nicht auf. In jenem Herbst 1968 erlebten wir mit großer Freude, wie eine wahre Gelbsucht-Epidemie durch unsere Armbänder, die von Arm zu Arm gingen, gestoppt wurde. Die Ärzte von Kopenhagen stellten nur fest - und das ist in ihren Akten festgehalten -, daß in diesem Herbst eine Gelbsucht, die begonnen hatte, sich epidemisch zu verbreiten, plötzlich verschwand. Mehr als zwanzig unserer Freunde wurden durch die Armreifen geheilt, und währenddessen spürten Hannah und ich oft starke Energien durch uns hindurchfließen. Manchmal spukten uns auch seltsame Vorstellungen im Kopf herum; wir hatten das Gefühl, daß es die Gedanken jener Freunde waren, die gerade die Armbänder trugen.

Natürlich konnten wir an nichts anderes mehr denken als an die fantastischen Heilungen, und sogar unsere Schmuggelfahrten wurden daneben eher nebensächlich. Wir unternahmen sie aus Gewohnheit - und weil Freunde es von uns erwarteten. Wir redeten ständig von den Heilungen und sahen die ganze Welt in dem rosigen Schein, der von diesen Wundern ausging. Wir mußten unbedingt wieder nach Nepal, und als die nächsten Semesterferien kamen, machten wir uns zum zweiten Mal auf den Weg nach Katmandu.

Der durchsichtige Lama

Diesmal, um unsere Spuren zu verwischen - denn die Polizei war uns etwas zu nah auf den Fersen - führte unser Weg über Rußland. Wir fuhren mit dem Zug bis Moskau und flogen von dort über Taschkent nach Kabul. Mein erster Besuch in den kommunistischen Ländern rief Reaktionen aus meiner Soldatenzeit wach. Schon damals waren sich selbst ernstnehmende Beamte das Komischste auf der Welt, und hier gab es jede Menge dieser Dinosaurier. Wir hatten aber auch viel Mitgefühl mit diesen Menschen, die in einer Atmosphäre leben mußten, die so grau und langweilig war. In Ecken, wo uns keine Bekannten sehen konnten, verteilten wir Nylon-Hemden, Rasierklingen und Zigaretten. Es war das Beste, was in so kurzer Zeit möglich war.

Auf dem Bahnhof von Brestlitowsk geschah etwas Seltsames. Ich geriet in eine Kompanie Soldaten, wahrscheinlich Kosaken, die mir alle gleichsahen. Einige waren größer, einige kleiner, aber im Gesicht sahen sie alle aus wie ich. Es war wie in einem Spiegelkabinett. Hätte ich statt meinem weißen schwedischen einen ihrer grauen Armeemäntel getragen, so hätte ich mitgehen können. Dieses Erlebnis gab uns ein Gefühl dafür, wie wenig Grundlage unsere Vorstellung von einem individuellen Ich tatsächlich hat.

In Moskau auf dem Flughafen fragten uns einige Soldaten, was denn eigentlich in der Tschechoslowakei geschehen sei. Sie kamen gerade von dort zurück, hatten westliche Angreifer erwartet und waren ziemlich verwirrt. Wir erzählten ihnen vom "Prager Frühling", aber bald tauchten einige Polizisten in Zivil auf und zogen sie weg. Sie befahlen ihnen auch, die Senior-Service-Zigaretten zurückzugeben, die wir ihnen geschenkt hatten, aber die wollten wir nicht annehmen - es war ein totaler Zirkus. Zu jener Zeit waren gerade zwei Amerikaner als erste auf dem Mond gelandet. Unsere Fremdenführer, dialektisch geschult, die Menschheit in "Ost" und "West" einzuteilen - was ein sehr einfaches Weltbild ermöglicht -, nahmen das sehr persönlich. "Da habt ihr wirklich einmal gewonnen", sagten sie mit säuerlicher Miene. Wir gaben uns ganz cool, und ich sagte: "Aber nicht doch, das ist nichts Besonders mehr. Sie waren schon vergangenes Jahr da oben, aber damals haben sie es geheimgehalten." - Was die Stimmung auch nicht verbesserte.

Die fünf Tage, die wir in Taschkent bleiben mußten, gaben uns eine Ahnung von dem nördlichen Weg nach Tibet, von den Moslemstämmen, die dort leben, und von der großen Wüste, die sich bis Tschangtang, dem nordwestlichen Teil Tibets, erstreckt. Wir bekamen auf dieser Fahrt auch eine Ahnung von jenem Rußland, in dem die weißen Langgesichter in das Bolschoitheater gehen, während die gelben Rundköpfe auf dem Bau stehen, in dem vor allem Frauen, die in den Staatsapparat eingespannt sind, einen zutiefst frustrierten Eindruck machen. Wie sehr würden wir wünschen, daß mehr Licht in ihren grauen Alltag käme. Ein Wunsch, der lebendig geblieben ist bis zum Herbst '88, als ich das erste buddhistische Zentrum in Leningrad und Talin gründete.

In Afghanistan herrschte gerade der strahlend klare zentralasiatische Winter. Bei einer konstanten Temperatur von etwa zehn Grad unter Null war der Himmel ständig strahlend blau und die Luft ganz trocken, so daß die Landschaft aus sich heraus zu funkeln schien. Für uns ein berauschendes Bild, aber für die Armen des Landes, die sich kein Brennmaterial leisten können, bringt so ein Winter viel Leid. Die Impfpässe, die wir für Indien brauchten, kauften wir bei einem freundlichen Mann auf dem Flughafen von Kabul, denn mit den rostigen Injektionsnadeln, die sie dort hatten, wollten wir uns auf keinen Fall stechen lassen. Er zeigte uns vielleicht auch, da er ein Geschäft witterte, seine schlimmsten Pferdeinstrumente. Statt der Impfung legten wir ein paar Dollarscheine für den Stempel in unserem Impfpaß auf den Tisch.

Wir flogen weiter nach Delhi, besorgten uns ein Zwei-Wochen-Visum für Nepal und konnten die Fahrt mit dem Zug nach Norden ein zweites Mal genießen. Wir hätten schon damals nach Katmandu fliegen können, hatten aber das Gefühl, daß die Strapazen der Zugfahrt einfach zu der Reise gehörten. Wir wollten nicht in vollem Luxus auf dem Flughafen von Katmandu landen, und außerdem freuten wir uns darauf, die Vorgebirge des Himalaja wiederzusehen.

Auf der ganzen Reise waren wir voller Sehnsucht, jene Frau wiederzusehen, von der wir glaubten, daß sie die Heilungen bewirkt hatte. Den langwierigen Weg über Rußland hatten wir nur gewählt, weil wir auf dem Rückweg etwas Rauchbares im Libanon abzuholen hatten und vorher unsere Spuren verwischen wollten. Nun, gegen Ende der Reise, konnten wir es kaum noch erwarten, sie wiederzusehen. Gegen Abend kamen wir mit dem Bus nach Katmandu hinein und sprangen mit allem Gepäck vor der Post ab. So entgingen wir den Kinderschwärmen, die neuerdings an der Bushaltestelle warteten und versuchten, die Reisenden in dieses oder jenes Hotel abzuschleppen. Das war eine jener Neuerungen, die das vergangene halbe Jahr mit sich gebracht hatte, und die uns nicht gefielen.

Auf dem Weg zu dem alten Hotel in der Innenstadt sogen wir die Atmosphäre, die Geräusche und Gerüche Katmandus in uns ein und waren sofort ganz da. Im Hotel angekommen, fanden wir Scharma, unsere Quelle für so viele Informationen, nicht mehr vor. Aber wir erfuhren, daß er jetzt ein neu gebautes Hotel nahe dem Feuerturm leitete. Auf der ganzen Reise hatten wir gehofft, daß er die wunderwirkende Frau kenne und daß wir über ihn den nur Augenblicke dauernden Kontakt des ersten Besuches wieder aufnehmen könnten. Wir trafen ihn schon wenige Schritte vom Hotel.

Scharma kannte die Frau. Er lachte über unsere Geschichte und unseren Eifer und versprach, am nächsten Morgen mit uns zu ihr hinauszufahren. Sie wohnte etwas außerhalb der Stadt in Maharajgunj, an der Straße, die vorbei an den Botschaften zur Chinese Shoe Factory und weiter zu dem Kloster Nage Gompa führt. Wir fuhren mit einem der hupenden Taxis hinaus, von denen es inzwischen in Katmandu mehr gab, als uns lieb war. Mit der Ruhe in der Stadt war es vorbei.

Sie wohnte mit Mann, Nebenfrau und Familie in einem kleinen altnepalesischem Backsteinreihenhaus an der Straße. Hinter dem Haus lag ein schöner Garten. Wir erfuhren, daß sie Buddha Lakschimi Lama hieß und fanden, daß dieser Name durchaus angemessen sei für sie. Daß in den Randgebieten um Tibet "Lama" zum Familiennamen geworden war, wußten wir noch nicht. Wir warteten in einem der niedrigen Räume ihres Hauses, und endlich kam sie herein, klein und gefaßt, sehr lieb und mit den Meditationsaugen, die wir bei so vielen Buddhastatuen gesehen hatten. Wir saßen ihr auf dem Fußboden gegenüber - ihr Bruder T. B. Lama übersetzte für uns - und dankten ihr tausendmal für all das Gute, das sie für uns getan hatte, für die Heilungen, den Schutz beim Schmuggeln und den schnellen Autofahrten;

jenen Schutz, der auch auf die Freunde übergriff, die ein gutes Band zu uns hielten. Wir übergaben ihr die goldene Uhr und die anderen Geschenke, die wir für sie mitgebracht hatten.

Buddha Lakschimi lachte über unsere Geschichte, der Übersetzer lachte noch mehr, und sie ließ uns sagen: "Ich bin eine ganz gewöhnliche Frau, die kauft und verkauft. Ich habe keine besonderen Fähigkeiten. Doch ihr sollt meinen Lama treffen, seine Kraft ist grenzenlos. Zur Zeit ist er auf Reisen, aber ich werde für euch ein Treffen mit ihm arrangieren, sobald er zurückkommt." Von den zwanzig Dollar, die wir dem Kaschmiri damals mitgegeben hatten, hatte sie natürlich nichts gesehen, und nach der kurzen Begegnung im Gang des Hotels hatte sie auch nicht mehr an uns gedacht.

Sie versprach, inzwischen von einem Lama aus dem tibetischen Flüchtlingslager Yalsa nahe dem Mount Everest Schützer für uns zu erbitten. Diese "Sungdü" oder "Schützer", lassen sich am ehesten mit dem vergleichen, was man in unserer Kultur Talismane nannte. Es sind mit besonderen Energien aufgeladene Objekte, die einen Kraftkreis um ihren Träger legen, ihn schützen und ihm Glück bringen. Im tantrischen Buddhismus Tibets werden oft mit Draht umwickelte Diagramme oder komplex geknotete Schnüre, die mit den Schutzenergien eines besonderen Buddha aufgeladen sind, als Schützer verwendet. Die Schützer, die sie uns besorgen wollte, wurden von einem Lama hergestellt, der ab und zu, wenn es im Lager an Geld mangelte, in das Katmandutal herunterkam und für die Bauern Regen machte. Damals war er gerade wieder in dieser Gegend. Sie sagte uns auch, daß sie uns Haschisch erster Qualität besorgen könnte und ebensogute tibetische Kultgegenstände - weil wir für die Religion offen seien, zu einem günstigen Preis.

Etwas verwirrt davon, unsere vorgefaßten und langgehegten Vorstellungen nicht bestätigt zu sehen, verabschiedeten wir uns von ihr; aber wir waren mit ihr und ihrer ganzen Familie gut Freund geworden. Alle amüsierten sich königlich über unsere Geschichten. Sie fanden es jedoch auch großartig, daß solche wilden Riesen aus Europa - ich hatte ein bißchen von unserem Hintergrund erzählt - nun in das Feld von Buddhas Lehre treten konnten.

Während wir ungeduldig auf die Rückkehr des Lamas warteten, stiegen wir wieder voll in das Leben in Katmandu ein. Da war aller-

40

17. Tsetschu Rinpotsche

18. Hannah mit Buddha Lakschimi

41

dings schon einiges geschehen. Wenn wir es auch nicht wahrhaben wollten - oder konnten, bei den Rauchwolken, die ständig unsere Köpfe umgaben - drehten immer mehr von unseren Freunden durch. Und mancher, der Anfang der sechziger Jahre mit uns auf den Drogenwagen gestiegen war, und mit dem uns viele starke Erlebnisse verbanden, war schon gestorben. Zudem war die heile Welt des kleinen vergessenen Landes Nepal, die wir bei unserem ersten Besuch noch vorgefunden hatten, nicht mehr ganz heil. Man hörte ständig, die Chinesen würden jetzt in dieser oder jener Angelegenheit Druck auf Nepal ausüben, und sie wollten da oder dort eine Straße bauen. Niemandem war wohl bei dem Gedanken, die Chinesen könnten über neue Straßen eines Morgens sehr schnell und unvermutet vor der Haustür stehen. Unser Freund K. S. Lama, bei dem wir dieses Mal gute Thangkas und Statuen kauften, konnte uns viel von dem weitergeben, was die Händler, die nach Tibet hineinzogen und Kultgegenstände mit herausbrachten, über die Unterdrückung des tibetischen Volkes zu berichten hatten.

Auch alles, was in den Läden in Katmandu verkauft wurde, hatte eine Geschichte zu erzählen. Eines Tages tauchten verschlissene Frauen- und Mädchenarmreifen in großer Menge auf. Ein Zeichen dafür, daß die Nomaden in Tibet diese jetzt nicht mehr tragen durften. Keine Frau gab diese Armbänder, die oft über Generationen vererbt waren, freiwillig auf. Wenn wir mit dem Postjeep die Lhasa-Straße entlang zu den heißen Quellen an der tibetischen Grenze hinauffuhren, lag Tibet vor uns mit der Ausstrahlung eines riesigen verwundeten Tieres - wir spürten das ganz deutlich. Die einzigen Tibeter, die wir in all den Jahren nicht lächeln sahen, waren jene, die uns mit Kornsäcken auf den Schultern über die Grenzbrücke entgegenkamen. Es war ein Schock für uns, sie zu sehen. Das waren nicht mehr die Tibeter, die wir kannten, die sogar noch lächeln, wenn sie mit TB in der Lunge kurz vor dem Sterben Blut husten.

Eine Frau, die vor kurzem über den Fluß geflüchtet war, erzählte, daß sie drüben alles Religiöse schnell verstecken müssen, wenn die Chinesen vorbeikämen. Man wüßte dort noch von Stellen, an denen wichtige Belehrungen versteckt seien, aber niemand wage es, dort hinzugehen, um sie zu holen. Sie war froh, über die Grenze gekommen zu sein, aber wie bei allen Tibetern war der Schmerz tief über die, die sie hatte zurücklassen müssen. Bei ihnen allen ist das Familiengefühl stark ausgeprägt.

Überall in Katmandu sprach man über Zwischenfälle an der Grenze. So über die vier Franzosen, die im Nebel über die Grenzbrücke nach Tibet hineingefahren waren und erst nach drei Wochen, als sie das Rote Buch des Vorsitzenden Mao weitgehend auswendig gelernt hatten, wieder freigelassen wurden. Man sah die Chinesen, die immer in Uniform und stets in Gruppen in den Straßen Katmandus herumwanderten und die Propagandawaren in den Läden bestaunten, die in ihrem Land hergestellt wurden, die sie selbst dort aber nicht kaufen konnten. Und man sprach über die Straßen, die die nepalesische Regierung gar nicht wünschte, die die Chinesen aber trotzdem bis weit nach Nepal hinein bauten. Die Brücken, die sie bauten, sollten nach einer Auflage der nepalesischen Regierung gerade soviel Tragkraft haben, um einen Lastwagen zu tragen. Aber es wurden immer Brücken daraus, über die mehrere Panzer gleichzeitig rollen können.

Man munkelte sogar etwas von Atomraketen in einem Tal nördlich des Mount Everest, das so schmal war, daß die Raketen bei einem Gegenschlag kaum zu treffen waren. Und schließlich war auch von der Politik der Inder die Rede, die die Nepalesen mit Grenzstreitigkeiten immer wieder von sich stießen und die alle Öllieferungen nach Nepal abschnitten, wenn ihnen dort etwas nicht paßte. So verging die Zeit, in der wir auf die Begegnung mit dem Lama warteten, mit viel Lernen und Beobachten der bedingten Welt. Damals luden wir, durch unsere Erfolge bei der Schmuggelei faul geworden, zum erstenmal eine Ladung Haschisch in hohle Buddhaköpfe aus Messing und schickten sie per Post nach Dänemark. Früher hatten wir die Ware immer am Leib getragen.

Endlich kam der Lama, auf den wir so gewartet hatten, von seiner Rundreise zu den vielen Klöstern zurück, die er betreut. Er war, so erfuhren wir aus diesmal zuverlässiger Quelle - derjenige, dessen Aktivität die buddhistische Lehre in Nepal in einer Zeit des Zerfalls des gewohnten Gesellschaftssystems zusammenhielt und organisierte. Sein Name ist Tsetschu Rinpotsche. Er erledigte seine Rundreisen im Gebirge in erstaunlich kurzer Zeit zu Fuß. Er beherrscht den "inneren Atem", eine meditative Technik, mit der sich große Energie im Körper speichern läßt. So kann er eine Strecke, für die ein normaler Mensch etwa vier Tage benötigt und die ein berggewohnter Sherpa- oder Tamang-Träger in zwei Tagen bewältigt, an einem Nachmittag zurücklegen - und das in einem Alter von fünfzig Jahren. Nun sollten wir ihn kennenlernen. Buddha Lakschimi hatte ein Treffen organisiert.

Wir fuhren zu ihrem Haus und wurden da zuerst mit dem scharfen nepalesischen Essen bewirtet, an das wir uns inzwischen halbwegs gewöhnt hatten. In diesem Teil Asiens ißt man zweimal am Tag dasselbe, ein Leben lang. Das Essen besteht im allgemeinen aus gekochtem Reis, Bohnenpüree - Daal wie es heißt -, Kartoffel und vielleicht etwas Fleisch, alles mit sehr viel Chili. Nachdem wir gegessen hatten, führte uns Buddha Lakschimi zu Tsetschu Rinpotsche, ihr Bruder begleitete uns als Dolmetscher. Der Weg führte durch enge Straßen und durch die Reisfelder, entlang an einer Reihe leise raschelnder Pappeln.

Das Haus, in dem Tsetschu Rinpotsche lebte, war ein langgestreckter Lehmbau nepalesischen Stils. Gebetsfahnen flatterten vor der Tür, und Haus und Einrichtung waren sehr schlicht und einfach. Durch den ummauerten Garten gelangten wir ins Haus. Hier und da brannte eine schwache Glühbirne, aber der größte Teil des Hauses war in Dunkelheit getaucht. Einige lächelnde Männer und Frauen in roten Gewändern - wir befanden uns also offensichtlich in einem Kloster - geleiteten uns eine Treppe hinauf und durch einen Gang vor das Zimmer des Lama. Dort stand eine Reihe von Schuhen, und so zogen auch wir die unseren aus. Buddha Lakschimi trat zuerst ein, und wir folgten ihr.

Da saß er also, der Lama, dessen Kraft uns über so seltsam verworrene Wege erreicht hatte, und sah aus wie alles Gute zusammen, das uns je begegnet war. Er lud uns ein, vor ihm Platz zu nehmen, und befragte uns über unser Leben. Während ich die meiste Zeit redete (Hannah sieht und versteht dafür mehr), ruhte sein Blick freundlich auf uns. Ich erzählte viel von den starken Erfahrungen, die wir gemacht hatten, und es war nicht schwer zu sehen, daß ich uns für etwas ganz Besonderes hielt. Er aber schaute immer nur interessiert, und nickte zu allem, was ich sagte. Ab und zu versank er scheinbar in sich hinein, seine Augenlider flatterten oder hingen herab, und es sah aus, als wolle er gleich einschlafen. Während wir ihm so gegenübersaßen, geschah etwas, was uns total verwunderte: der Lama begann, sich vor unseren Augen aufzulösen. Seine Gestalt wurde immer durchsichtiger, und wir konnten durch ihn hindurch deutlich das Muster der Tapete an der Wand hinter ihm erkennen. Wand-

19. Tsetschu Rinpotsche

ten wir uns dem Dolmetscher zu und sahen den Lama nur aus den Augenwinkeln, machte seine Gestalt einen festeren Eindruck, aber sobald wir ihn direkt anschauten, wurde er wieder durchsichtig. Nach dem, was ich in Delhi erlebt hatte, und durch einen Hinweis in dem Buch "Tibetan Yoga and Secret Doctrines" gewarnt, wollte ich nicht auf eine Hypnose hereinfallen. Ich erinnerte mich, wie man feststellen kann, ob man unter hypnotischer Einwirkung steht oder nicht. Also zog ich eine stabile dänische Streichholzschachtel aus der Tasche, sah den durchsichtigen Lama direkt an und hielt die Schachtel in mein Blickfeld, genau vor ihn. Unter Hypnose hätte nun auch die Schachtel durchsichtig sein müssen - aber sie blieb ganz fest, während ich weiterhin durch den Lama hindurch das Tapetenmuster sah.

Da stieg plötzlich ein riesiges Vertrauen in mir auf, eine überwältigende Freude, daß der Lama uns hier die unbegrenzten Möglichkeiten des Geistes in einer so selbstverständlichen Weise zeigte. Er konnte seinen Körper einfach verschwinden lassen - eine offenbar bewußt beherrschte Methode. Ich nahm meine Schmuggleruhr - das teuerste Omega-Modell, das als erstes auf dem Mond war - und die mich auf so vielen spannenden Fahrten begleitet hatte, vom Arm und streifte sie dem Lama über das Handgelenk, gab Uhr und Herz zugleich.

Hannah, die so oft die gleichen Erfahrungen macht wie ich, daß wir den Eindruck haben, Zwillinge zu sein, erlebte dieselbe Öffnung. Und dann beugte sich der Lama vor und legte uns seine Hände auf den Kopf. Er gab seinen Segen, überführte damit die Kraft der Kagyüpa-Linie auf uns.

Alles wurde Licht. Eine ungeheure Energie durchströmte unseren Körper und wir zitterten am ganzen Leib. Erlebender und Erlebnis waren eins, alles war ganz und vollkommen - ein Zustand jenseits jeglicher Beschreibung.

Wir fanden uns vor dem Haus des Lama wieder, immer noch voll innerem Licht und leer von Gedanken. Wir wußten kaum, wo wir waren und was mit uns geschah. Wohl mit Hilfe Buddha Lakschimis, die das Hotel von Scharma kannte, kamen wir zurück. In dieser Nacht schliefen wir nicht lange. Als starke Raucher wachten wir normalerweise erst gegen zehn oder elf Uhr vormittags auf. Doch in dieser Nacht waren wir bereits am frühen Morgen hellwach - und da war nichts mehr von Glück und Freude.

Entsetzt sahen wir uns an, und ich fragte Hannah: "Hast du dasselbe geträumt, wie ich?" - Und das hatte sie. All die unschönen Begebenheiten eines Lebens, in denen man keine so glänzende Figur abgibt, wie in meinen Erzählungen beim Lama, waren aufgetaucht. Diebstähle, Dummheiten, mit denen man andere in Schwierigkeiten gebracht hatte - all jene Sachen, die man nicht mit einer spannenden Geschichte abtun kann, waren in bewußten und starken Träumen an uns vorbeigezogen. Es waren jene Begebenheiten aus der Kindheit, die den Geist schwer machen und blockieren. Wir hatten beide das unangenehme Gefühl, der Lama sei durch unseren Geist gewandert und habe all das Schlechte gesehen.

Die nächsten Tage taten weh. Ich war schlecht gelaunt, was nach vierjährigem Boxtraining hätte gefährlich werden können, aber glücklicherweise fanden sich im schönen Tal keine Ziele für meine schnellen Fäuste. Wir liefen rastlos durch Katmandu, und eines Tages, als wir gerade im Geschäft von K. S. Lama standen, kam ein indischer Wahrsager herein und wollte unsere Hände sehen. Er sah sich unsere Handlinien an und sagte, daß wir bald viel Geld verlieren, und eine schwere Zeit von etwa drei bis vier Monaten haben würden. Doch wir hörten ihm kaum zu und zogen keine Konsequenzen aus seiner Warnung.

Kurz darauf erfuhren wir durch ein Telegramm, Freunde seien im Libanon mit einer großen Ladung Haschisch geschnappt worden. Nun wurde unsere Hilfe gebraucht und wir mußten sofort zurück nach Dänemark. Vor unserer Reise taten wir schnell noch alles, um die Wahrsagung des Inders in Erfüllung gehen zu lassen. Wir vergaßen alle Vorsicht, jedes Gefühl für gute Schwingungen und schalteten die Kräfte aus, die uns bisher geschützt hatten. Was jetzt auf uns zukam, mußte wohl einfach kommen.

Weil die Polizei immer mehr von unseren reisenden und handelnden Freunden einsperrte, wollten wir zehn Kilo der besten Ware, der wir je begegnet waren, in Fünf-Gramm-Päckchen mit Rauchutensilien und Gebrauchsanweisung an kleinen Fallschirmen über Kopenhagen abwerfen. Wir glaubten damit die Legalisierung des Stoffes, über die man damals viel sprach und die immer kurz bevorzustehen schien, beschleunigen zu können.

Die Ware stammte von einem richtigen Gauner, aber nur er konnte diese Qualität besorgen. Als sie abgewogen werden sollte, fand sich nur die Fleischwaage beim Schlachter. Auf dem Fußboden des Raumes zappelten noch die letzten Fliegen, die mit DDT besprüht worden waren. Wir selbst waren gehetzt und zornig, als wir den Stoff zum Einschweißen in hohle Buddhaköpfe aus Messing preßten. Gurkha-Messer, also Waffen, sollten noch in die Pakete, und schließlich hatte Hannah die Idee, auch noch einige Päckchen mit stark riechenden Räucherstäbchen beizulegen. Daß der Geruch die Zöllner neugierig machen mußte, hätten wir wissen sollen, aber wir achteten nicht darauf. Wir ließen überhaupt alles außer acht, was wir bisher gelernt hatten. Ein Abschnitt unseres Lebens war vorüber, und nun sollte eine Reinigung kommen.

Während wir alles für unsere Abreise vorbereiteten, ging uns der Lama jedoch nicht aus dem Sinn; und da wir niemals gelernt hatten, vor etwas zu flüchten, wollten wir uns wenigsten von ihm verabschieden. Er war nur selten anzutreffen, aber wir konnten noch eine Verabredung machen, und am Abend vor unserer Abreise saßen wir ihm wieder gegenüber. Wir erzählten ihm von unseren Träumen und auch von der Schlußfolgerung, die wir daraus gezogen hatten. Doch er lachte nur und gab jedem von uns ein kleines, mit Draht umwickeltes flaches Papierpäckchen, Schützer, wie sie uns auch Buddha Lakschimi von den Lamas aus dem Flüchtlingslager mitgebracht hatte. Wir hatten Tsetschu Rinpotsche erzählt, daß ich Jahr für Jahr drei bis vier Autos kaputt fuhr, daß wir schon viele Unfälle mit Totalschaden gehabt hatten, in denen aber nie jemand verletzt worden war. Er sagte uns nun, wir sollten die kleinen Päckchen immer bei uns tragen, wir seien durch sie geschützt. Er sagte auch voraus, daß wir uns in einem Jahr wiedersehen würden, daß bis dahin vieles mit uns geschehen werde, und daß er an uns denken und uns in seine Gebete einschließen werde, daran dürften wir nie zweifeln.

Seine letzten Worte, die wir damals nicht so verstanden wie heute, waren: "Alles, was mit euch geschehen wird, wird gut sein, so wie es ist". Zum Abschied schenkte er uns noch ein Päckchen mit kleinen Körnern einer besonderen Kräutermedizin. Diese Kräuter werden von den Lamas während ihrer Meditationen mit Energien aufgeladen. Wie stark diese sind, erfuhr ich, als ich eines Tages aus Unachtsamkeit zu viele von den Körnchen schluckte. Einen ganzen Tag lang konnte ich meinen Rücken kaum krümmen, so stark wurden die inneren Energien. Es war, als hätte ich eine Stahlfeder mitten im Körper.

Der Lama gab uns noch einmal seinen Segen, der das Gefühl von Offenheit und Hingabe wieder in uns wachrief, und wir verließen ihn tief gerührt. Buddha Lakschimi brachte uns noch eine Schutzformel bei, die wir innerlich wiederholen sollten, um mit dem Lama in Verbindung zu bleiben. Mit dem Klang dieses Mantras im Ohr fuhren wir hinaus zum Flughafen.

Die Freiheit im Gefängnis

Im Libanon Zwischenstation zu machen, wie wir es geplant hatten, schien uns nicht mehr ratsam. Wir wollten so schnell wie möglich nach Dänemark, um unsere Eltern zu beruhigen. Bei der letzten Zwischenlandung in Frankfurt riefen wir Freunde in Dänemark an und hörten, daß die erste Ladung von Buddhaköpfen wohlbehalten angekommen sei. Die Frage war nur, wie wir selbst nach Dänemark hineinkommen würden. Da wir wenig Zeit hatten, nahmen wir einen Flug nach Kopenhagen, im Vertrauen, daß das Glück im rechten Moment auf unserer Seite sein würde. Auf dem Flughafen sagten wir unser Mantra und marschierten hinter zwei Polizisten, die ein paar verhaftete Grönländer abführten, durch die Paßkontrolle. Die Paßbeamten dachte, wir seien auch Beamte, und ließen uns passieren.

Unsere lieben Eltern waren gar nicht froh. Sie waren nicht wie wir überzeugt, daß wir Freiheitskämpfer für die edle Sache der inneren Entfaltung seien. Sie sahen nur, daß ihre geliebten Kinder in großen Schwierigkeiten waren.

Wir waren noch nicht lange in Kopenhagen, da kam die zweite Sendung mit Buddhaköpfen an - die mit den schlechten Vibrationen - und wurde vom Zoll beschlagnahmt. Wegen des Geruches der Räucherstäbchen hatten die Zöllner Verdacht geschöpft. Sie machten einen der Köpfe auf und fanden die Ware, die wir über Kopenhagen verstreuen wollten. Das Paket war weder an uns selbst adressiert, noch von uns abgesandt, also konnte man uns eigentlich nichts nachweisen. Aber irgend jemand hatte geredet, und wir fühlten, wie sich der Schutzwall um uns herum auflöste.

Zudem waren unsere Schützer plötzlich wie vom Erdboden verschwunden, wir konnten sie nirgends finden. Wir fuhren zu unserem Haus in den schwedischen Wäldern und bekamen auf dem Weg dorthin, als weitere Warnung, eine Strafe für zu schnelles Fahren, was früher nie geschehen war. Es gelang uns gerade noch, unsere wertvollsten Sachen bei Freunden zu verstecken, da tauchten Polizisten auf, um uns zu holen. Wir hätten uns noch aus dem Staub machen können, aber inzwischen verstanden auch wir die Zeichen. War uns nicht schon alles vorausgesagt worden, und hatte der Lama uns nicht seinen Schutz zugesichert, was auch geschehen würde? Wir wußten, alles was jetzt kam, das kam von ihm, und so ließen wir uns verhaften.

Die Polizei hatte gute Arbeit geleistet. Sie hatte alle möglichen Fäden zusammengeknüpft, und nun hingen wir im Netz. Es war gerade die Zeit, in der man in Dänemark das Schmuggeln von einem Kavaliersdelikt zu einem richtigen Verbrechen befördern wollte, und dazu brauchte man viel Wind. In einem kleinen Land mit so viel Küste gehörte das Schmuggeln geradezu zur Tradition, und auch wir hatten es als aufregenden Sport für Gentlemen betrachtet. Inzwischen waren aber immer mehr Ausländer mit Methoden, die nicht gerade "gentleman-like" waren, in das Geschäft eingestiegen. Die wirklich gefährlichen Suchtdrogen, Opiate und ähnliches, tauchten in immer größeren Mengen auf und wurden jetzt von labilen Menschen aus gefährdeten sozialen Schichten genommen. Nun wollte die Polizei den Hahn zudrehen. Obwohl wir auch damals schon recht sparsam lebten, konnten sie uns doch nachweisen, daß wir für Auto und Reisen mehr Geld ausgaben, als ich mit den täglichen zwei Stunden Unterricht in den Abendkursen verdiente. Es blieb nur die Frage, wieviel wir eingestehen sollten. Wir mußten den Behörden etwas geben, denn sonst hätte ein hochschwangeres Mädchen - an sie war die zweite Sendung mit den Buddhaköpfen adressiert - im Gefängnis entbinden müssen. Außerdem wollte ich Hannah so bald wie möglich freibekommen, ich spürte, daß sie unter starkem psychischem Druck stand. Kleine Räume ohne Klinke an der Innenseite der Tür gefielen ihr gar nicht.

Ich gestand also, was sie mir sowieso hätten nachweisen können. Hannah, so sagte ich, hätte wenig oder nichts gewußt, und an Händlern kannte ich angeblich nur einen Araber namens Joe. Ich erklärte den Polizisten, daß ich über Freunde nichts aussagen wolle, da ich das Schicksal anderer nicht in die Hand nehmen könne. Die beiden Polizeibeamten, die uns verhörten, waren frühere Widerstandskämpfer; sie verstanden meinen Standpunkt und gaben sich mit dem, was ich ihnen gesagt hatte, zufrieden. Mir war jedoch klar, daß es so bald wie möglich zur Verhandlung kommen mußte. Damit die Polizei nicht weitere Informationen aus dem Mittleren Osten einholen konnte, mußten wie eine Notsituation herbeiführen, in der das Verfahren gegen uns beschleunigt wurde. So stach ich mir ein Messer in die Brust, langsam und sorgfältig an den Rippen entlang, um nicht viel kaputt zu machen. Die Schmerzen waren nicht so schlimm, das Unangenehmste war fast das Geräusch, mit dem sich die Muskeln von den Rippen lösten. Aber mit dem Messer bis zum Griff in der Brust sah es dramatisch genug aus, und man glaubte mir den "Selbstmordversuch".

Ich kam in das Gefängnislazarett, und den Polizisten, die mich immer wieder fragten, warum ich das getan hätte, erklärte ich wahrheitsgemäß, daß der Körper nicht viel Wert für mich habe, wenn ich ihn nicht dazu verwenden könnte, anderen Liebe zu schenken. Sie verstanden vielleicht nicht ganz, daß mir meine Freiheit und das Zusammensein mit Hannah und meinen Freunden mehr bedeutet als die körperliche Hülle, in die der Geist sich kleidet, aber es zeigte sich, daß sie begannen, Hannahs und meine Einstellung zu respektieren.

Obwohl wir uns nicht sehen konnten, waren Hannah und ich ständig in Kontakt, wie wir es auch heute immer sind. Wir tauschten Botschaften, in denen wir mit Angabe der Uhrzeit festhielten, was wir zu einer bestimmten Zeit jeweils gedacht und gefühlt hatten, und es stellte sich heraus, daß es fast immer das gleiche war. Schon als ich mir das Messer in die Brust stach, hatte Hannah davon geträumt und eine schlimme Zeit gehabt. Die beiden Polizisten, Olsen und Nielsen, die uns verhörten und durch deren Hände all unser Briefe gingen, versuchten bald nicht mehr, unsere Aussagen gegeneinander auszuspielen. Ihnen wurde klar, daß wir in telepathischer Verbindung standen, und ein bekannter dänischer Psychologe, dem wir später unseren Briefwechsel zum Durchlesen gaben, hatte niemals etwas Ähnliches gesehen. Zudem spürten Olsen und Nielsen, daß da etwas Gutes am Werk war; aus unseren Gegnern wurden langsam unsere Freunde.

Die Verbindung zwischen Hannah und mir wurde immer intensiver. Wir machten - manchmal mit kurzer Zeitverschiebung - die gleichen Erfahrungen, und als ich dann, paradoxer- oder komischerweise im Gefängnis, das stärkste Mittel zur Befreiung des Geistes kennenlernte, spürte sie auch das unmittelbar. Mein Zellenkamerad in der Krankenzelle war eine ziemlich traurige Gestalt. Er hatte keine Invalidenrente bekommen, obwohl - wie er behauptete - bei ihm die Verbindung zwischen Gehirn und den Händen gestört war. So war er statt Arbeiter oder Rentner eben Einbrecher geworden, und zwar ein recht geschickter. Wie das bei ihm alles zusammenhing, wurde mir nie klar - und er wußte es wohl selbst nicht so genau. Auf jeden Fall hatte ich viel Mitgefühl mit ihm, und so hörte ich mich eines Tages zu ihm sagen: "Was du brauchst, ist Meditation."

Ich wußte damals selbst noch kaum, was Meditation bedeutet, aber um ihm zu zeigen, wie es von außen aussah, setzte ich mich auf meinem Bett in der Körperhaltung hin, die ich in Büchern und bei Buddhastatuen gesehen hatte. Kaum hatte ich die Beine verschränkt und den Rücken aufgerichtet, da meditierte ich tatsächlich. Alles schwebte, ich fühlte meinen Körper nicht mehr. In meiner Stirn entstand ein angenehmer Druck, und ein feiner Wind strich mir durch den Kopf. Der Lama, Hannah, die Eltern, alles Gute und Liebe waren mir ganz nah, und ich war von großer Freude erfüllt. Auch Hannah hatte die plötzliche Öffnung, die Nähe und die große Freude erfahren.

In ihrem nächsten Brief stand: "Was ist in dieser Zeit mir dir geschehen. Es muß etwas Gutes gewesen sein!". Von jetzt an meditierten wir beide viele Stunden täglich; ich kam aus dem Lazarett wieder in eine Einzelzelle, und wir hatten beide viel Zeit dazu.

Die Empfindungen, die mit meinen Meditationen einhergingen, waren so ungewöhnlich, daß ich sie mit recht gemischten Gefühlen betrachtete. Vor allem der Druck im Kopf, der manchmal sehr stark wurde und in meinem Schädel hin und her wanderte, gab mir zu denken. Eine Zeitlang glaubte ich tatsächlich, Meningitis zu haben, aber das Gefühl war so schön, daß ich niemandem etwas sagen wollte. Zudem ahnte ich, daß auch dies irgendwo von unserem Lama kam - und wie hätte ich einem Arzt von all diesen wunderbaren Erfahrungen erzählen sollen? Ich wollte lieber das Risiko eingehen, wirklich krank zu sein, als diese süßen Geisteszustände, dieses herrliche Gefühl der Ganzheit zu verlieren.

Inzwischen hatte uns Olsen unsere Schützer zurückgebracht, er hatte sie in unserer Wohnung gefunden, und eines Nachts sollte ich etwas von der Kraft dieser Drahtdiagramme erfahren. Ich hatte immer ein wildes und spannendes Leben geführt. Schon als Kind waren mir die höchsten Bäume nicht hoch und später die schnellsten Motorräder nicht schnell genug. Angst oder Furcht hatte ich nie kennengelernt. Wo andere innerlich von gefährlichen Situationen Abstand nehmen und dadurch Trennung und Furcht empfinden können, greife ich an und empfinde Freude und einen angenehmen Nervenkitzel dabei. Doch eines Nachts wachte ich in der dunklen Zelle mit einem Gefühl im Herzen auf, das Angst sein mußte, echte Angst. Ich spürte, daß es irgendwie mit meinem Schützer zu tun haben mußte, den ich um den Hals hängen hatte. Ich nahm ihn ab und legte ihn auf die eingebaute Ablage über meinem Bett. Das Gefühl wich, und ich konnte weiterschlafen. Am nächsten Morgen - die Zellen waren nachts stockdunkel und man konnte von innen kein Licht machen - sah ich dann, was geschehen war. Einer der Drähte hatte sich gelöst, und das Diagramm war verschoben. Ich brachte das wieder in Ordnung und paßte in Zukunft sehr auf meinen Schützer auf, trug ihn nicht mehr offen am Hals, sondern in einem Lederbeutel.

Das Buch "Tibetan Yoga and Secret Doctrines", das uns auf unserer letzten Reise begleitet hatte, war auch im Gefängnis unsere ständige Lektüre. Immer über unseren unsichtbaren Draht verbunden, arbeiteten wir uns Seite für Seite durch die darin enthaltenen Meditationsanweisungen und machten viele eindrucksvolle Erfahrungen. Mit mehr Glück als Verstand wandten wir, ohne Schaden zu nehmen, fortgeschrittene meditative Methoden an, für die man eigentlich eine Einweihung und lange Vorbereitung braucht, waren noch geschützt durch die Praxis früherer Lebenszeiten.

Nach meinem "Selbstmordversuch" arbeitete die Polizei schnell, und unser Fall kam bald vor Gericht. Der Richter hieß Hvid, was auf Deutsch "Weiß" heißt, und ich hielt das für ein gutes Omen. Ich machte meine Aussage wie in Trance, hörte meine Stimme reden und hatte gleichzeitig das Gefühl, daß nicht ich es war, der da sprach. Ich erzählte davon, wie sehr wir an die Bewußtseinserweiterung glaubten, und daß die Drogen uns geholfen hatten, weniger aggressiv und offener für andere zu werden. Ich berichtete auch von den Heilungen und von dem Lama in Nepal. Drogen, Heilungen, die Befreiung des Geistes, der Lama - wir warfen das damals alles in einen Topf, und wir dachten, wo die Früchte so gut sind, muß auch der Baum etwas taugen und sahen nicht, daß da ganz verschiedene Früchte und Bäume mit im Spiel waren.

Nicht nur Olsen und Nielsen waren auf unserer Seite. Im Gerichtssaal verbreitete sich eine wahre Weihnachtsstimmung, und schließlich verteidigte uns sogar der Staatsanwalt. Der Richter "Weiß" sprach das mildeste Urteil, das in diesem Fall möglich war: Hannah wurde sofort freigelassen, und ich bekam vier Monate Haft. Die U-Haft wurde angerechnet, und so sollte ich am Mittsommertag wieder frei sein. Es gab jedoch Leute bei der Polizei, die wußten, daß wir große Fische waren und daß wir ihnen jahrelang das Leben schwer gemacht hatten. Wir und unsere Freunde hatte uns einen Sport daraus gemacht, ihnen überall, wo sie in der Drogenszene ermittelten, ein Bein zu stellen: wir beseitigten Spuren, brachten Freunde und Ware in Sicherheit und mancher Polizist, der mit unseren Freunden unfein umgegangen war, hatte daraufhin in seinem Privatleben einige recht unangenehme Erlebnisse.

Der Oberstaatsanwalt, so hörten wir, war sauer über das milde Urteil und legte Berufung ein. Wir wußten, die Polizei wollte Blut sehen, und es sah so aus, als sollte das dicke Ende erst jetzt nachkommen. Die Gerichte waren auf Monate hinaus ausgebucht, und die Berufungsverhandlung konnte erst im September stattfinden. Es war Anfang April, und ich hätte die ganze Zeit in Untersuchungshaft bleiben müssen. Hannah, die trotz unserer telepathischen Verbindung sehr unter unserer Trennung litt, war sehr niedergeschlagen, als sie das hörte, und auch ich war so kaputt wie noch nie im Leben.

All unser Denken kreiste um zwei Möglichkeiten: entweder mußte der Lama uns helfen, wie er versprochen hatte - auf irgendeine unvorstellbare Weise - oder wir wollten eine meditative Technik anwenden, über die wir in "Tibetan Yoga and Secret Doctrines" gelesen hatten, die sogenannte "Bewußtseinsübertragung". Mit dieser Methode kann das Bewußtsein eines Praktizierenden auf seinen Wunsch den Körper verlassen. Wir hatten jedoch nicht recht verstanden, was wir beim ersten schnellen Durchlesen des Buches über die Bewußtseinsübertragung gelesen hatten. Wir glaubten mit Hilfe dieser Meditation den Körper in einer Art Winterschlaf zurücklassen zu können, während sich unser Bewußtsein frei bewegte. Tatsächlich gab es im tibetischen Buddhismus eine solche Technik, aber da mancher, der diese Bewußtseinsübertragung beherrschte, damit herumspielte, haben die Lamas diese Überlieferung bewußt aussterben lassen. Was wir in "Tibetan Yoga and Secret Doctrines" gelesen hatten, behandelte deshalb nur die Bewußtseinsübertragung im Augenblick des physischen Todes. Hierbei wird das Bewußtsein des Sterbenden in die reinen Bewußtseinsebenen der Buddhas übertragen. Es ist der Pho-Wa, den meine Kollegen und ich jetzt im Westen lehren.

Mancher Leser mag sich fragen, wie wir, die wir immerhin unser Abitur gemacht und so vernünftige Dinge wie Philosophie und

Fremdsprachen studiert hatten, auf eine so verrückte Idee kommen konnten. Aber Hannah und ich hatten schon damals allen Grund, darauf zu vertrauen, daß die einzigen Schranken des Geistes die der Unwissenheit und der Gewohnheit sind, und daß sein wahres Wesen unbegrenzt ist - eine Vermutung, die in den folgenden Jahren immer mehr zur Gewißheit werden sollte. Wir hatten bereits mehr erlebt, als uns unsere Schulweisheit träumen ließ, und das war erst der Anfang, wenig im Vergleich zu dem, was uns noch erwartete.

In jenen Tagen schrieben wir häufig an Tsetschu Rinpotsche, schilderten ihm die Lage und baten ihn um Hilfe. Anderthalb Monate nach der ersten Verhandlung geschah dann etwas, was in der dänischen Gerichtsgeschichte wohl einmalig ist: die Berufung gegen unser Urteil wurde ganz einfach und ohne ersichtlichen Grund zurückgenommen. Was genau geschehen ist, weiß wohl niemand. Wir wissen nur, daß der Oberstaatsanwalt und die Beamten der Drogenpolizei vor Wut kochten und sagten, im Ministerium müsse jemand den Verstand verloren haben. Diesem Jemand ist es unterlaufen, unsere Berufung zu annullieren. Und wir wissen, daß Tsetschu Rinpotsche sich in dieser Zeit für fünf Tage in sein Zimmer in Nepal einschloß und eine Art von Traummeditation übte, bei der man in der Form eines besonderen Buddhas den Körper verläßt und überall hinreisen kann. Ist es ein Wunder, daß wir ihn lieben?

Die letzten Wochen im Knast war ich nicht mehr allein. Die U-Haft war vorbei, und es geschah nicht mehr so viel. Ich hatte ausgiebig Gelegenheit, die Trips meiner Mithäftlinge - Schläger, Zuhälter und "Finanzleute" - kennenzulernen, und ich bekam viel Mitgefühl mit ihnen. Wer glaubt, daß die Welt wirklich ist, der ist arm dran.

Mit einem riesigen Fest wurde am Mittsommertag meine Entlassung gefeiert. Hannah und ich waren überglücklich, wieder zusammenzusein, unsere Freunde freuten sich mit uns, und auch unsere Eltern, die sehr viel Verständnis für uns aufbrachten und sich großartig verhielten, waren glücklich. Hannah und ich beschlossen, nie wieder etwas zu tun, das zu unserer Trennung führen konnte, und so war es mit dem Schmuggeln jetzt aus.

Ich hätte damals noch weitergehen und aus einer Erfahrung, die ich im Gefängnis gemacht hatte, Konsequenzen ziehen sollen: bei ihren Besuchen war es Hannah öfters gelungen, mir ein Stück Haschisch zuzustecken. Wenn ich den Stoff dann in meiner Zelle rauchte, stellte ich jedoch jedesmal zu meiner Verwunderung fest, daß der Rauch meine Meditationen nicht etwa förderte, sondern schwächte und oberflächlich machte. Hatte ich während des Tages in stundenlanger Meditation Konzentration gefunden, so schwand sie, und Ablenkungen tauchten auf. Im Laufe der vielen Feiern nach meiner Entlassung verschwand diese Erinnerung jedoch in den Rauchwolken, wir nahmen starke LSD-Trips und gingen wieder vollkommen in der alten Szene auf. Während der ganzen Zeit spürten wir weiterhin die Verbindung mit Tsetschu Rinpotsche, der süße Meditationsdruck im Kopf, der jeden Augenblick versprach, uns in eine andere Dimension zu führen, war ständig vorhanden. Alles hatte Sinn und Bedeutung, unsere Welt war wieder heil, und alle waren glücklich.

Nach einigen Monaten kam dann die Mitfahrgelegenheit, auf die wir schon lange warteten. Unser alter Kumpel Alan aus Nordengland und sein amerikanischer Freund Bill kamen nach Dänemark. Sie wollten mit einem VW-Bus nach Nepal fahren. Wir packten unsere Rucksäcke und fuhren los.

Die Schwarze Krone

In den warmen Ländern hatte sich wenig geändert. Die Türken fuhren wie immer jenseits aller Beschreibung und ließen ihre Autos nachts ohne Licht mitten auf der Straße stehen. Wir fuhren im gleichen Stil und brachten ihnen sogar noch ein paar Dinge bei. Das Essen war gut, mit viel Eiweiß, aber je weiter wir in den Osten der Türkei kamen, desto mehr Gewalt und Unterdrückung gab es unter den Erwachsenen, desto häufiger bewarfen kurzgeschorene Kinder mit uralten Gesichtern unsere Autos mit Steinen. Persien war reicher geworden. Auf der letzten Fahrt hatte es uns auf der südlichen Wüstenstraße fast die Wagen auseinandergerüttelt, aber jetzt war die neue Straße im Norden fast fertig. Wir empfanden es als Wohltat, auf Asphalt so schnell wie möglich durch das Land rollen zu können, denn hier interessierte uns überhaupt nichts. Afghanistan war etwas anders. Hier konnten wir uns wohlfühlen, umgeben von den großen, in sich selbst ruhenden Menschen, die sich, wie ihre Kamele, durch nichts erschüttern ließen. Wir hatten das Gefühl, eine noch heile Kultur anzutreffen, die ihre eigene Welt und ihre eigenen Werte besaß und keine Eile hatte, sie gegen die des Westens zu tauschen. Man spürte dort noch die Ruhe der Wüste.

Zwar gab es schon mehr Kinder, die als "Schlepper" arbeiteten, das "You buy, Mister" hörte man häufiger als früher, und ich mußte an Marokko denken, wo ich Anfang der sechziger Jahre den schnellen Niedergang einer früher so stolzen Kultur erlebt hatte. Aber so weit wie dort war es in Afghanistan noch nicht gekommen. Die Leute waren noch Ehrenleute, sie blieben einem nicht an den Fersen kleben und starrten die Mädchen aus dem Westen, die in ihrer europäischen Kleidung von den vermummten einheimischen Frauen abstachen, nicht ununterbrochen an. Man wurde in Ruhe gelassen, bis man etwas von ihnen wollte; man war noch Gast und nicht Beute.

Mit Herat, der ersten richtigen Stadt auf unserer Fahrt durch Afghanistan, verbanden sich viele Erinnerungen an Erlebnisse mit alten Freunden; dort fing für uns der "Osten" an. 1966 war ich mit Harald, "dem Propheten", und unserem Freund Anders den steilen Hang zur alten Burg hinaufgeklettert, nur um von den Soldaten, die dort irgendeine mysteriöse militärische Einrichtung bewachten, sicher die älteste Kanone der Welt, wieder hinuntergejagt zu werden. Anders, so hörten wir, war vor kurzem auf einem Müllhaufen in Karatschi gestorben, niemand wußte genau woran. Er war zum Schluß sehr paranoid, die Drogen hatten ihm den Rest gegeben.

Wir mußten auch an unsere erste Nepal-Fahrt im Jahre '68 denken, als wir den querschnittgelähmten Jens-Erik dabeihatten. Jens-Erik war schon Mitte der sechziger Jahre in Afghanistan gewesen. Da er gerne und oft die Aufgabe auf sich nahm, für die Toten zu rauchen - ein alter Brauch in Afghanistan -, sah man ihn häufig des Abends splitternackt durch die Straßen springen. Die Polizei fand das gar nicht komisch, und so hatte er alle Gefängnisse zwischen Herat und Kabul von innen kennengelernt. Auch in Karatschi mußte er einige Zeit sitzen, in einem Gefängnis, in dem er von den Wärtern ständig geprügelt wurde und wo er sich schließlich eine Gelbsucht holte. Er sprang aus dem Fenster, als er auf einem Trip plötzlich das Gefühl hatte, seine Leber sei eben zerborsten, und er deshalb möglichst schnell und schmerzlos Schluß machen wollte. In Herat, Kandahar und Kabul waren auf unserer gemeinsamen Reise immer wieder besorgte Polizisten, alte Bekannte von ihm, an seinen Rollstuhl herangetreten und hatten gefragt: "Hello, Mr. Jens-Erik, how is your mind now?"

In Herat fanden wir dieselben kleinen Hotels mit denselben Wanzen, die vor allem Hannah schmackhaft fanden, und mit denselben Wasserhähnen, aus denen niemals Wasser floß. Auch die Fabrik für Afghan-Cola erkannten wir wieder. Afghan-Cola ist ein in Coca-Cola Flaschen gefülltes giftgrünes oder violettes Gebräu. Ein paar Schluck genügen, um einen Europäer innerhalb von zehn Minuten auf das Klo zu führen - wo meistens schon ein Dutzend davorsteht - und danach in die Apotheke, um Antibiotika zu kaufen. Die Apotheken handelten nicht nur mit Mitteln gegen Durchfall: Ohne Rezept bekam man dort auch das gute deutsche Morphium, und die Apotheker wunderten sich, wie viele von den jungen Ausländern krank waren und eben diese Arznei brauchten. Damals wurde auch noch überall das starke afghanische Haschisch verkauft, nach dessen Genuß man sich kaum bewegen kann. Es kam aus den Anbaugebieten im Norden, nahe der russischen Grenze, wo die Bauern zur Erntezeit mit langen Wildledermänteln durch die Felder liefen und den harzigen Stoff hinterher vom Leder abkratzten.

Essen kann man in Afghanistan vor allem Brot, das überall sehr gut ist, und auch die möveneiergroßen Hühnereier - wenn man nichts dagegen hat, daß sie meistens befruchtet sind. Auch das Joghurt ist nicht schlecht, wenn man das Wasser, das darüber steht, ablaufen läßt. Es heißt, daß die Joghurtkulturen die TB-Erreger töten - die meisten Kühe sind hier tuberkulosekrank. Wer sichergehen will, hält sich vor allem an das Brot und beim Trinken - wenn er sich das leisten will - an die echten Colas und Fantas - man lernt schnell unterscheiden, ob der Verschluß schon einmal geöffnet wurde oder nicht. Natürlich gibt es überall Tee, ohne den das Land nicht denkbar wäre. Für drei bis vier Pfennig pro Kanne erhält man das klare, belebende Getränk, das auf den Fahrten durch Afghanistan das Lebenselixier ist.

Der Weg von Herat nach Süden war wie alle großen Straßen im Land eine von Russen oder Amerikanern angelegte Betonpiste; diese hatten die Russen gebaut. Die Straße war kaum befahren. Ab und zu begegneten wir einem alten Schulbus aus den USA, zum Bersten gefüllt mit Menschen und Geflügel, oder einem Auto von in England reich gewordenen Indern und Pakistanis. Gelegentlich mußten wir anhalten, weil eine Herde Kamele gerade die Straße überquerte, doch sonst waren wir allein mit der Wüste und ihren vielen Farben.

In Alis Hotel in Kandahar trafen wir Freunde aus Dänemark. Wir hatten hier früher oft tagelang gefeiert, und das Hotel war immer noch der Umschlagplatz für Informationen im Mittleren Osten. Ali hatte inzwischen ein neues Hotel erworben; ihm ging es gut, aber sein Bruder war gar nicht froh. Er hatte sich vor kurzem für umgerechnet zweitausend Mark eine Frau gekauft - und nun wollte sie nachts nichts bringen! Bei Ali hörten wir auch Neues von unserem Freund Per, einem der besten Musiker, die wir kannten. Noch im letzten Winter hatten wir Per bei Ali getroffen. Er hatte im Herbst 1967 den Gebrauch der Hydrobromide (Romilar-Pillen) als Rauschmittel in Dänemark eingeführt und uns einen magischen Herbst mit viel kollektivem Bewußtsein beschert, den wir im Gegensatz zu manchen unserer Freunde ohne gesundheitliche Schäden überstanden. Nun hatte Per sich an der Grenze nach Indien das Leben genommen. Er hatte einen Zettel hinterlassen, auf dem stand: "Ich habe mich ganz allein so weit gebracht. Niemand anderer ist schuld daran als die böse Kraft in mir."

Wir wollten diesmal den südlichen Weg nach Indien nehmen, da wir die nördliche Route über Kabul und den Khyber-Paß schon kannten. Als wir uns der pakistanischen Grenze näherten, kamen Alan und ich auf den Gedanken, das Andenken an Per ebenso zu feiern wie unsere letzte Begegnung mit ihm: mit einem Schuß des Morphins, das dort so leicht erhältlich war. Mir war nicht ganz wohl bei dem Gedanken. Nach zweimaliger Gelbsucht, die ich mir in Marokko und in London geholt hatte, war mir das Fixen doch etwas verdächtig geworden. Als ich das letzte Mal in Dänemark das Angebot einer Spritze angenommen hatte, hatte sich - in diesem erdbebenfreien Land - ein Wandregal gelöst und war ganz gegen alle Naturgesetze in ziemlich langgestrecktem Bogen mit einer Ecke auf meinem Kopf gelandet. Ich hatte das Gefühl, daß auch diesmal etwas geschehen würde, wollte aber kein Spielverderber sein.

Nach der Injektion kam kein "Flash" wie in alten Zeiten, nur ein andauernder Zustand von Schlaffheit. Ich spürte, daß ich etwas getan hatte, wofür meine Schützer mir eins auswischen würden, und ich paßte sehr auf.

Kurz vor der Grenze nach Pakistan liegen einige bizarr geformte Berge, auf die Alan und Bill unbedingt hinaufklettern wollten. Zum ersten Mal in meinem Leben versuchte ich nicht, den schwierigsten Weg möglichst als erster hinaufzustürmen, sondern hielt mich schön brav im Hintergrund, wartete auf das, was kommen würde. Und es kam. Bill, der vor mir kletterte, riß mit dem Fuß einen großen Stein los. Ich sah den Brocken wie in Zeitlupe auf mich zukommen, drückte mich ganz flach gegen die Felswand, aber er erwischte mich mit großer Wucht an der Wade. Bis Delhi konnte ich kaum gehen, und der stechende Schmerz war mir ein Lehre - das war die letzte Spritze meines Lebens.

Die Fahrt durch Pakistan war hart, die Straßen schienen dort ständig im Bau zu sein. In dieser Gegend macht man die runden Schlaglöcher schnell viereckig und läßt sie dann so zurück. Genau wie in der Türkei versuchten die LKWs, uns von der Straße zu drängen, und wir mußten höllisch aufpassen, um davonzukommen. Die Männer, denen wir begegneten, sahen aus wie wandelnde Festungen, mit langen Gewehren und Pistolen behangen. Auf den Waffen stand "Made in Germany" mit dem "G" seitenverkehrt oder auf dem Kopf ste-

20. und 21. Auf der Fahrt durch Afghanistan
22. Ein wandelndes Zelt   23. Der Berg, von dem der
    in Afghanistan   Stein fiel

hend, und sie sahen so aus, als seien sie für den Schützen gefährlicher als für das Ziel.

In Lahore bekamen wir ohne Schwierigkeiten das "road permit" für die Straße nach Indien. Die Beamten laufen dort mit skurrilen Federbüschen auf den Hüten herum; die Engländer müssen hier wie überall in ihren Kolonien die Einheimischen aus Spaß in Operettenuniformen gesteckt haben - wenn es kein Witz war, müßte man es als reine Bosheit ansehen.

Auf der indischen Seite der Grenze hatten die Zöllner eine Frau mit besonderen psychischen Fähigkeiten eingesetzt, sie war bei allen Reisenden auf dieser Route gefürchtet. Sie erleichterte so manchen um seine illegalen Devisen und andere Schmuggelware und nahm uns rauhen, aber für ihren Charme empfindlichen Männern unser letztes Haschisch ab. Vielleicht hätten wir Hannah mit ihr reden lassen sollen, doch wir ließen sie das kleine Stück finden, damit sie sich nicht auf Geld - in Kabul gewechselt - oder anderes konzentrierte.

In Indien schien sich nichts verändert zu haben; die Notstandsgesetze waren noch nicht eingeführt, alle Menschen waren neugierig, die meisten von ihnen auch freundlich. Vor allem nach den Erlebnissen in der Osttürkei, wo man sich zuerst die Kinder und dann deren Eltern recht rabiat vom Leibe halten muß, und wo die Menge oft auf die Autos der Ausländer einschlägt, tat das sehr gut. Trotzdem würde ich niemandem raten, mit dem Auto nach Indien zu fahren, wenn es nicht unbedingt nötig ist. Man wird zum Schaustück und ist gleichzeitig von der Bevölkerung abgeschnitten. Benützt man öffentliche Verkehrsmittel, sieht man viel "Menschliches", was in Europa verborgen bleibt, und man wird durch diese Erfahrung ein ganzes Stück reifer, wenn auch vielleicht nicht fröhlicher. Noch dazu wollen die Behörden für die Autos eine Menge Geld.

Läßt man auf dem Wege das Auto irgendwo zurück, wo die Leute an Werkzeug herankommen, dann findet man bei der Rückkehr oft nur noch die äußere Hülle vor - die Grenze von Pakistan ist in dieser Hinsicht besonders berüchtigt. Bald tauchen dann ein paar freundliche Leute auf und sagen: "Wir hätten da zufällig einen Motor (einen Satz Reifen, ein paar Scheinwerfer...), der vielleicht passen könnte...", und dann kann man die verschiedenen Einzelteile von ihnen zurückkaufen.

In Delhi erhielten wir die Visa für Nepal recht schnell, doch da Bill hier noch einiges zu regeln hatte, blieben wir einige Tage.

Wir nutzten sie zu einem Besuch bei einigen alten Freunden aus Dänemark, die als Schüler bei einem hinduistischen Swami lebten. Wir wollten uns den heiligen Mann einmal ansehen. Wie schon erwähnt, fühlten wir uns nie sonderlich zu den Hindus hingezogen, und dieser Guru war uns besonders fremd. Er predigte nämlich das Zölibat als den einzigen Weg zur Befreiung, was Hannah und mir überhaupt nicht einleuchtete. Wie sollte etwas schlecht sein, was einen zum Kanal für alle guten Kräfte macht und zu einer solchen Unbegrenztheit führt wie die Liebe? Wir wußten auch, daß die tibetischen Lamas Mittel haben, die Vereinigung zu einer Hilfe auf dem Weg der Befreiung des Geistes zu machen - in diesem Punkt waren wir also nicht ansprechbar.

Als wir den Swami trafen, sprach er jedoch nicht vom Zölibat, sondern über das Heilen, was für uns, die wir so froh über die Heilungen in Kopenhagen waren und mit Stolz daran dachten, besonders interessant war. Er sagte, daß man verrückt werde, wenn man andere heile, und daß man die Menschen ihr Karma allein tragen lassen solle.

Karma, das sollte ich hier einflechten, weil dieser Begriff immer wieder auftauchten wird, ist das Gesetz von Ursache und Wirkung, das unser Leben in der bedingten Welt bestimmt. Das Karma eines Menschen sind die im Geist gespeicherten Eindrücke und Gewohnheiten aus diesem und aus unzähligen vergangenen Leben. Sie sind Ursache für das, was wir jetzt und in Zukunft, auch in zukünftigen Leben, als Wirkung erfahren.

Es tat uns weh zu hören, was der Swami über Heilungen sagte, denn wir wußten, daß er ein Mann von großer Einsicht war. So hielt ich ihm entgegen: "Wenn es das Karma mancher Menschen ist, krank zu werden, dann ist es eben mein Karma, ihnen zu helfen. Sie sind ein kalter Fisch!". Der Swami hielt das für sehr lustig, er lachte laut und sagte nur: "Now sit for meditation". Wir verbrachten einige angenehme Stunden bei ihm und sind ihm auch später in sehr freundlicher Atmosphäre wieder begegnet.

Als wir, doch etwas verunsichert, unseren Lama später zu dem gleichen Problem befragten, sagte er uns: "Tut alles, was ihr für andere Wesen tun könnt, und denkt nicht an euch selbst". Das war eine Belehrung, die wir verstehen konnten, die uns lag.

Ausgerechnet Bill, der sich nicht sonderlich für Religion interessierte, kam auf die Idee, nach Bodhgaya zu fahren. Wir waren nicht sonderlich begeistert davon, denn Bodhgaya lag nicht auf dem Weg nach Nepal, und wir wollten so schnell wie möglich zu Tsetschu Rinpotsche. Aber das Auto gehörte Bill, er war unser Freund, und so fuhren wir mit ihm mit. Wir hatten noch kaum etwas von Bodhgaya gehört, doch als wir dort angekommen waren, erfuhren wir mehr:

Bodhgaya liegt in der Nähe von Gaya im Bundesstaat Bihar und ist der Ort, an dem der historische Buddha Erleuchtung erlangte. Diese heilige und mit starken Energien aufgeladene Stelle ist es, an der nach der buddhistischen Lehre die ersten Buddhas einer jeden Epoche, in der der Dharma (die buddhistische Lehre) auf der Erde gelehrt wird, Erleuchtung erlangen.

Vor dem historischen Buddha, Buddha Shakyamuni, der vor etwa 2500 Jahren unter dem Bodhi-Baum in Bodhgaya Erleuchtung verwirklichte, waren es in diesem Zeitalter schon drei andere, und es werden bis zum Ende dieses Weltsystems noch weitere neunhundertsechsundneunzig Buddhas auf ihn folgen.

Alle Schulen des Buddhismus unterhalten in Bodhgaya Niederlassungen und Klöster, und obwohl unsere Gedanken ständig bei Tsetschu Rinpotsche in Nepal waren, drangen doch einige gute Eindrücke dieses Ortes zu uns durch. Natürlich fühlten wir uns auch in Bodhgaya wieder zu den Tibetern hingezogen. Wir trafen Drugtschen Rinpotsche, einen sehr hohen Lama, der in seiner früheren Inkarnation der Lehrer von Tsetschu Rinpotsche gewesen war, und erhielten seinen starken Segen. Wir lernten auch zwei Lamas kennen, die später im Westen besonders bekannt werden sollten. Lama Thubten Yesche und Thubten Söpa Rinpotsche.

Als wir das tibetische Kloster besuchten, gab dort gerade Ling Rinpotsche, einer der beiden bereits wiedergeborenen Lehrer des vierzehnten Dalai Lama, eine Einweihung, an der wir teilnahmen. Während der Einweihung erhielten wir jeder eine Rupie - was uns rührte

24. Der große Stupa in Bodhgaya

25. Der Buddha im Stupa

26. Der große Stupa in Bodhgaya

27. Hannah in Bodhgaya

- und ein Stück Fleisch, was uns als jahrelange Vegetarier anekelte. In unserer Unwissenheit gaben wir die Rupie einem Bettler und das Fleisch einem Hund. Heute wissen wir, daß man das, was einem bei einer Einweihung gegeben wird, wenigstens geistig annehmen sollte. Den Segen haben wir allerdings bekommen, die Buddhas schließen da niemanden aus.

Endlich ging es weiter nach Nepal. Als wir am 22. Dezember Katmandu erreichten, standen Dutzende alter Freunde neben der Stupa und riefen uns zu: "Der Karmapa ist da, der Karmapa ist da!". Wir waren kurz nach dem Karmapa angekommen, dem größten Meditationsmeister Tibets, der zum ersten Mal seit dreizehn Jahren Nepal besuchte. Seine Heiligkeit der Karmapa ist der erste bewußt wiedergeborene Lama Tibets; seit der Flucht aus Tibet wohnt er in Sikkim, das damals wegen der indischen Politik für alle Fremden geschlossen war. Hier in Nepal gab es nun seit langem die erste Gelegenheit, dem Karmapa zu begegnen.

Erst später konnten wir sehen, wie bei dieser Begegnung alles zusammenpaßte, und daß dieses Zusammentreffen der Ereignisse ein Zeichen für unsere starke Verbindung mit dem Karmapa war. Damals war der Karmapa für uns nur ein Name; wir suchten den Tsetschu Rinpotsche und hatten für nichts anderes Interesse. Mehrmals täglich fuhren wir zu seinem Haus in Maharajgunj hinaus, aber immer hieß es, er sei nicht da, er sei beim Karmapa. Wir hatten ihm so furchtbar viel zu sagen, wollten ihm so sehr danken, aber da in diesen Tagen keine private Begegnung möglich zu sein schien, entschlossen wir uns, nach Swayambhu zu fahren, wo der Karmapa sich aufhalten sollte - und damit auch Tsetschu Rinpotsche.

Als wir uns dem Heiligtum auf dem Berg näherten, wurde uns deutlich, daß hier etwas Besonderes los sein mußte. Mehr Tibeter, als wir jemals auf einem Haufen gesehen hatten, standen in Festtagskleidung herum. Sie waren erregt und hatten die Händen gefaltet, in der Geste, die so vieles bedeuten kann: Gruß, Dank, Bitte, Verehrung, Anbetung usw. Vom Berg herab rollte das tiefe Dröhnen der langen tibetischen Hörner, deren Vibrationen das ganze Tal erfüllten. Die Tibeter wollten offenbar alle die steile Treppe an den Buddhastatuen vorbei zum Swayambhu-Tempel hoch. Auch uns zog es hinauf. Ich nahm Hannah bei der Hand, und zusammen rannten wir die Stufen empor, vorbei an den langsamer kletternden Tibetern.

Als wir zu dem großen Dordsche, dem Symbol der diamantenen Erleuchtung, am Ende der Treppe gelangten, waren die Hörner ganz nah. Vor uns auf dem Klosterhof stand dicht gedrängt eine große Menschenmenge - und alle starrten auf die dunkle Türöffnung des Klosters. Im Halbdunkel sahen wir einen kräftigen Mann auf einem thronartigen Sitz, der sich gerade irgendetwas Schwarzes - wir konnten nicht erkennen, was es war - über den Kopf hielt. Nach ein paar Minuten nahm er es herunter und verpackte es in einer Art Hutschachtel, während ein Eisengitter vor die Türöffnung gezogen wurde.

Jetzt kam Bewegung in die Menge. Alle drängten hinüber zu einer kleinen Seitentür, offenbar um zu dem Mann auf dem Thron zu kommen. Es war ein unvorstellbares Geschiebe und Gestoße, und ich sah mich plötzlich in die Rolle gedrängt, die ich bei den Tibetern später noch oft einnehmen sollte: ich hielt die Jungen und Starken zurück, um zuerst einmal die Alten und Kinder hineinzulassen, die in diesem Gedränge leicht hätten Schaden nehmen können. Das ist eine Arbeit, die viel Kraft und Standfestigkeit verlangt und die für die meist schlecht ernährten Tibeter nicht leicht ist.

Nachdem der Strom, der in die Seitentür hineindrängte, eingedämmt war, ließen wir uns als eine der Letzten von ihm mittragen. Wir wurden durch einen langen dunklen Gang geschoben, und dann standen wir plötzlich vor ihm - dem Karmapa -, und er legte uns die Hände auf den Kopf.

Als wir zu ihm aufschauten, war er plötzlich riesengroß, größer als der Himmel, und unsagbar golden und leuchtend. Der Menschenstrom trieb uns weiter, die Energie, die uns durchströmte, ließ uns am ganzen Körper zittern, wir waren wie in Trance. Wir stolperten vorbei an rotgekleideten Lamas, die uns Schnüre um den Hals banden, und wieder hinaus auf den Platz. Dort hielten wir uns an dem Eisengitter vor der Türöffnung fest, jenseits von Begriffen und Vorstellungen, und sahen nur den großen goldenen Buddha, der die Menge segnete. Was gerade geschehen war, mußte unser Leben verändern: der Karmapa war in unser Leben getreten.

Das beste Englisch im Gefolge des Karmapa sprach der bhutanesische Arzt Dschigme Tsewang, ein runder, fröhlicher Mann, der ständig Betel kaute. Er half uns, wo er konnte, und wurde unser Verbindungsmann zum Karmapa. Auch Buddha Lakschimi kümmerte sich

28. S.H. Karmapa bei der Schwarzen-Kronen-Zeremonie

um uns. Besorgt um unsere Ökonomie, beschaffte sie uns ein billiges Mini-Zimmer in der Altstadt bei einigen ihrer unzähligen Freunde. Allerdings hielten wir uns kaum dort auf: von früh bis spät, waren wir auf Swayambhu. Wir versuchten, dem Karmapa ständig so nahe wie möglich zu sein; ihm fiel das auf, und er zeigte, daß es in Ordnung war. Er wußte, daß wir die Seinen waren. Bei der ersten privaten Begegnung schenkten wir ihm - als Symbol der Hingabe, die wir verspürten, einen roten Hufeisenmagneten aus Dänemark und einen LSD-Trip von tausend Mikrogramm - das Beste, was wir damals kannten. Er ließ uns die Namen der fünf Weisheitsfarben auf Tibetisch wiederholen, gab uns Süßigkeiten, lächelte und sagte, wir seien jederzeit bei ihm willkommen. Unendlich glücklich verließen wir kurze Zeit später sein Zimmer.

Am Abend übergab uns der Arzt ein kleines Päckchen aus gefaltetem Papier. Er sagte, es enthielte Haare aller Karmapas, Seine Heiligkeit ließe sie uns zusenden. Voller Dankbarkeit nahmen wir das Päckchen, und ich steckte es in die linke Brusttasche meines Armeehemdes. Ich spürte, wie meine Haut unter der Tasche warm wurde, hatte ein scharfes Stechen in der Brust. Als wir am Abend auf dem Heimweg waren, wurde der Schmerz immer stärker, und bald hatte ich das Gefühl, als würde sich ein Feuerstrahl in meine Brust hineinfressen. Ich nahm das Päckchen heraus und steckte es in die rechte Brusttasche. Auch dort spürte ich das Brennen, aber es war auszuhalten.

Mit den Leuten, bei denen wir in Katmandu wohnten, hatten wir jeden Abend das gleiche Theater. Immer wenn wir spät abends nach Hause kamen, war die Haustür von innen verriegelt, und wir mußten die Hausbewohner aus dem Schlaf klopfen. Sie nahmen uns das allerdings keineswegs übel, und da sie es offenbar ganz normal fanden, gewöhnten auch wir uns daran. An diesem Abend wurden sie jedoch noch ein zweites Mal geweckt. Als ich mir nämlich mein Hemd ausziehen wollte, schrie ich vor Schmerz laut auf: Das Päckchen mit den Haaren des Karmapa von der Brust zu entfernen, tat unsagbar weh.

Am nächsten Morgen gab der Karmapa bei dem Stupa von Bodhnath, dem größten der Welt, eine Einweihung. Früher hatten wir dort nur den Tschini Lama getroffen, aber wie wir jetzt sahen, lebten dort auch noch einige angesehene Lamas, sogenannte Rinpotsches.

29. Der erste Blickkontakt mit S.H. Karmapa in Swayambuh

30. Meditation auf dem Dach über Karmapas Zimmer

Zwar hatte uns niemand gesagt, wo der Karmapa an diesem Tag zu finden sein würde, aber wir hatten schnell gelernt, den Tibetern zu folgen, die durch die Straßen liefen; wo sie hingingen, da war der Karmapa.

Die Zeremonie beim Stupa war fantastisch; der Karmapa manifestierte dabei dreimal die tiefen Erleuchtungszustände aller Buddhas, indem er sich die Schwarze Krone aufsetzte. Mit dieser Krone - sie war das schwarze Ding, das sich der Karmapa über den Kopf hielt, als wir ihn das erste Mal sahen - hat es eine besondere Bewandtnis. Um ihre Bedeutung zu erklären, gebe ich hier leicht geändert weiter, was die Tibeter über den Karmapa schreiben.

Der 1981 verstorbene Karmapa, Rangdschung Rigpe Dordsche, war die sechzehnte bewußte Wiedergeburt (Tulku) des Gyalwa Karmapa. Seit dem 12.Jahrhundert verkörpert er, als Oberhaupt der Kagyüpa-Schule des tibetischen Buddhismus, die gesamte Überlieferung und geistige Kraft dieser Tradition. Tatsächlich kann sich ein erleuchtetes Wesen, welches seinen Glauben an ein individuelles Ego aufgegeben hat, dafür entscheiden, seine Aktivität auf der Erde zum Wohle aller Wesen fortzusetzen, obwohl uns der Augenblick der Erleuchtung von den Kräften befreit, die zur Wiedergeburt führen. Dieses erleuchtete Wesen verkörpert sich daher über einen gewissen Zeitraum hinweg in einer Folge von menschlichen Individuen. Der Gyalwa Karmapa ist ein derartiger Tulku. Es hat folgende Inkarnationen des Gyalwa Karmapa gegeben:

I.	Düsum Khyenpa	1110-1193
II.	Karma Pakschi	1204-1283
III.	Rangdschung Dordsche	1284-1339
IV.	Rölpe Dordsche	1340-1383
V.	Deschin Schegpa	1384-1415
VI.	Tongwa Dönden	1416-1453
VII.	Tschödrag Gyamtso	1454-1506
VIII.	Mikyö Dordsche	1507-1554
IX.	Wangdschug Dordsche	1556-1603
X.	Tschöying Dordsche	1604-1674
XI.	Yesche Dordsche	1676-1702
XII.	Tschangdschub Dordsche	1703-1732
XIII.	Düdul Dordsche	1733-1797
XIV.	Thegdschog Dordsche	1798-1868

XV.	Khakhyab Dordsche	1871-1922
XVI.	Rangdschung Rigpe Dordsche	1924-1981

Die Kagyüpa-Tradition überliefert die Meditationslehren, die als Mahamudra bekannt sind. Sie führen zur Erleuchtung, indem sie uns die Natur unseres Geistes zeigen. Im elften Jahrhundert verwirklichte der große indische Meister Tilopa (988-1069) das Ziel dieser Lehren und gab sie an Naropa, seinen wichtigsten Schüler, weiter. Die ungebrochene Überlieferung von Lehrer zu Schüler setzte sich über Marpa, Milarepa und Gampopa, die tibetischen Vorväter der Kagyüpa-Tradition, fort.

Der erste Karmapa, Düsum Khyenpa, war der Hauptschüler von Gampopa. Er meditierte viele Jahre in Höhlen des Himalaja. Einmal saß er monatelang in einer Hütte, die so klein war, daß die Meditationshaltung - mit gekreuzten Beinen und geradem Rücken - die einzig mögliche Art war, sich dort aufzuhalten. Nach Jahren der Meditation unter der Anleitung seines Guru erlangte Düsum Khyenpa volle Erleuchtung. Der Augenblick seiner Erleuchtung wurde von den Dakinis, Verkörperungen weiblicher Weisheitsenergien, gefeiert. Sie machten ihm eine Krone zum Geschenk, die sie aus ihrem Haar geflochten hatten. Diese Krone befindet sich seitdem immer, wenn auch für in der Meditation ungeschulte Menschen unsichtbar, als ein Kraftfeld über dem Kopf eines jeden Karmapa.

Gampopa erkannte Düsum Khyenpa daraufhin als den ersten Karmapa, dessen Auftreten von Buddha selbst im Samadhirajasutra und Mahaparinirvanasutra vorausgesagt worden war. Karmapa ist eine Ausstrahlung von Avalokiteschvara (Tschenresi), dem Aspekt der Buddhaschaft, der Liebe und Mitgefühl für alle Lebewesen verkörpert. Düsum Khyenpa hatte viele bedeutende Schüler. Er legte besonderen Nachdruck auf die Praxis der Meditation, wodurch die Kagyüpa-Linie ihre Ausprägung als die "Überlieferungslinie der Praxis" erhielt.

Der zweite Karmapa, Karma Pakschi, war die erste bewußte Wiedergeburt, die jemals als solche erkannt worden ist. Sein Ruhm als tantrischer Meister, der die höchsten Lehren des Mahamudra verkörperte, war so groß, daß er an den kaiserlichen Hof in China eingeladen wurde und zum Lehrer des Kaisers Kublai Khan wurde. Dieser verlieh ihm den Titel eines "Pakschi", was "höchster geistiger Führer" bedeutet, und auch die folgenden Karmapas waren die Lehrer der

Kaiser von China. Der zehnte Gyalwa Karmapa, Tschöying Dordsche, war ein großes Beispiel wahrer Spiritualität in einer Zeit politischer Intrigen und Kriege unter den verschiedenen Schulen. Er machte seine Ablehnung politischer Macht deutlich, indem er erklärte, er werde seinen Segen eher einem toten Hund geben, als dem Kaiser von China. Dieser Karmapa verteilte seinen ganzen Reichtum, der ihm als dem Oberhaupt der Kagyüpa-Schule ständig zufloß, und er verbrachte den Großteil seines langen Lebens in Armut.

Der dritte Karmapa, Rangdschung Dordsche, der einen besonders meditativen Aspekt der Karmapas manifestierte, entwickelte und bereicherte die meditative Überlieferung noch weiter. Er führte das intellektuelle Verstehen auf einer sehr hohen Stufe wieder in die Praxis ein und vereinigte die traditionellen Mahamudra-Lehren des Kagyüpa-Ordens mit der Maha Ati-Lehre, die bis zu dieser Zeit hauptsächlich durch die Nyingmapa-Überlieferungslinie, die "alte" Schule des tibetischen Buddhismus, weitergegeben worden war.

Der fünfte Karmapa, Deschin Schegpa, trug als erster die äußerlich wahrnehmbare Vadschra-Krone, die an alle folgenden Karmapas weitergegeben wurde. Im Alter von zweiundzwanzig Jahren wurde Deschin Schegpa von dem Kaiser Yung-lo nach China eingeladen. Man empfing ihn mit viel Aufwand und großer Ehrerbietung, und er ging auf die Wünsche seiner Gastgeber ein, indem er an jedem der zweiundzwanzig Tage seines Aufenthaltes bei Hofe ein Wunder wirkte. So wurde der Kaiser zu seinem ergebensten Schüler und entwickelte seine eigenen meditativen Fähigkeiten immer mehr. Eines Tages sah der Kaiser während einer Zeremonie die sonst unsichtbare Krone über dem Kopf des Karmapa schweben. Er verstand, daß es ihm nur aufgrund seiner meditativen Fähigkeiten möglich war, diese Krone zu sehen, und er beschloß, eine materielle Nachbildung davon anfertigen zu lassen, damit jedermann die Krone des Karmapa sehen könne. Dieser Krone, die sich immer im Besitz der Karmapas befindet, wohnt die Macht inne, "Erleuchtung durch das Sehen" zu vermitteln, und sie hat über die Jahrhunderte zahllosen Menschen zur Erkenntnis der letztendlichen Natur des Geistes verholfen.

Der achte Karmapa, Mikyö Dordsche, belebte nochmals den intellektuellen Aspekt der Kagyüpa-Überlieferung. Wie der siebente, neunte und zehnte Karmapa war er aber auch ein großer Künstler, der in der Malerei, beim Gravieren und Gießen von Metallstatuen Außerordentliches leistete. Er trug wesentlich zur Begründung der Karma Gadri-Schule der Thangkamalerei bei - Thangkas, das sind die tibetischen Rollbilder, die nicht als bloßes Kunstwerk, sondern als Meditationshilfen gedacht sind. Es heißt, daß Mikyö Dordsche einmal ein Selbstbildnis goß und es fragte, ob es ihm auch gleiche, worauf die Statue antwortete "Aber natürlich!".

Der fünfzehnte Karmapa, Khakhyab Dordsche, war ein Schüler des großen Dschamgön Kongtrul Lodrö Thaye, der selbst ein Schüler des vierzehnten Karmapa war und nach dessen Tod die Kagyüpa-Überlieferungslinie hielt. Khakhyab Dordsche meisterte die Lehre schon in jungen Jahren und wurde zu einem hervorragenden Vertreter der Rime-Bewegung, die von seinem Lehrer gegründet worden war. Auf dem Gebiet der Medizin besaß er große Kenntnisse und verfaßte auch bedeutende Gebetsdichtungen. Khakhyab Dordsche war ein außerordentlicher Lehrer und hatte viele bedeutende Schüler. Alle seine Kinder waren hohe Inkarnationen, wie z.B. die Kongtrul und Khyentse Rinpotsches.

Rangdschung Rigpe Dordsche, der sechzehnte Gyalwa Karmapa, wurde im Jahre 1924 geboren. Wie alle vorangegangenen Karmapas wurde auch er durch einen Brief seines Vorgängers, in dem dieser Ort und Zeit der Geburt seiner nächsten Inkarnation voraussagte, gefunden. Schon als Kind zeigte er tiefe innere Einsicht und durchlief die vollständige Meditationsschulung, die für einen Gyalwa Karmapa Tradition ist. Er hatte die schwierige Aufgabe, das Vermächtnis der Kagyüpa-Schule in einer Zeit zu erhalten, in der die Kultur, die es über Hunderte von Jahre getragen hatte, zerstört wurde. Da er erkannte, was die chinesischen Truppenbewegungen in Tibet für dieses Land bedeuten würden, konnte er einen Großteil seiner Mönche und viele kostbaren Kultgegenstände und Schriften mitnehmen, als er im Jahre 1959 über Bhutan nach Indien floh.

Es war immer die Aufgabe der Karmapas gewesen, die Inkarnationen wichtiger Lehrer der Kagyüpa-Schule durch eine Vision der Umstände ihrer Geburt aufzufinden und wiederzuerkennen - eine Aufgabe, die auch der sechzehnte Karmapa in seinem Exil weiterführte und mit der er auch den anderen Schulen des tibetischen Buddhismus eine große Hilfe war. Als Reaktion auf die spirituelle Verwirrung und Verflachung unserer Zeit führte Seine Heiligkeit der Karmapa die Zeremonie der Vadschra-Krone häufig als ein direktes Mittel zur

Übertragung des starken Segens seiner Gegenwart aus. Die Zeremonie der Schwarzen Krone oder Vadschra-Mukut, die nur der Karmapa selbst ausführen kann, überträgt die Energie und geistige Erkenntnis des erwachten Bewußtseinzustandes.

In jenen Tagen in Katmandu gab es viele dieser Kronzeremonien, bei denen der Karmapa alle Anwesenden mitzog und zu Ebenen von Einsicht und Klarheit führte, die uns sonst nicht zugänglich waren. Bei jeder Kronzeremonie machten wir andere Erfahrungen, und wie ich aus den Berichten vieler Freunde weiß, erfährt ein jeder die gleiche Zeremonie auf verschiedene Weise. So wie es bei mir mit den Drogen war, so waren und sind meine Erfahrungen auch bei spirituellen Dingen sehr kraftvoll, und sie sind kein Maßstab für die Erfahrungen anderer. Damit will ich nicht sagen, daß weniger dramatische Erfahrungen weniger tief sein müssen - für jedes Temperament ist da etwas, was paßt.

Jedenfalls war ich bei jeder Kronzeremonie total dabei. Oft explodierte alles um mich herum in vielfarbiges Licht, und nur die Krone blieb klar und gegenständlich. Zu anderen Zeiten fühlte ich eine klare Energie durch meine Körpermitte aufsteigen, die manchmal so stark war, daß ich fast ohnmächtig wurde. Die Lamas sagen, daß einem Menschen, der diese Krone sieht, durch die Meditation des Karmapa während der Kronzeremonie eine sehr starke Erleuchtungsenergie eingeprägt wird. Im Prozeß des Sterbens oder kurz nach dem körperlichen Tod erlebt er diese Form dann wieder, er kann sie wiedererkennen und so mit dieser Form verschmelzen. Hierdurch wird das wahre Wesen unseres Geistes erkannt und wir verwirklichen damit die Befreiung jenseits der Begrenzungen von Zeit und Raum. Beim Tod meiner Eltern, die beide Schüler S.H. dem Karmapa waren, wie bei anderen, die auch die Schwarze Krone gesehen hatten, habe ich gesehen, wie die Energien zu dieser Stunde aktiv werden - sie starben in einem Ozean von Licht.

Der Ansturm der Tibeter auf den Karmapa nach jeder Kronzeremonie ist schlimmer als das Gedränge beim Ausverkauf in unseren westlichen Warenhäusern, wenn auch bei der Kronzeremonie keine sauren Gesichter zu sehen sind. Während die, die ganz vorne stehen, sich gegen den Strom stemmen, um nicht einfach über den Haufen gerannt zu werden, drängt die Menge dahinter bloß nach vorn - jeder will so schnell wie möglich den Segen des Karmapa erhalten. Oft sind es Hunderte, manchmal Tausende von Menschen, und das kann schon ganz schön gefährlich werden.

Nach der Zeremonie in Bodhnath war es besonders schlimm. Es sah schon so aus, als müsse sich der Karmapa in einem rasenden Aspekt manifestieren - einer jener zornvollen schützenden Erscheinungsformen der Buddhas, die von Außenstehenden so oft für "Dämonen" gehalten werden - um die Menge, die alles niederzutrampeln drohte, zurückzuschrecken. Plötzlich hatte ich eine lange Bambusstange in der Hand, und mit ungeahnten Kräften, die mir - das spürte ich ganz deutlich - vom Karmapa zuflossen, gelang es, die außer Rand und Band geratene Menge zurückzuhalten und den Menschenstrom in gemäßigtem Tempo zum Sitz des Karmapa vordringen zu lassen. Am nächsten Morgen hatte ich das Gefühl, in der Nacht von einem Güterzug überrollt worden zu sein, so schmerzte jede Faser meines Körpers. Als wir dann aber wieder nach Bodhnath kamen, stellten wir fest, daß wir nun in den engeren Kreis um den Karmapa aufgenommen waren und ich sollte später noch oft als "Leibgarde" des Karmapa fungieren und ihn sogar einmal die Treppen nach Swayambhu hinauf und hinuntertragen.

Einige Tage später wurde der Karmapa mit einem Hubschrauber nach Nage Gompa geflogen, zu einem Kloster auf halber Höhe des Berges Shivpuri. Hier lebt der bekannte Urgyen Tulku. Seine Frau ist ebenfalls Lama, und sie haben zwei Söhne, die Inkarnationen großer tibetischer Lehrer sind und vom Karmapa in Rumtek erzogen wurden. Das Kloster Rumtek in Sikkim, das der Karmapa dort auf Einladung der königlichen Familie baute, ist heute sein Hauptsitz. Natürlich wollten Hannah und ich dem Karmapa auch in Nage Gompa nahe sein. Mit dem Bus fuhren wir hinaus, vorbei an der Chinese Shoe Factory und bis zum Fuß des Shivpuri-Berges am Ende des Tals. Es war warm und Hannah wurde beim Aufstieg so schlecht, daß ich sie das letzte Stück des Weges fast den Berg hinaufschleppen mußte.

Als wir oben ankamen, war der Karmapa gerade dabei, eine Einweihung zu geben. Wir sahen die unvorstellbare Konzentration, mit der er von Augenblick zu Augenblick die Energie aufbaute, die er weitergab. Er wirkte größer als sonst, und wir hatten beide das Gefühl, ihn noch nie zuvor so gesehen zu haben. Es war wieder eine neue Seite des Karmapa. Wir fragten den Doktor, ob das, was wir da sahen, eine Ausstrahlung des Karmapa sei, oder der richtige Karmapa. Der Doktor meinte, es sei der richtige - aber beim Karmapa bedeute das wenig. Um zu illustrieren, was er damit meinte, erzählte er, was sich kurz zuvor zugetragen hatte.

Bei einem Besuch des Karmapa in Bombay hatten die Politiker, die wohl wissen wollten, wie lange diese Inkarnation noch leben würde, ihn von Ärzten untersuchen lassen. Die Inder waren nicht aus religiösen Gründen am Karmapa interessiert, sondern weil ihre besten Soldaten und einzigen Fallschirmjäger Nepalesen und Tibeter sind und weil sie um seinen großen Einfluß wissen. Der Karmapa wollte sich ungern untersuchen lassen, aber als Gast in diesem Land, in dem so viel Tibeter Zuflucht gefunden haben, konnte er sich ihrem Verlangen nicht widersetzen. Das Resultat der Untersuchung war alarmierend: das Röntgenbild des Karmapa zeigte eine riesige Lunge und ein walnußgroßes Herz; in seinem Urin fand man Zucker und in seinem Speichel Typhusbazillen. Die Inder wollten das nicht glauben, und als der Karmapa sich etwas später in Kalkutta aufhielt, wurde er nochmals untersucht.

Diesmal zeigte das Röntgenbild ein riesiges Herz und eine winzige Lunge, der Zucker war verschwunden, und statt der Typhusbazillen fand man Cholera. Als er sich dann kurz vor seinem Besuch in Nage Gompa von Dr. Fischer, einem deutschen Arzt untersuchen ließ, der sehr gute Arbeit für die Armen in Katmandu geleistet hat, war der Befund für innere Organe, Urin und Speichel ganz normal. Nun hatte man drei Befunde und konnte sich aussuchen, welchem man glauben wollte.

Während wir mit dem Doktor zusammensaßen, sahen wir eine Reihe von jungen Mädchen auf dem Weg in das Obergeschoß des Gebäudes. Sie hatten den Kopf gebeugt und trugen jede einen weißen Schal über den Händen. Diese weißen Schals, ein Symbol der reinen Einstellung, übergibt man den Lehrern als Opferung. Der Karmapa schien also wieder seinen Segen zu geben, und so schlossen wir uns der Prozession an und schlüpften hinter den Mädchen in sein Zimmer. Als der Karmapa uns sah, lachte er schallend. Er war nämlich gerade dabei, den Mädchen die Nonnengelübde zu geben - und ich hätte sicherlich eine schlechte Nonne abgegeben. Mit einer Handbewegung lud er uns ein, neben ihm zu sitzen, und dies war die erste Gelegenheit, bei der wir länger persönlich mit ihm sprechen konnten.

Er befragte uns über das Land, aus dem wir kamen, und ich erzählte ihm von den Dänen. Ich trug dabei wohl ein bißchen dick auf - aus meinem Mund hörte es sich so an, als seien die Dänen eher ein wildes und tapferes Wikingervölkchen als brave Millimeterdemokraten. Der Karmapa lachte und sagte, er sei auch so ein Kraftprotz; er sei nämlich ein Khampa, gehöre dem Stamm der Krieger aus dem östlichen Tibet an. Dabei boxte er mich ein paarmal auf die Schulter, und ohne daran zu denken, wer er war, erwiderte ich seine sanften Boxhiebe. Er fiel fast vom Sitz vor Lachen, während ich mir etwas beklommen dessen bewußt wurde, was ich eben getan hatte.

"Was wollt ihr von mir?" fragte er dann plötzlich, und ich hörte mich Worte sagen, von denen wir noch kaum wußten, was sie wirklich bedeuteten. "Wir wollen Bodhisattvas werden zum Besten aller Lebewesen". Bodhisattvas, so hatten wir in unseren Büchern gelesen, sind das Ideal des Mahayana-Buddhismus, dem auch der tibetische Buddhismus angehört. Sie sind, wie der Name sagt (bodhi = Erleuchtung, sattva = Wesen), erleuchtete Wesen, die versprochen haben, aktiv zu bleiben, bis sie alle Wesen zur Erleuchtung geführt haben. Der Entschluß, zum Wohle aller Wesen zu wirken, ist der Grundpfeiler des Mahayana-Buddhismus.

Meine Antwort schien dem Karmapa zu gefallen, und bevor wir uns verabschiedeten, gab er uns beiden ein kleines Buddha-Relief aus Blech mit einem Dordsche auf der Rückseite und sagte: "Es ist nichts Besonderes, aber es ist von mir". Wir trugen dieses Geschenk des Karmapa jahrelang um den Hals.

Am nächsten Morgen kam ein Helikopter mit Tsetschu Rinpotsche an Bord, um den Karmapa abzuholen. Wir freuten uns sehr, Tsetschu Rinpotsche wiederzusehen; wir fühlten uns ihm so tief verbunden und trafen ihn viel zu selten, da er ständig auf Reisen war. Wir hatten auch ein schlechtes Gewissen ihm gegenüber, das Gefühl ihm untreu geworden zu sein, weil wir nun dem Karmapa nahe sein wollten. Wir dachten damals noch in westlich-persönlichen Begriffen und hielten uns zudem für besonders begabte Schüler, um die ein Lama den anderen nur beneiden konnte. Tatsächlich war ich ein lauter und schwieriger, von sich selbst eingenommener Härtefall, während Hannah schon damals ein voller Genuß war. Der Tag, an dem wir Lehrer nicht mehr als Personen, sondern als Manifestationen des allgegenwärtigen Buddha-Geistes, als Ausstrahlungen des Karmapa sehen sollten, war noch viele verwirrte Augenblicke entfernt. Da uns Tsetschu Rinpotsche jedoch selbst immer wieder zum Karmapa brachte und uns anhielt, von ihm zu lernen, war das ungute Gefühl gegenüber unserem ersten Lehrer bald vergessen.

Wohin der Karmapa an diesem Tag auch mit dem Hubschrauber gebracht wurde, diesmal konnten wir uns nicht an seine Fersen heften, und so blieben wir mit dem größten Teil seines Gefolges zurück. Zu der Schar von Tibetern, die den Karmapa umgaben, gehörten auch vier etwa fünfzehnjährige Mönche, die uns aus irgendeinem Grund besonders gefielen. Sie hatten viel zu fragen, schienen unsere Antworten aber immer schon im voraus zu kennen. Wir sprangen mit ihnen auf dem Weg ins Tal von Stein zu Stein und verständigten uns mit den wenigen Sätzen Englisch, die sie kannten, und den paar Brocken Nepalesisch, die wir inzwischen aufgeschnappt hatten. So wurden wir Freunde. Auch wenn wir spürten, daß sie etwas Besonderes an sich hatten, wunderten wir uns dennoch sehr, als wir dann sahen, daß die Tibeter, die vorüberkamen, vor den "Kleinen" den Hut abnahmen, den Kopf beugten, und daß die Kinder ihnen flüchtig die Hand auf den Scheitel legten.

Wir waren so auf den Karmapa und unseren ersten Lama fixiert, daß wir nicht sahen, daß vier Juwelen der Kagyüpa-Meditationslinie da um uns herumtollten. Diese Kinder waren Inkarnationen der höchsten Lehrer; jedes von ihnen besaß die angeborenen Fähigkeiten eines großen Lamas. Es waren Schamar Rinpotsche, Situ Rinpotsche, Dschamgön Kongtrul Rinpotsche und Gyaltsab Rinpotsche. So wenig wir damals auch von ihrer hohen Stellung wußten, es war eine schöne Art, sie kennenzulernen, und geöffnet haben wir uns ihnen gegenüber auf jeden Fall.

So vergingen die zwei Monate, die der Karmapa in Nepal verbrachte. Viele unserer Freunde fanden in dieser Zeit Zugang zu ihm. Sie bekamen seinen starken Segen, und auch bei denen, die nicht in die Praxis des tibetischen Buddhismus einsteigen konnten, wirkt er noch heute deutlich nach. Das ganze Tal um Swayambhu war wie im Rausch. Ständig strömten aus allen Himmelsrichtungen Menschen zusammen; der Karmapa hörte sich ihre Sorgen und Probleme an und beriet sie, gab ihnen seinen Segen, heilte sie, oft Tag und Nacht. Immer gab es Orte, an die er unbedingt kommen sollte, und niemals sagte er nein, dachte nie daran, sich zu schonen.

31. Mit dem Doktor in Nage Gompa

32. Wir tragen den Mahakala
die Stufen von Swayambhu hinunter

Die Zeremonien, die mit Musikinstrumenten begleitet wurden, begeisterten unsere bunte Schar aus dem Westen am meisten. Die Instrumente dröhnten klar und so laut, daß die gesamte Umgebung mitschwang, und die seltsamen Rhythmen rissen zuerst den Herzschlag und dann das Bewußtsein mit. Die Lamas saßen sich bei diesen Zeremonien in zwei Reihen gegenüber, mit langen Hörnern, oboenähnlichen Instrumenten, kleinen und großen Trommeln, Becken und Glocken; sie spielten auf den Instrumenten und rezitierten die Texte, die auf niedrigen Tischchen vor ihnen lagen. Ruhige Passagen der Rezitation wurden oft durch einen plötzlichen Einsatz von Bläsern, Trommeln und Becken unterbrochen. Die Stimmen der Mönche und Lamas schienen aus einer anderen Welt zu kommen, unglaublich tiefe Vibrationen, die sich mischten und überlagerten. Bei lang angehaltenen Tönen hatte das Klanggewebe oft einen eigenartig schwebenden Charakter, die Klänge schienen von überall zu kommen.

Am Anfang der Reihe saßen der Karmapa und die "Kleinen" - wir empfanden sie noch so, obwohl sie um die 16 Jahre alt waren - auf einem Thron. Sie waren in Gewänder aus rotem und gelbem Stoff gekleidet, gaben sich aber zu unserer Verwunderung gar nicht steif und zeremoniell. Sie unterhielten sich, scherzten und lachten, schauten herum, gähnten, bis dann ein Moment kam, wo sie alle ganz konzentriert waren - um dann wieder zu ihrer Unterhaltung zurückzukehren. Wir saßen im Raum, und während wir in der Musik aufgingen, lösten sich ganz von selbst Knoten im Geist. Längst vergessene Erinnerungen stiegen plötzlich auf und Gefühle entstanden und vergingen mit den tiefen Schwingungen der langen Hörner.

Wir hatten zwar noch keine Ahnung, was Segnung, Einweihung, Rezitationen und Zeremonien bedeuteten, aber ihre Ganzheit und Kraft zog uns an. Einige Mantras kannten wir allerdings schon, besonders unser Freund Fut faßte sie schnell auf und konnte sie genau wiederholen. Wir verwendeten das Mantra "KARMAPA TSCHENNO", das uns der Karmapa gegeben hatte, und wir fühlten deutlich, wie es uns mit ihm verband und alles geschehen ließ, was wir dachten. Wir benutzten auch das Mantra, das uns Buddha Lakschimi von unserem ersten Lama gegeben hatte und das wir im Gefängnis dauernd wiederholt hatten, und natürlich das "OM MANI PEME HUNG", das alle Tibeter sagen.

Äußerlich ist dieses bekannte Mantra eine Anrufung von Tschenresi, der Verkörperung des gesammelten Mitgefühls aller Buddhas. Innerlich wirken die Schwingungen der einzelnen Silben so, daß sie die "Sechs Störenden Gefühle" beruhigen und in Weisheitsenergien umwandeln, "OM" Stolz und Egoismus, "MA" Eifersucht, "NI" Anhaftung und egoistische Begierde, "PE" Unwissenheit, "ME" Geiz und Gier, und "HUNG" Haß und Zorn. Wir wurden allmählich mit den Mantras vertraut und merkten, daß uns ihre Wiederholung guttat.

Etwas gefiel mir damals jedoch gar nicht, nämlich der Mahakala. Dieser Name tauchte in den spannendsten Rezitationen auf, wenn die größte Kraft da war, und ich wußte, daß er eine Gestalt bezeichnet, die auf Rollbildern und als Statue flammenumlodert, mit Haumesser und Schädelschale in den Händen und einer Kette aus abgeschlagenen Menschenköpfen um den Hals abgebildet wird. Meist trampelt Mahakala auch noch auf einigen am Boden liegenden Wesen herum. Diese Gestalt zu sehen oder von ihr zu hören, löste in mir freudvollen Kampfeswillen aus, denn ich hielt sie für die Darstellung eines Teufels, und hätte meine Hände gern an dieses Ungeheuer gelegt. Aber obwohl ich an dieser Sicht des Mahakala festhielt, begegnete ich ihm so oft, daß ich schließlich das Gefühl bekam, eine besondere Beziehung zu ihm zu haben - und allmählich wäre es ohne ihn langweilig gewesen.

Das tibetische Neujahrsfest wird an einem Neumondtag im Februar oder März gefeiert. In diesem Jahr gab der Karmapa zum Neujahrsfest seinen Segen an mehreren Stellen. In Swayambhu fand eine Mahakala-Zeremonie statt, und in Bodhnath sollte dann ein Volksfest stattfinden, bei dem Tänze in prächtigen Kostümen und bizarren Masken aufgeführt werden sollten. Auf dem Platz vor dem Heiligtum in Swayambhu stand ein riesiger schwarzblauer Mahakala-Kopf mit langen Hauzähnen auf einem Tragegestell. Um den Kopf herum war ein Netz aus farbigen Drähten gespannt. Während der Neujahrszeremonie wird alles Schädliche des vergangenen Jahres, alle negativen Energien in dieses Netz gebunden, und der Mahakala-Kopf, der die negativen Energien absorbiert hat, wird dann in einer Prozession zum Verbrennungsplatz getragen und dort angezündet. An diesem Tag sollte ich beim Tragen des Mahakala helfen; die Figur war bleischwer, und ich habe in meinem ganzen Leben selten so geschleppt wie bei jener Prozession.

33. und 34. Neujahrstänze

84

Als die Figur auf dem Verbrennungsplatz umgekippt und angezündet wurde, spürte ich, daß dies ein Sieg über alles Schlechte war,
und allmählich dämmerte mir, was für eine Bedeutung der Mahakala
wirklich hat. Ich erkannte, daß er nicht selbst etwas Schlechtes ist,
sondern die Kraft, die das Schlechte überwindet und transformiert.
Tatsächlich wirkt er schützend, indem er unsere schädlichen Gefühle
und alles, was die Lehre von außen bedroht, zerstört. Mir wurde klar,
daß man dem Mahakala vertrauen kann, daß er eine Weisheitsenergie
ist, und daß das furchterregende Äußere nur seiner Funktion, nicht
aber seinem Wesen entspricht. Er ist heute der Motor für unsere Arbeit um die Welt.

Die buddhistischen Stellen, die wir während dieser Zeit besuchten, waren alle ähnlich aufgebaut, und überall fanden wir das gleiche
offene, warme und "wache" Gefühl. So oft wir konnten, saßen wir im
Zimmer des Karmapa und meditierten; er sagte immer "very good",
wenn wir uns zur Meditation hinsetzten, und die Leute, die oft sehr
wichtige Dinge mit ihm besprachen, schien es auch nicht zu stören,
wenn wir in einer Ecke saßen. Konnten wir nicht im Zimmer des Karmapa sein, dann stiegen wir auf das flache Dach des Hauses, gingen
dort über seinem Zimmer hin und her, bis wir den aufsteigenden
Energiestrom spürten, und setzten uns dann dort, genau über seinem
Kopf, zur Meditation nieder. - Vertiefung war da, blitzschnell und
sehr stark.

Waren wir nicht beim Karmapa, dann zogen wir mit unseren
Freunden Fut, dem General, Niels-Ebbe und anderen durch die Gegend. Wir umwandelten die großen runden Bauten der Stupas, setzten im Vorbeigehen die in die Wände eingelassenen Gebetsmühlen in
Bewegung, wie es die Tibeter tun, und waren in Katmandu mehr zu
Hause als je zuvor. Unsere Nähe zu den Lamas, dem Doktor und anderen wurde immer selbstverständlicher, und zuweilen konnten wir
auch mit Tsetschu Rinpotsche zusammensein, bekamen seinen Segen
und nahmen seine Ruhe in uns auf. Ein tüchtiger Silberschmied
machte für unser "Power-Päckchen" mit den Haaren des Karmapa einen kleinen Behälter, den man um den Hals tragen konnte. Hannah
und ich trugen ihn abwechselnd, spürten dabei stets das Brennen in
der Herzgegend, und alle Menschen, die wir damit berührten, wurden
mit der Kraft des Karmapa aufgeladen.

Neben Karmapa die vier höchsten Lehrer der Kagyü Schule

35. S.E. Schamar Rinpotsche

36. S.E. Situ Rinpotsche

37. S.E. Dschamgön Kongtrul
Rinpotsche

38. S.E. Gyaltsen Rinpotsche

Schließlich kam der Tag der Abreise des Karmapa. Er war schon wesentlich länger geblieben als geplant war, hatte auf Wunsch der vielen Menschen, die ihn brauchten, seine Abreise immer wieder verschoben. An diesem Tag standen wir besonders früh auf und stiegen aus dem Tal, in dem noch der Frühnebel hing, nach Swayambhu hinauf. Als wir in das Zimmer des Karmapa hineinschauten, sahen wir zu unserer Verwunderung den Tschini Lama dort sitzen: nicht wie üblich in Rot gekleidet, sondern in einer weißen Reue-Kutte, die der Karmapa ihm eben verpaßt hatte. Schon am nächsten Tag fingen die Reinigungen für den Tschini Lama an, über die bald ganz Nepal sprach.

Wer sich bewegen konnte begleitete den Karmapa hinaus zum Flughafen - und keiner war froh über seine Abfahrt. Ich war mißgelaunt und aggressiv und Hannah unglücklich. Zwar hatte der Karmapa gesagt, wir sollten vorerst bei Tsetschu Rinpotsche bleiben - was wir in unserer Selbstüberschätzung nur angemessen fanden - hatte der Karmapa doch viele Schüler, Tsetschu Rinpotsche jedoch nur wenige. Zwar liebten wir Nepal und hatten gerade unser Visum verlängert bekommen, zwar hatte uns der Karmapa gesagt, daß wir ihn wiedersehen würden - aber dennoch empfanden wir die Trennung von ihm wie eine Amputation.

Auf dem Flughafen sollten wir noch etwas über die Kraft früherer Lehrer, der sogenannten "Tulku"-Kinder lernen. Weil wir in den vergangenen Monaten so auf den Karmapa und auf Tsetschu Rinpotsche fixiert waren und sicher auch, weil wir als Lehrer viele Kinder gut kannten, hatten wir die Kleinen, die von den Tibetern oft auf einen Ehrenplatz gesetzt wurden, nicht besonders beachtet. Zwar waren wir mehrmals dabei, wie der Karmapa neue Inkarnationen früherer hoher Lamas wiederfand, aber Kinder waren für uns einfach Kinder.

Hier im Warteraum des Flughafens stand wieder ein Kind auf einem Tisch. Es war in die traditionellen roten und gelben Roben gehüllt und hob sich damit deutlich von den anderen ab, die in Fetzen gekleidet herumliefen. Der Karmapa hatte sich zu einer Besprechung mit einigen Regierungsbeamten in ein Nebenzimmer zurückgezogen, und alle mußten draußen warten. In meiner gereizten Laune gefiel mir das deutliche soziale Gefälle zwischen ihnen plötzlich gar nicht.

Viele Tibeter gingen zu ihm, senkten die Köpfe, das Kind legte ihnen feierlich die kleine Hand auf den Kopf, und sie schienen alle sehr froh darüber zu sein. Die anderen Kinder beachtete jedoch niemand.

Um mir einmal näher anzusehen, was an diesem Kind denn so Besonderes sei, ging ich zu ihm hinüber. Mit meinem Fünf-Tage-Bart im Gesicht schnitt ich eine Grimasse und sagte laut BUHHH! Ich war gespannt auf seine Reaktion - aber er zeigte keine Furcht, schaute mir nur klar und ruhig in die Augen. Ich war beeindruckt, denn dieser Knirps hatte ja fast noch Taschenformat. Ich holte Hannah und wir gingen beide zu ihm. Das Kind legte uns nicht wie den anderen die Hand auf den Kopf, sondern es lehnte seine Stirn gegen unsere - ein Zeichen der Anerkennung - und übertrug dabei eine starke Energie. Mit einem hellen Licht im Kopf mußten wir uns erst einmal hinsetzen. Der kleine Kerl, so hörten wir dann, war die neue Inkarnation von Pönlop Rinpotsche, einem Lama - einer der sieben inkarnierten Brüder des Karmapa - der einige Jahre zuvor gestorben war.

39. Pönlop Rinpotsche

40. Karmapa mit den höchsten Lehrern der Kagyü-Schule

41. Die höchsten Lamas aus Tibet, nach der Flucht in Dharamsala

42. Auf Tour

43. Unser Ford "A"
vor dem Aufbruch in
das Vergessene Tal

Das Vergessene Tal

Der Karmapa war abgereist, Tsetschu Rinpotsche war wieder einmal unterwegs, und da es nichts Besonderes in Katmandu zu tun gab, nahmen wir die Einladung unseres Freundes Terry Beck an, mit ihm ein abgelegenes Tal im Himalaja zu erkunden. Terry arbeitete beim Peace Corps, und ein Hubschrauber der "Geburtenkontrolle-Truppe" hatte dieses Tal eines Tages entdeckt. Ein Freund von Terry war der erste Weiße, der bisher in dieses Tal vorgedrungen war, und nun wollten wir auf seinen Spuren wandeln.

Wir kannten Terry schon von unserem ersten Besuch in Katmandu; damals hatten wir mit ihm zusammen Pokhara besucht. Terry war wohl der einzige Westler, der zu jener Zeit durch das Land streifte, um Musik aufzunehmen, und dabei hatte er es schon dreimal von Westen nach Osten durchwandert. Er war Bergsteiger aus Leidenschaft, hatte einige der Gipfel dieser Gegend als erster bestiegen und dabei Fotos und Material für mehrere Bücher gesammelt. In jener Zeit mußte man allerdings bei der Regierung sechshundert Dollar für die Erlaubnis hinterlegen, einen Gipfel zu besteigen. Da Terry aber nicht so viel Geld zahlen wollte - er wußte, daß er es niemals zurückbekommen würde - war er ohne Erlaubnis geklettert, und konnte deshalb sein Material vorerst nicht veröffentlichen. Es gibt in Nepal etwa dreizehn verschiedene Stämme, die alle ihren eigenen Dialekt sprechen - einige mehr vom Sanskrit, andere mehr vom Tibetischen abgeleitet. Terry beherrschte die Sanskrit-Dialekte und war zudem groß im Organisieren.

Mit ihm und seinem Freund Richard, der auch ein erfahrener Bergsteiger war, fuhren wir ab, um einige "Zweifelsfälle" zu besteigen, Berge, die sowohl die Tibeter als auch die Nepalesen die ihren nannten. Was für Terry und seinen Freund vor allem eine bergsteigerische Verlockung war, bedeutete für Hannah und mich - wenigsten anfangs - eine Gelegenheit, das Gefühl der Leere zu überdecken, das die Abreise des Karmapa in uns hinterlassen hatte. Aber es wurde bald so interessant, daß wir alles andere vorerst vergaßen.

Schon die Fahrt zu dem Punkt, von dem aus wir in die Berge hinaufsteigen wollten, war ein Erlebnis. Unser Beförderungsmittel verdankten wir den Ranas, jenen steinreichen Hindus, die früher Nepal regiert hatten. Als die Moslems vor Jahrhunderten Nordindien verwüsteten, waren die Ranas mit ihren großen Reichtümern nach Nepal geflohen und hier bald zur beherrschenden Klasse geworden. Eines Tages im zwanzigsten Jahrhundert waren sie auf die Idee gekommen, Autos haben zu müssen - je teurer desto besser. Noch bevor es in Nepal Straßen gab, auf denen Autos fahren konnten, und bevor die Versorgung mit Benzin sichergestellt war, ließen sich einige von ihnen so ein glänzendes Statussymbol vor die Tür stellen. Die Autos wurden in ihre Einzelteile zerlegt und auf dem Rücken von Kulis über die Vorgebirge des Himalaja auf Trampelpfaden heraufgeschleppt. Oben baute man sie wieder zusammen - und da standen sie noch in den Scheunen herum, ohne Rost und oft kaum mehr als fünf Kilometer gefahren. Sie waren billig zu kaufen, denn längst hatten unverwüstliche Mercedes- und VW-Busse und japanische Importwagen, die billig im Benzinverbrauch waren, den Transport im Land übernommen. Freunde von Terry hatten hier riesige Rolls Royce-Luxusschlitten gekauft, sie nach Amerika gebracht und damit viel Geld verdient. Terry und sein Freund hatten gerade einen nagelneuen Ford A - Baujahr 1928 - erstanden und mit diesem fuhren wir los.

Die Fahrt verlief ohne Probleme, nachdem wir uns an einige Besonderheiten des Ford A gewöhnt hatten - wie zum Beispiel an das Handgas. Wir fuhren bis Trisuli, westlich von Katmandu, und von dort aus mußten wir unsere Rucksäcke selbst tragen. Hannah und ich leben im allgemeinen sehr sparsam, denn was man nicht ausgibt, das muß man nicht verdienen, und wir hätten die Berge auch mit Brot und Bohnen als einzigem Proviant bestiegen. Aber unsere Freunde hatten allen möglichen Kram zusammengetragen, den wir mitschleppen sollten: Neben Schlafsack und Kleidung eine Menge reinen Luxus-Proviants, darunter schwere Gläser mit Erdnußbutter, ein besonderes Brot, massenhaft Schokolade - alles billig aus dem amerikanischen P.X. Laden. So schleppten wir Männer mehr als dreißig Kilo auf dem Rücken; Hannahs Rucksack hatte das halbe Gewicht.

Das erste Stück des Weges führte an einem reißenden Fluß entlang, vorbei an einem von den Russen gebauten Kraftwerk. An einer Stelle, an der wir den Fluß überqueren mußten, führte statt einer Brücke nur eine primitive Seilbahn über die Schlucht. Hoch über dem schäumenden Wasser des Flusses war ein nicht gerade vertrauenerweckend aussehendes Seil von Ufer zu Ufer gespannt. Mit einem Trag-

44. und 45. Auf unserer Tour

gestell, das an einer Rolle auf dem Seil lief, konnte man jeweils eine Person zur anderen Seite hinüberziehen - wir waren froh als wir und das Gepäck heil auf der anderen Seite angelangt waren. Dann ging die Kletterei los - und was für eine Kletterei! Wir verstanden langsam, warum so wenig Menschen dieses Tal besucht hatten.

Vor uns türmte sich eine Steilwand auf, die wir überwinden mußten. Nun wurde es spannend. Dies war eine Stelle, an der, wie wir später hörten, die Frauen normalerweise das Gepäck zurückließen und die Männer zweimal klettern mußten. Aber da wir nichts davon wußten, begannen wir, beladen wie wir waren, den Aufstieg. Man hatte ein schöne Aussicht an dieser Stelle, hundert Meter fast lotrecht hinab in den Fluß. Unsere Rucksäcke ragten hoch über unsere Köpfe auf, und ich hatte dummerweise den Bauchriemen so straff gespannt, daß ich kaum mit Händen und Füßen gleichzeitig an der Wand Halt finden konnte - was mir Gelegenheit gab, den Geist in extremen Situationen zu beobachten. Als Hannah mit vollem Gepäck gut oben angekommen und ich als Letzter nachgekommen war, gaben selbst unsere beiden erfahrenen Kletterfreunde zu, daß sie diese Stelle nicht noch einmal ohne Seil besteigen würden.

Gegen Abend kamen wir zu einer Gabelung des Tals, wo ein paar Hütten standen. Die Bewohner ließen uns unter einem Vordach übernachten - da sie Hindus waren, durften wir ihre Behausungen nicht betreten. Wir entdeckten, daß sie den besten Hanf anbauten, den wir in Nepal jemals geraucht hatten, und wir versprachen, ihnen einen Kontakt in Katmandu zu verschaffen. Sie selbst wußten offenbar nicht, wie sie das anstellen sollten, und sie lebten in so ärmlichen Verhältnissen, daß wir fanden, sie könnten ein wenig Geld gebrauchen.

Am nächsten Morgen stiegen wir weiter, in das linke Tal hinein und auf schmalen Pfaden immer weiter in die Höhe. Ab und zu kamen wir durch ein abgestorbenes Bambusdickicht; braun und traurig anzusehen, standen die kahlen Stengel herum. Es heißt, daß dieser Himalaja-Bambus alle elf Jahre zu Zeiten besonders starker Sonnenflecken-Aktivität abstirbt - ob es an den Sonnenflecken lag, konnten wir nicht nachprüfen, tot war der Bambus jedenfalls. Tot waren auch - und das war ein noch traurigerer Anblick - viele der großen Wacholderbäume. Ihr Stamm läßt sich, wenn er trocken ist, leicht von oben bis unten spalten, und die Leute machen Dachschindel und eine

Menge anderer nützlicher Dinge daraus. Allerdings schneiden sie, um immer einen Vorrat an Holz zu haben, bei vielen Wacholderbäumen die Rinde ringsherum ein, damit die Bäume absterben - und die meisten verwenden sie dann nicht einmal. An vielen Stellen waren schon deutliche Zeichen von Erosion zu sehen, und die Flüsse in dieser Gegend werden von Jahr zu Jahr brauner - ein schlimmes Zeichen für die Zukunft der Leute.

Als wir am späten Nachmittag um einen Vorsprung in dem wieder steil gewordenen Hang herumkamen, liefen wir fast in einige Strohhütten hinein, die auf ein paar etwas weniger steilen Quadratmetern an den Hang geklebt waren. Obwohl man, wie wir feststellten, das Tal, aus dem wir kamen, von hier aus nicht einsehen konnte, hatten die Bewohner dieser Hütten bereits Essen für die Ankömmlinge zubereitet. Die meisten von ihnen hatten das Tal noch nie verlassen; sie waren hier aufgewachsen und offenbar so mit dem Tal eins, daß es zu einer Verlängerung ihrer Sinne geworden war.

Die Männer boten uns an, für sechs Rupien pro Tag - das war damals etwa eine Mark, jetzt 30 Pfennig - unser Gepäck weiter zu tragen. Für damalige Verhältnisse war das recht teuer, aber Terry wollte nicht verhandeln. Vor dem Aufbruch hatten wir uns mit ganz neuen Ein-Rupie-Scheinen ausgerüstet, über die sie sich besonders freuten, da sie höher im Kurs stehen als die alten. Auch sie waren Hindus, und wieder mußten wir vor der Tür schlafen, was uns vor Zecken und Läusen bewahrte. Wir bekamen doch viel von ihrem Leben mit und sahen bald, wie es organisiert war. Der Chef war hier zweifellos die Großmutter, die mit Unbeugsamkeit und scharfer Zunge das Tal regierte. Um in dieser Gegend so alt zu werden wie sie, mußte man auch aus hartem Holz geschnitzt sein, und sie schien immer noch recht zäh zu sein. Als ich nämlich - seuchenbewußt durch die hohle Hand - einen Zug an der Wasserpfeife versuchte, an der sie ständig paffte, mußte ich fast erbrechen. Sie rauchte unbehandelte Tabakblätter - das reine Gift.

Die Träger waren klein aber zäh, und sie schleppten unermüdlich. Ihre nackten Füße waren fast quadratisch und paßten sich weich den Unebenheiten des Bodens an, so daß das Gewicht immer gut verteilt war. Ihre langen, pfeifenden Atemzüge - stets ein Zeichen dafür, daß sie mit schweren Lasten auf dem Weg sind - wurde zum ständigen Hintergrundgeräusch. Es ist unglaublich, was diese Men-

46. Die Großmutter

47. Der letzte Paß

schen tragen können, auch die schmächtigsten unter ihnen - und alles nur durch die richtige Kontrolle des Atems. Für verschiedene Steigungen in Relation zur Last haben sie ein unterschiedliches Verhältnis von Schritten und Atemzügen. Oft hat man den Eindruck, daß sie bei stärkerer oder geringerer Belastung plötzlich in einen anderen Gang "umschalten". Sie schaffen es oft nicht, sich eine schwere Last ohne fremde Hilfe auf den Buckel zu laden - aber wenn sie einmal oben ist, dann leisten sie Erstaunliches. Sie können sogar einen höhenkranken Europäer tragen - das allerdings nur wenige Kilometer am Tag und am liebsten bergab. Drei Träger nahmen die großen Rucksäcke und ich lud mir, um schneller in Form zu kommen, Hannahs Rucksack auf.

Nicht nur die Tragetechnik unserer Begleiter war interessant zu beobachten; wir lernten noch einige andere nützliche Dinge von ihnen. Als wir gegen Mittag Rast machten, sammelten sie trockene Gräser, zogen ein paar lose Wollfäden aus dem Hemd, holten einen Stahlklumpen mit einer polierten Fläche aus der Tasche und schlugen damit auf einem der durchscheinenden weißen Steine, die überall herumlagen, Funken. Sie ließen die Funken auf die Wollfäden fallen, die zu glimmen anfingen, und mit ein bißchen Pusten und dem trockenen Gras hatten sie bald ein kleines Feuer in Gang, auf dem sie ihren Maisbrei wärmten. Gegen Abend erreichten wir eine verlassene Strohhütte und beschlossen, hier zu übernachten. Die Träger trauten sich zuerst nicht in die Hütte. Ein Magier habe darin gewohnt, und es sei gefährlich. Als wir uns aber in der Hütte einrichteten, ohne gleich tot umzufallen und die Träger sich an unsere Meditationsketten erinnerten, die wir ständig in den Händen hatten, kamen auch sie nach. Sie hatten keine Liegematten oder Teppiche bei sich, schliefen auf Strohmatten, die wir in der Hütte fanden und kehrten während der Nacht abwechselnd die eine und dann die andere Körperseite dem Feuer zu. Es war ein hartes Leben, aber Klagen hörten wir keine.

Am nächsten Vormittag kamen wir durch ein Gebiet, in dem Schnee gefallen war, und obwohl es die Träger gewohnt waren, auch im Schnee barfuß zu gehen, wollten sie unbedingt unsere Turnschuhe tragen, die wir nun gegen kräftige Bergstiefel eintauschten. Wir überließen sie ihnen, denn es war eine neue Erfahrung für sie, und wir dachten, sie würden die Schuhe bald leid und so vor der Welt der Schuhträger gewarnt sein, deren Lebensstil ihnen sicher nicht gut bekommen würde. Am Nachmittag des zweiten Tages stießen wir auf ein paar grüne Pflanzen, die ein bißchen so aussahen wie Löwenzahn, aber mit viel dickeren Blättern. Die Träger waren ganz begeistert und wollten nicht mehr weitergehen. Sie dachten nur noch daran, diese Pflanzen nach Hause zu tragen. Es stellte sich heraus, daß es Alraune war, eine Pflanze, deren Wurzel eine stark halluzinogene Wirkung hat. Im Europa des Mittelalters wurde sie in von Hexen verwendet, und auch in der Moderne waren sie eine Zeit unter Hippies sehr beliebt. Diese klauten sie aus den botanischen Gärten und gingen damit auf einen Trip, der zwar gratis war, aber oft physisch stärker, als ihnen gefiel. Die Träger verrieten uns, daß beim Verbrennen der Wurzel alle bösen Geister davonlaufen, und nun wollten sie wohl so schnell wie möglich ihre Behausung ausräuchern. Wir zahlten jedem von ihnen zwölf Rupien und ließen sie ziehen; wenn sie sich beeilten, würden sie gerade noch vor Einbruch der Dunkelheit bei ihren Hütten sein. Sie versprachen, unsere Turnschuhe bei der letzten Lagerstelle zurückzulassen, von wo aus wir sie für den Rückweg wieder brauchen würden.

Nun hatten wir unser Gepäck wieder selbst auf dem Rücken, und da wir uns inzwischen auf fast 4000 m Höhe befanden, schien es schwerer als vorher. Aber nach einiger Zeit fanden auch wir unseren Rhythmus, ließen bei jedem Schritt die Ferse ganz den Boden berühren, machten kurze Schritte ohne anzuhalten und kamen gut voran. Lästig war nur, daß wir bei dem schnellen Aufstieg so häufig Wasser lassen mußten - fast jede Viertelstunde. Kurz vor Einbruch der Dunkelheit erreichten wir in viertausendfünfhundert Meter Höhe eine Hochebene, von der aus man einen fantastischen Rundblick hatte: auf der einen Seite auf das Langtang Himal und Gosamkund und zur anderen Seite auf die Berge Tibets. Wir fanden einige von Tibetern errichtete Stupas und auch eine Steinhütte, in der wir übernachten konnten.

Terry und Richard wollten am nächsten Tag die Umgebung erkunden, und glücklicherweise nahmen sie ihre volle Bergausrüstung mit, als sie loszogen. Hannah und ich waren glücklich, wieder einmal einen Tag für die Meditation zu haben. Wir kletterten auf eine Anhöhe von wo aus wir sowohl nach Tibet hinübersehen, als auch unsere Hütte mit dem Gepäck im Auge behalten konnten - im Osten lernt man bald, auch in der ödesten Gegend gut auf seine Siebensachen aufzupassen. Wir ließen uns neben einem rauhen Steinstupa auf der Höhe zur Meditation nieder. Ich wollte die sehr schwierige (und für Anfänger gefährliche) Meditation der "Inneren Hitze" üben und hatte

48. und 49. Beim Steinstupa im vergessenen Tal

kaum damit begonnen, als schon die Energie des inneren Atems wie eine alles überflutende Welle in mir aufstieg. Ich hatte die Belehrungen, die für die erfolgreiche Durchführung dieser Meditation Voraussetzung sind, nicht voll erhalten, spürte aber dennoch, wie ich von dieser Welle in eine neue Dimension der Erfahrung hineingetragen wurde.

In genau dieser Gegend des Himalaja war der große Heilige Milarepa, dessen Kraft jetzt der Karmapa verkörpert, mit eben dieser Übung der Inneren Hitze zur grenzenlosen Erleuchtung gekommen, und die jenseits aller Zeit wirkenden Erleuchtungsenergien teilten sich mir unmittelbar mit. Drüben in Tibet, nur ein paar Täler entfernt, lag das Kloster Kyirong, dessen Hauptlehrer Tsetschu Rinpotsche gewesen war. In der Nähe dieses Klosters hatte er mit seinem Lehrer Drugpa Rinpotsche lange Zeit in einer Höhle gelebt, wobei beide oft nicht mehr Nahrung zu sich nahmen, als drei Teelöffel Wasser am Tag. Überall in dieser Gegend hatten die Lehrer der Kagyüpa-Linie die Erleuchtungsenergien aktiviert, und jetzt, während der Meditation, wurden sie wach. Zum ersten Mal in meinem Leben spürte ich, wie eine Energie aus meinen Händen floß, und ich drückte Hannah an mich, um ihr diese Energie weiterzugeben.

Zur Abenddämmerung kehrten wir in unsere Steinhütte zurück. Von Terry und Richard war nichts zu sehen. Es begann zu schneien, und als wir am Morgen aufwachten, sahen wir, daß mehr als ein halber Meter Schnee gefallen war. Obwohl unsere beiden Freunde schon am Vorabend von ihrem Erkundungsgang zurück sein wollten, machten wir uns keine Sorgen um sie. Sie waren gut ausgerüstet und in dieser Gegend waren die schützenden Energien so stark, daß ihnen einfach nichts passieren konnte. Als sich zum zweiten Mal die Nacht über die Hochebene senkte, kamen sie endlich durch den Schnee herangestapft, waren froh über das Feuer und den zurückgelassenen Proviant. Sie hatten einige gefährliche Situationen erlebt, aber alles war gut gegangen. Beide schwärmten von ihren daunengefütterten Jacken und Hosen und von ihren "space-mats", wärmereflektierenden Folien, die sich auf die Größe eines Kartenspiels zusammenfalten lassen, und die es ihnen ermöglicht hatten, im Schnee zu übernachten. Nur einmal wäre einer von ihnen schneeblind beinahe über einen Felsen in den leeren Raum getreten...

Am nächsten Morgen machten wir uns auf den Rückweg; der Abstieg machte viel Spaß, denn wir konnten weite Strecken einfach den Hang hinunterrutschen. Wir freuten uns darauf, bald aus den schweren Bergstiefeln in bequeme Turnschuhe schlüpfen zu können - aber als wir zu der Stelle unserer letzten Rast mit den Trägern kamen, war von den Schuhen, die sie dort zurücklassen wollten, nichts zu sehen. Etwas verwundert und irritiert stiegen wir weiter ab und kamen schließlich wieder zu den Hütten, wo Großmutter mit ihrem Clan wohnte. Großmutter gab uns die Auskunft, die mit den Schuhen seien irgendwo auf der anderen Seite des Tals, und sie wisse nicht, wann sie zurückkämen. Nun waren wir doch ziemlich sauer, denn sie hatten offensichtlich vor, unsere Schuhe zu behalten. Wir sagten, wir würden noch eine Stunde warten, und falls die Schuhe dann nicht da seien, könnte es sein, daß ihre Hütten abbrennen würden. Als wir nach einer Stunde schon begannen, mit Streichhölzern herumzuhantieren - natürlich hätten wir unsere Drohung bei so armen Leuten niemals ernst gemacht - da stand plötzlich der mutigste unserer Träger vor uns und hatte die Schuhe "gerade gefunden".

Jetzt hatten sie wieder Respekt vor uns; daß sie uns mit dem viel zu hohen Trägerlohn übers Ohr gehaut, und wir für sie dadurch das Gesicht verloren hatten, war vergessen. Nun wollten sie mit uns hinabsteigen nach Trisuli, und sie erboten sich sogar, unser Gepäck ohne Lohn zu tragen. Wir ließen sie mal den einen, mal den anderen Rucksack tragen, aber wir hatten mittlerweile gelernt, richtig zu atmen, und konnten die Rucksäcke, die inzwischen auch leichter geworden waren, nun fast mit Behagen selbst tragen, ohne zu ermüden. Wir erreichten den Platz, wo unser Ford A abgestellt war und mit den drei Trägern im offenen Gepäckraum fuhren wir nach Trisuli hinein. Sie kamen zum ersten Mal hierher und waren so stolz darauf, in einem Auto Einzug zu halten, daß sie uns darum baten, kräftig zu hupen, damit auch jedermann sie sehen konnte. Also hupten wir bis es peinlich wurde, und sie bekamen das Material für ein glanzvolles Kapitel in der Saga von Sippe und Tal.

Im Sherpa-Land

Tsetschu Rinpotsche war wieder in Katmandu, als wir zurückkamen und es tat gut, ihn wiederzusehen. Da er jedoch bald nach Bhutan abreisen wollte, hielt auch uns nichts mehr in Katmandu. Wir wollten wieder hinaus in den Himalaja, diesmal aber nicht nur zum Bergsteigen. Das Land der Sherpas, in dem eine noch beinahe intakte tibetische Kultur zu finden ist, zog uns an. Und wenn wir es in diesem Jahr noch sehen wollten, mußten wir uns beeilen, um dem Monsun zuvorzukommen. Tsetschu Rinpotsche sagte uns, welche Lamas und welche Klöster wir besuchen sollten, gab uns seinen Segen, und um viele praktische Erfahrungen reicher, die wir auf der letzten Tour gesammelt hatten, machten wir uns diesmal allein auf den Weg.

Um von Katmandu nach Solo-Khumbu im Sherpa-Land zu kommen, nimmt man am besten den frühen Postbus - oder Post-Jeep - zur tibetischen Grenze, steigt bei Lamsango aus und läuft von dort aus. Wir kamen am Nachmittag an, und da wir keine Lust verspürten, in den Wellblechhütten am Fluß - die übrigens von den Chinesen aufgestellt worden waren - zu übernachten, marschierten wir gleich los. Der Weg ging einen schier endlosen Hang hinauf, der in der prallen Sonne lag, und es gab nirgends Wasser. Kurz vor der Dunkelheit, die dort, sobald die Sonnen hinter den Bergen verschwunden ist, innerhalb weniger Minuten hereinbricht, erreichten wir einen Rastplatz in einer halboffenen Schutzhütte, wo wir Tee und Reis bekamen. Am nächsten Morgen zogen wir weiter und waren gegen Mittag auf dem Bergkamm, nur um wieder hinabzusteigen in das nächste Tal. Und so ging es weiter, eine Woche lang: hinauf zum Paß, hinab ins Tal, hinauf zum Paß.

Unterwegs begegneten uns viele interessante Leute, Tibeter und Sherpa, die mit Waren auf dem Weg nach Katmandu waren, hin und wieder ein Hindu-Saddhu und auch ein paar junge Europäer. Europäische Gesichter waren in dieser Gegend allerdings noch nicht so häufig wie heute. Damals sah man Europäer fast nur in großen, gut ausgerüsteten Expeditionen mit vielen Trägern. Bei den Häusern, an denen wir vorbeikamen, riefen wir hinein, ob sie Milch oder Eier zu verkaufen hätten, oder, wenn das nicht da war, wenigstens Bohnen, denn wir hatten nur wenig Proviant bei uns. Doch meistens hatten die Leute nur Reis, poliert und nutzlos, und wenn man das Pech hatte, daß kurz zuvor eine Expedition vorbeigezogen war, dann hatten sie gar nichts mehr zu verkaufen. Nach einiger Zeit wurden wir auch etwas vorsichtiger mit dem Fragen nach Nahrungsmitteln. Das Geld, das wir den Leuten dafür gaben, konnten sie schließlich nicht essen, und wenn da nur ein paar Quadratmeter terrassierter Boden zum beackern vorhanden sind, sollte man ihnen nicht zu viel von ihren knappen Nahrungsmitteln abnehmen. Natürlich sind alle scharf auf Geld, sie geben es aber dann für Taschenlampen aus oder für Kugelschreiber, mit denen sie nichts anfangen können.

Auf eines sollte man achten, wenn man im Himalaja-Gebiet unterwegs ist: außerhalb der Städte nehmen die Leute am liebsten neue Geldscheine, und auf große Noten können sie nicht herausgeben. Man deckt sich also am besten mit einem Haufen kleiner und möglichst neuer Scheine ein. Es sind dort auch Münzen im Umlauf, vor allem Stücke von einer halben Rupie, aber sie werden nicht in allen Tälern angenommen. Erhält man in einem Tal besonders viele dieser Münzen als Wechselgeld, dann ist es gut möglich, daß man sie im nächsten Tal nicht mehr los wird.

Wir freuten uns, daß nicht nur die Leute uns, sondern auch wir ihnen ein bißchen nützlich sein konnten. Überall, wo wir vorüberzogen, kamen sie mit ihren Gebrechen zu uns, sei es mit einem Kropf, eiternden Wunden oder Kopfweh - und oft können ein paar Tropfen Jod in Wasser da viel ausrichten. Und wenn man es schafft, ihnen beizubringen, daß sie ihren Kindern viel zu trinken geben müssen, wenn diese Durchfall haben, dann kann man viele Menschenleben retten. Ein hoher Prozentsatz der Kinder in dieser Gegend erreicht nicht das fünfte Lebensjahr - damals waren es vielleicht 65 % - und ein befreundeter Arzt hatte uns erzählt, viele Kinder würden daran sterben, daß die Eltern glauben, ihnen keine Flüssigkeit geben zu dürfen, wenn sie Durchfall haben. Sie trocknen dann einfach aus.

Immer wieder begegneten uns riesige, wandelnde Büsche mit einem Paar kleiner Füße darunter: Frauen, die überdimensionale Bündel belaubter Zweige nach Hause trugen, welche die Männer, die in die Bäume hinaufkletterten, abgeschlagen hatten. Das Laub dient als zusätzliches Viehfutter. Es war interessant zu beobachten, wie jedes Tal seinen eigenen "Trip", seine ganz eigene Atmosphäre hatte. Manche Täler waren freundlich, andere mißmutig, manche stolz oder auch geschäftstüchtig - wir spürten schon auf dem Paß, was uns im nächsten Tal erwartete. Manchmal haben die Leute in einem Tal alle ganz ähnliche Gesichtszüge, weil da einmal ein fleißiger Mann viel für die Damen getan hat.

Schon am zweiten Tag waren wir eine Zeitlang auf einem alten Verbindungsweg von Tibet nach Katmandu gewandert, und freuten uns über die vielen Stupas und Buddhastatuen am Wegrand. Aber dann wurde die Gegend wieder eintönig und der Weg bis Giri war erodiert und ereignislos. In Giri haben die Schweizer eine Versuchsfarm aufgebaut, die Käse nach Katmandu liefert. Der Aufenthalt dort ist nicht billig, aber zivilisiert; eine Gelegenheit, sich von den Strapazen der Bergwanderung auszuruhen. Hinter Giri kamen wir dann in buddhistisches Gebiet, und hier begannen die Dinge, die wir wirklich erlebten, nicht bloß beobachteten.

Wir kletterten gerade auf einem ziemlich schmalen Pfad eine steile Wand hinauf, als uns plötzlich in vollem Trott ein Stier entgegenkam, der ganz so aussah, als wolle er den Pfad für sich allein haben. Ich drückte Hannah hinter mir gegen eine Felswand und griff für alle Fälle nach dem Messer, das ich am Gürtel trug. Schnaubend lief das Ungetüm haarscharf an uns vorüber, schlug im Vorbeilaufen noch mit den Hörnern nach uns, ohne uns jedoch zu treffen - ich mußte mein Messer glücklicherweise nicht gebrauchen.

Der Weg zog sich nun durch eine schöne Landschaft, es gab jetzt Nadelwälder und nicht nur nackte braune Erde. Gegen Nachmittag, auf dem Weg zu einem Paß hinauf, sah ich plötzlich eine strahlende weiße vierarmige Erscheinung vor mir über dem Weg schweben. Ich wischte mir die Augen, sah nochmals hin, aber sie blieb gestochen klar dort vor mir in der Luft, für einige Kilometer unseres Weges; sie war sehr strahlend und wunderschön. Heute würde ich diese Form als eine Manifestation von Tschenresi erkennen, als die des Karmapa, und mich überglücklich vor ihr verbeugen. Damals wußte ich jedoch nicht, was ich von dieser seltsamen Erscheinung halten sollte, war nicht wach genug, ihre Bedeutung zu erkennen.

Gegen Sonnenuntergang, als wir den Pfad nicht mehr sehen konnten, gelangten wir zu den Hütten einer Gruppe von Sherpa - im Himalaja ist jedes Haus ein Hotel. Die Leute verlangten den doppelten Preis von umgerechnet etwa 50 Pfennig, aber da es bereits dunkel

50. Tschenresi

wurde nahmen wir an. Als sie später jedoch hörten, daß wir Schüler des Karmapa seien, gingen sie mit ihren Preisen runter. Wir fühlten uns bald sehr wohl bei ihnen, und schließlich schenkten sie Hannah sogar die Meditationskette einer alten buddhistischen Nonne, die in dieser Gegend gelebt hatte. Als Hannah sie um ihr Handgelenk wickelte, spürte sie, wie eine wohltuende Wärme in ihren Arm floß und sich über den ganzen Körper ausbreitete. Als ich später den guten Abend mit etwas Rauch noch verbessern wollte, bekam ich zum ersten Mal ein unangenehmes wildes Herzklopfen. Wir waren nun wirklich in das Land der Buddhas gekommen - und dieser Rauch gefiel ihnen offenbar nicht.

Auch am nächsten Tag gab es eine Reihe von Pässen zu überqueren und das Wetter war ungemütlich, feucht und stürmisch, mit vielen Hagelschauern. Trotzdem war alles toll. Die Sherpa, in deren Häusern wir eingeladen wurden, waren oft spannende Leute und mit großer Freude sahen wir die Buddhastatuen und Bilder am Wegrand und auch in den Häusern. Wir hatten das Gefühl, nicht mehr bloß mit den Leuten pädagogisch umzugehen, sondern wirklich mit ihnen zu kommunizieren. Überall mußten wir Tee trinken, und wenn sie die Dinge sahen, die der Karmapa uns geschenkt hatte, dann wollten sie kein Geld mehr. Wir kannten aber schon den Trick, eine Gabe auf dem Hausaltar zu hinterlassen - da konnten sie nicht nein sagen - und es sparte uns viel leere Höflichkeiten.

An diesem Tag erreichten wir das Tagesziel nicht, es gab zu viel zu tun auf dem Weg. Es war aber gut, daß wir dort blieben, wo wir schließlich unser Nachtlager aufschlugen, denn am Morgen brachten sie ein Kind, das nur noch aus Haut und Knochen bestand; es war offensichtlich dem Sterben nahe. Ich legte ihm den Behälter mit den Haaren des Karmapa auf den Scheitel, es öffnete die Augen und lächelte - und was hinterher mit ihm auch geschah, es war bestimmt gut.

Erst um zehn Uhr kamen wir an diesem Vormittag in Bandar an, einem Zeltlager, das am Zusammenfluß zweier Flüsse in sechshundert Meter Höhe liegt, gleich unterhalb des Aufstiegs in das Kernland der Sherpa. Von hier aus geht es dreitausend Meter hinauf zum Paß und dann noch ein ganzes Stück durch unbewohntes Gebiet, bevor man wieder zu einer Übernachtungsmöglichkeit kommt. Obwohl oben noch Schnee lag, und wir spät anfingen, wollten wir diese Etappe noch am selben Tag schaffen. Die Buddhas würden uns da schon helfen. Der Aufstieg war sehr steil und gab mit jeder Kurve eine noch bessere Aussicht, und wir hatten genug Kondensmilch als Proviant bei uns, um zwischendurch nicht Rast machen zu müssen. Auf halber Höhe lag ein Kloster, zu dem wir unbedingt hin wollten. Es wurde von riesigen tibetischen Hunden gut bewacht, die ich mit Steinen forthielt, aber der Lama war wirklich freundlich. Er führte uns durch das Kloster zu führen und beantwortete unsere Fragen zu den vielen schönen Buddhastatuen und Rollbildern sofort.

Wir konnten aber nicht länger bleiben, wenn wir nachts noch irgendwo schlafen wollten und stiegen weiter. Fast auf der Höhe des Passes, dort wo wir schon in den Schnee kamen, trafen wir auf eine kleine Pferdekarawane. Die Leute luden uns ein, mit ihnen zu ziehen. Sie wußten, wo man auf der anderen Seite des Passes übernachten konnte, und sagten uns, daß wir den Weg bis zur Sherpa-Hauptstadt Dschumbesi, noch etwa drei Stunden Fußmarsch nach dem Paß, sowieso nicht mehr vor Einbruch der Dunkelheit schaffen würden. Wir genossen es, das Karawanenleben mitzumachen. Die Leute gingen sehr gut mit den Tieren um, was im Osten keineswegs üblich ist - vor allem im Iran und Pakistan. Es waren einfach gute Leute, und sie fanden es ganz natürlich - was ich keineswegs tat - wenn manche Leute, die uns begegneten, meinen Segen haben wollten. Ich legte ihnen dann das Bild des Karmapa und den Behälter mit seinen Haaren auf den Scheitel, fühlte mit Freude, wie die Kraft der Linie erwachte.

Oben angelangt, wanderten wir einen Bergkamm entlang, durch verzauberte Rhododendron-Wälder im Schnee und vorbei an Tälern, von denen eines schöner war als das andere. Als die Sonne schon fast hinter dem Horizont verschwunden war, stiegen wir endlich hinab ins Tal der Sherpa: naß bis zu den Knien, aber froh. Es gibt über 13 Stämme in Nepal, die friedlich nebeneinander leben, fast ohne sich zu vermischen. Alle leben anders, manche äußerst primitiv, aber die Sherpa, die tatkräftige Menschen sind, haben sich schöne Wohnungen gebaut. Ihre großen Blockhäuser stammen zumeist noch aus der Zeit, als der Handelsweg von und nach Tibet durch ihr Land ging und sie die Karawanen führten. Als die Chinesen Tibet zerstörten und es damit vorbei war, setzten sie ihre Tüchtigkeit auf anderen Gebieten ein, zum Beispiel als Bergführer für Himalaja-Expeditionen oder beim Handel im entfernten Katmandu. Doch wegen ihres Drangs in die Ferne und ihrer Bereitschaft zum Bergsteigen, was viele Menschenleben fordert, verlieren sie viele ihrer jungen Leute. Das macht sich auch deshalb besonders bemerkbar, weil sie, wie die Tibeter und Bhutanesen, ihre Familien bewußt klein halten, die Frauen nicht - in der Hoffnung auf ein gesichertes Alter - dauernd schwanger und krank herumlaufen lassen.

Im zweiten Haus, an dem wir vorüberkamen, wurden wir aufgenommen. Hinter dem Haus lag ein dreieckiges Feld, über dem an einer Stange eine Gebetsfahne flatterte. Wir schliefen sehr gut in dieser Nacht im Heu und am nächsten Morgen führten uns die Sherpa in den Meditationsraum ihres Hauses, um uns etwas zu zeigen. Als sie die Satteltaschen öffneten, die sie am Vorabend hier hereingetragen hatten, sahen wir, daß sie eine Menge alter und kostbarer Buddhastatuen transportierten, denen die Chinesen in Tibet die Gesichter eingeschlagen hatten. Schöner gearbeitete Bronzen hatten wir bis dahin noch nicht gesehen. Wie wir an den noch intakten Bodenplatten der Statuen sehen konnten, enthielten sie auch noch die Segnungen, mit denen sie aufgeladen worden waren, bevor sie als Meditationshilfen verwendet wurden. Diese Segnungen sind mit Mantras beschriftete Papierstreifen oder auch Reliquien von großen Lehrern und Heiligen. "Sie bekommen jetzt neue Gesichter", sagten uns die Sherpa, "und dann bringt man sie in Klöster, wo sie verehrt werden".

Uns gefiel der Mut, mit dem diese Sherpa die Statuen aus Tibet herausschmuggelten, um sie für ihren wahren Zweck zu retten. Wir wußten aber zugleich, daß zur selben Zeit skrupellose Geschäftsleute ganze Banden anheuerten, die überall im Land Statuen stahlen, welche dann im Westen weiterverhökert wurden. Dort stehen sie dann oft genug als exotischer Wohnzimmerschmuck bei Leute herum, die nichts von ihrem wahren Wert für den Geist wissen.

So schafft sich ein jeder sein Karma, pflanzt die Samen von Glück und Leid für künftige Leben - und es wirkt sich natürlich nicht nur im nächsten Leben aus, oft geht es viel schneller. Zu jener Zeit sprach ganz Katmandu über den Prozeß gegen die Söhne des Tschini Lama, die, mit Pistolen bewaffnet, bei einem solchen Raubzug geschnappt worden waren. Das geschah nur einen Tag nachdem der Karmapa dem Tschini Lama zum Abschied das weiße Reue-Hemd verpaßt hatte - und wie sich bei dem Prozeß herausstellte, hatte die Familie noch einige andere krumme Dinge auf dem Kerbholz.

Auf einer gut befestigten Straße, auf die offenbar alle Steine der Felder hingeworfen wurden, marschierten wir weiter in Richtung Dschumbesi, vorbei an idyllischen Holzhäusern und vielen, vielen Stupas. Wir wußten inzwischen, daß die Stupas Ritualobjekte und Reliquien enthalten, die ihre gesamte Umgebung aufladen, und wir hatten gelernt, ihnen im Vorbeigehen die rechte Schulter zuzuwenden, also im Uhrzeigersinn um sie herumzugehen. Diese Stupas sind das allgegenwärtige Wahrzeichen der buddhistischen Kultur im Himalaja-Gebiet. Sie sind eine symbolische Darstellung der verschiedenen Aspekte des inneren und äußeren Universums, und wenn man sich für das, was sie ausdrücken, öffnet, können sie uns dabei helfen, unsere "unreine Erlebniswelt" in eine vollkommene "Buddhawelt" umzuwandeln. Die Beschäftigung mit den Formen der Stupas führt dazu, daß unser Geist immer mehr zu seiner ursprünglichen Freude und Freiheit zurückgeführt wird, von bedingten zu nicht-bedingten Zuständen gelangt und so seinen ganzen Reichtum entfalten kann.

Die viereckige Basis des Stupas symbolisiert das Element Erde, den "festen" Aspekt des Universums. Ihre Farbe ist gelb; es ist die Farbe des Stolzes, der durch die Erleuchtung in jene Weisheit umgewandelt wird, die uns die "Gleichheit" aller Dinge erkennen läßt. Der runde Teil symbolisiert das Wasser-Element, den "fließenden" Aspekt des Universums. Seine Farbe ist blau, und zu ihm gehört der Zorn, der in die "spiegelgleiche Weisheit" umgewandelt wird. Die Stufe darüber steht für das Feuer-Element, die Wärme. Ihre Farbe ist rot und sie repräsentiert die Begierde, die durch Erleuchtung zur "unterscheidenden Weisheit" wird. In Tibet und Nepal ist dieser Teil oft, wie beim Bodhnath-Stupa, mit den Augen der Weisheit versehen. Der sich zuspitzende, aufstrebende Teil symbolisiert das Element Luft, zu dem die Farbe Grün und die Eifersucht gehören. Eifersucht wird in die Erfahrungsweisheit, auch "alles vollendende Weisheit" genannt, umgewandelt. Der oberste Teil des Stupas ist oft ein Sonne-Mond-Symbol oder der flammende Tropfen des Äther-Elements, das auf einem Gefäß mit dem Elixier des Lebens ruht. Seine Farbe ist weiß und er steht für die Unwissenheit, die in die "allesdurchdringende Weisheit" umgewandelt wird.

Diese fünf Weisheiten sind nichts anderes als die fünf Aspekte des Buddha-Geistes, die sich durch die Karmapas als Dordsche Tschang, die Diamantene Erleuchtung, wiedergebären läßt. Ihre Vollendung ist das Mahamudra, der Buddhazustand, der jenseits von Zeit und Ort die wahre Natur eines jeden Wesens ist. Sich dessen in jedem Augenblick bewußt zu sein, das ist Erleuchtung. Aber da wir uns unseres wahren Wesens im allgemeinen nicht bewußt sind, erinnern uns die Stupas durch ihre Form daran. Selbst auf Menschen, die nichts von der Symbolik der Stupas wissen, hat ihr Anblick eine positive Wirkung auf unterbewußter Ebene.

Eine solche Hilfe geben auch die großen Steine, die hier und da neben dem Weg nach Dschumbesi lagen. Sie waren meistens mit den fünf Farben und den Silben des Mantra "Om Mani Peme Hung" bemalt. Und immer wieder liefen wir an langen "Mani-Mauern" entlang, die als ein Geschenk der Bevölkerung dieser Gegend an die Reisenden oft mitten auf dem Pfad standen. Diese Mani-Mauern sind lange Wälle aus flachen Steinen, die mit Mantras bemalt sind und flache Buddhareliefs tragen. Das ganze Land atmete Buddhismus. Alles fügte sich hier zu einer Ganzheit zusammen, der Weg zu höheren Bewußtseinszuständen war überall vorgezeichnet, und es war eine Freude, von Sinn und positiven Einflüssen umgeben zu sein.

Nach einem besonders großen Mantra auf der linken Seite des Weges, wo ein riesiger überhängender Fels mit den bunten Schriftzeichen des "Om Mani Peme Hung" bedeckt war, öffnete sich die Landschaft plötzlich, und wir sahen hinunter auf ein Tal, in dem etwa zwanzig winzige Häuser zu sehen waren - Dschumbesi, die Hauptstadt des Sherpa-Landes.

Links über dem Weg lag ein kleines Kloster, das aus einem einzigen Gebäude bestand. Aus ihm kam uns ein junger Europäer entgegen, der seit Monaten in diesem Kloster lebte, um das Thangka-Malen zu erlernen; er war recht nervös und wollte wissen, wem wir auf dem Weg begegnet waren. Er hatte wohl genug vom Alleinsein. Einige Kilometer jenseits der Stadt, halb verdeckt von einem Berg, sahen wir ein Kloster, das wir am liebsten gleich besucht hätten. Aber unten in der Stadt waren wir mit neun unserer Kopenhagener Freunde verabredet, und so stiegen wir zuerst hinab nach Dschumbesi. Doch wir trafen unsere Freunde nicht an. Sie waren schon in der ganzen Stadt bekannt, und wir hörten, sie hätten für einige Tage eine Reise durch das Tal unternommen. Da wir erfuhren, daß Tuschi Rinpotsche sich in dem Kloster aufhielt, das wir von weitem gesehen hatten, hinterließen wir eine Botschaft und etwas Gepäck und liefen sofort weiter, um Tuschi Rinpotsche zu besuchen. Tsetschu Rinpotsche hatte uns empfohlen, ihn aufzusuchen.

Es war eine reine Idylle hinaus zum Kloster, bei klarem Wetter und durch eine Landschaft wie ein englischer Park. Das Kloster war typisch tibetisch, mit einem Hauptgebäude, dessen Rückseite sich gegen den Berg lehnte und vor dem der zentrale Klosterhof lag, mit darumherum verstreuten kleinen Häusern, in denen die Mönche, Nonnen und Lamas wohnen. In der Bergwand rechts oberhalb des Hauptgebäudes lagen einige der winzigen Meditationshütten, in denen Yogis Monate oder sogar Jahre in einsamer Zurückziehung verbringen. Diese Zurückziehungen auf engstem Raum - manchmal sind die Meditationshütten gerade so groß, daß der Yogi in der Meditationshaltung aufrecht darin sitzen kann - erscheinen manchem äußerlichen Betrachter als fürchterliche Torturen. Das sind sie für den Yogi jedoch keineswegs; für ihn sind sie eine Gelegenheit, durch Begrenzung äußerer Einflüsse, wirkliche Klarheit über das Wesen des Geistes zu erlangen und damit die grenzenlose Freude zu verwirklichen, die sich mit der Erkenntnis des eigenen wahren Wesens einstellt.

Auch vor diesem Kloster wurden wir von einem riesigen Hund begrüßt, und wir mußten eine Weile Krach schlagen, bis uns jemand bemerkte und einließ. Dem Mönch, der uns aufmachte, sagten wir, wir seien Schüler des Karmapa, und Tsetschu Rinpotsche habe uns hergeschickt. So brachte er uns erst einmal in die Küche, wo wir zu essen und trinken bekamen. Die Küche ist in den tibetischen Klöstern der Ort, wo sich die meisten alltäglichen Aktivitäten abspielen, und wenn einen der säurehaltige Rauch der Feuerstellen nicht wahnsinnig macht, dann ist es hier oft sehr gemütlich.

Der Mönch, der sich um uns kümmerte, war ein großartiger Typ; er konnte die tollsten Grimassen schneiden und vor allem die Visa-Offiziere in Katmandu - der Schrecken aller westlichen Touristen - genau nachahmen. Es war schon ein Erlebnis, hier im Sherpa-Land, wo die Leute aussehen, als wären sie aus Stein gemacht, eine solche Großstadt-Mimik anzutreffen. Zusammen mit dem Rinpotsche und einigen anderen Mönchen war er aus der Gegend jenseits des Mount Everest geflohen, und er zeigte uns eine Wandmalerei, die den Karmapa mit der Krone in der Geste des absoluten Segnens darstellte, mit Hand- und Fußflächen nach vorn gestreckt. Wir waren froh, ihm einige Aspirintabletten, etwas Pflaster und einige andere nützliche

Dinge schenken zu können, und er führte uns in ein reich dekoriertes Zimmer, in dem wir wohnen konnten. Der Rinpotsche, so sagte er uns, habe sich leider gerade für sechs Monate zur Meditation zurückgezogen, er säße im oberen Stockwerk und niemand könne ihn besuchen, aber wir seien willkommen und sollten es uns so bequem wie möglich machen.

Wir hatten vor kurzem von einem chinesischen Yogi unsere erste richtige Meditation auf einen Buddha bekommen. Der Yogi hatte uns etwas verwundert mit den Buchbestellungen, die wir für ihn erledigen sollten. Es waren Bildbände, die von weiblicher Schönheit angefüllt, die Reize Dänemarks in der Welt berühmt gemacht hatten, und wir wunderten uns darüber, wozu er diese Bilder wohl brauchen könnte. Nun, was es auch immer mit diesem Yogi auf sich hatte, - die Meditation auf die "Grüne Tara", eine Manifestation des konzentrierten Mitgefühls aller Buddhas in weiblicher Form, die wir von ihm erhalten hatten, war sehr schön.

Diese Meditation verwendeten wir nun, eigentlich ganz ohne die nötigen Vorbereitungen. Offiziell waren wir damals noch keine Buddhisten, obwohl wir bei dem Karmapa in Katmandu von einer Einweihung zur anderen getorkelt waren und alles sehr stark gespürt hatten, auch wenn wir nicht wußten, worum es ging. Aber wir fühlten uns als Buddhisten, und so meditierten wir auf die vollkommene Form der Grünen Tara, auf ihre inneren Schwingungen, OM TARE TUTTARE TURE SOHA, und die Identifikation mit ihrem Buddha-Wesen - und sie war gut zu uns, wie sie es zu allen Wesen ist, gab uns riesige Wellen von Segen und Liebe.

Als wir am nächsten Tag noch immer nicht erleuchtet waren, fand ich, daß wir das Gute noch verbessern sollten, indem wir die starken LSD-Trips nahmen, die wir bei uns hatten. Ich nahm, wie so oft, das Mehrfache der normalen Dosis, Hannah das doppelte, und wir stiegen hinauf zu dem freien Platz einige hundert Meter oberhalb des Klosters, den wir uns zur Meditation ausgesucht hatten. Bereits auf dem Weg hinauf begann der Trip zu wirken - der staubige Pfad, die ganze Landschaft fingen an, sich zu bewegen, zu atmen, wurde lebendig. Dann saßen wir oberhalb des Klosters und schauten hinaus über das Sherpa-Tal. Immer wieder ließen wir das Tal, die Berge, das Kloster in uns hineinschmelzen und atmeten dann all das wieder aus. Wir erlebten die starken Elementarenergien des roten Kupfers und des gelben Messings, und eine überwältigende Erfahrung floß in die nächste über, während äußere und innere Welten entstanden und sich wieder auflösten.

Plötzlich bemerkte ich, daß die Pferdebremsen uns gefunden hatten - vielleicht waren sie auch schon die ganze Zeit dagewesen. Die erste Bremse, die sich auf meinen Arm setzte, ließ ich stechen, dachte noch mit Vergnügen daran, daß sie jetzt einen Schuß LSD abbekommen und auch auf einen Trip gehen würde. Tatsächlich sah ich sie dann in kreiselndem Flug davontaumeln. Als sich jedoch die nächste auf meinem Arm niederließ, handelte ich ganz geistesabwesend, schlug aus Gewohnheit zu und zerquetschte sie. Da saß ich dann mit einer flachen, noch leise zappelnden Pferdebremse auf dem Arm - und fühlte mich plötzlich gar nicht mehr so gut. Ganze Welten konnte ich entstehen und verschwinden lassen, aber Mitgefühl für ein kleines Tier hatte ich nicht - eine Erkenntnis, die sehr weh tat.

Als wir am Abend wieder zum Kloster hinabstiegen, wirkte das LSD noch immer. Ich fühlte mich nicht wohl in meiner Haut, so, als sei in meinem Inneren etwas eingeklemmt, das unbedingt heraus wollte. Wir kamen an einer Stelle vorbei, wo ein paar Sherpa gerade eine Hütte bauten. In meinen Augen sahen die Leute zwergartig und häßlich aus. Ich wußte, daß das eine Spiegelung meines inneren Zustandes und damit kein gutes Zeichen war, und so fragte ich mich, wie wir jetzt am besten von diesem Trip herunterkommen könnten. Wir suchten eine Weise, unseren Geisteszustand mit Hilfe möglichst vieler positiver Eindrücke auf einer Dauererlebnisebene zu stabilisieren. Da sahen wir kurz vor dem Kloster einen Baum, an dessen Äste heilige Texte gebunden waren. Es waren alte verschlissene Bücher, die für die Zeremonien unbrauchbar geworden waren. Sie hingen dort, damit die durch langen Gebrauch in ihnen gespeicherten Energien auf die Umwelt wirken konnten.

Als ich das sah, brachen die Schleusen in mir. Wasser strömte vor Freude aus meinen Augen und immer wieder machte ich Wünsche, alles dafür tun zu können, daß diese kostbare Lehre erhalten bliebe, die nicht nur Kraft, sondern auch Mitgefühl verleiht. Noch im Zimmer im Kloster wiederholte ich ständig diesen Wunsch, rief all Buddhas und vor allem den Karmapa an, sie mögen uns die Kraft geben, in allen Lebenszeiten für das Wohl aller Wesen zu arbeiten.

Nach Dschumbesi zurückgekommen, trafen wir unsere Freunde an. Sie waren auf einer ihrer periodischen Fahrten gewesen, auf denen sie im Tal rings um Dschumbesi von Haus zu Haus zogen und dort alles selbstgebraute Bier austranken, das sie nur bekommen konnten. Wir waren froh, sie wiederzusehen und alle hatten sich viel zu erzählen. Unsere Freunde hatten sich inzwischen nahtlos in das Leben von Dschumbesi eingefügt; man hatte sie aufgenommen und in ihrer rauhen Eigenart akzeptiert, ohne daß zwischen ihnen und den Einheimischen ein Gefühl der Fremdheit entstand. Einer von ihnen, der Amerikaner Richard, hatte die Sherpa nach ihrer Geschichte gefragt und dabei folgendes herausgefunden:

Seit Beginn des 14. Jahrhunderts waren ihre Stämme in drei Wellen mit jeweils einigen hundert Jahren Abstand in das Gebiet eingewandert, in dem sie jetzt lebten. Sie kamen aus dem östlichen Tibet, der Provinz Kham, wo sie Schwierigkeiten mit den neu einwandernden kriegerischen Khampas gehabt hatten - wie es heute die Chinesen haben. Die Sherpa brachten recht urige Sitten und Gebräuche mit in ihre neue Heimat, die selbst in Tibet kaum noch zu finden sind. Dazu gehörten große religiöse Feste, wo viel getrunken und Tag und Nacht musiziert wurde, bei denen religiöse Tänze aufgeführt und ständig Mantras rezitiert wurden. Diese Feste steigerten sich zu einer kollektiven Erfahrung der Transzendenz, bei der alle Teilnehmer zu einer Einheit verschmolzen. Die anwesenden Lehrer konnten diese Energien steuern und dafür sorgen, daß sie nicht auf Abwege gerieten. Die Feste sollten allein der Erfahrung der Einheit und damit dem Frieden unter den Sherpa dienen. Die Lamas, die meistens den alten Schulen des tibetischen Buddhismus angehören, in denen viele der Lamas verheiratet waren, waren weltlichen Genüssen auch nicht abgeneigt und beim Feiern nicht zimperlich. Sie gefielen uns natürlich außerordentlich, auch wenn ihr Beispiel eher für das Ende als für den Anfang des Weges von Nutzen ist.

Die Sherpa in Dschumbesi wußten alle, daß sich Tuschi Rinpotsche für ein halbes Jahr zur Meditation zurückgezogen hatte - und daß er jetzt in seiner Vertiefung daran arbeitete, die negativen Entwicklungen der Welt, die ihnen so gefährlich werden konnten, umzuwandeln. Die Sherpa leben in der Geborgenheit, die ihnen die buddhistische Zuflucht gibt: in der Zuversicht, daß es tatsächlich einen Sinn des Lebens, ein absolutes Ziel gibt - die Erleuchtung, den Buddha-Zustand; daß es Mittel und Wege gibt, zu diesem Ziel zu gelangen

- den Dharma, das heißt die buddhistische Lehre; und daß es Menschen gibt - die Praktizierenden -, denen sie vertrauen können, und die ihnen helfen können, dieses Ziel schließlich zu erreichen.

Diese Zuflucht ist es, die nicht nur den Sherpa, sondern auch den Tibetern - auch denen, die unter den menschenunwürdigsten Bedingungen in Flüchtlingslagern leben - und inzwischen immer mehr Menschen aus dem Westen die unerschütterliche gute Laune gibt, welche die wahre Kraft des Geistes zeigt. Es ist ein psychologischer Überschuß, der ganz von selbst hervortritt, wenn sich die Energien des Geistes nicht mehr an Gefühle von Mögen und Nichtmögen heften, wenn sie sich nicht mehr in starre "entweder-oder-Haltungen" verrennen, sondern bei "sowohl als auch" bleiben können. Sie entsteht, wenn man die Welt überpersönlich sieht und bemüht ist, aus jeder Situation das Beste zu machen.

Die Häuser bestanden aus grauen, unbehauenen Steinen, die stattlich aussahen und leicht zugänglich waren. Jedes Haus hatte ein eigenes Heiligtum für die Buddhas, während andere Häuser ganz für religiöse Zeremonien bestimmt waren. Letztere hatten einen Hof, der oft von einem mit groben Schnitzereien versehenen Holzzaun umgeben war, und in dem rituelle Tänze aufgeführt wurden. Meist stand auf dem Altar an der Stirnseite des Hofes eine ebenfalls grob gearbeitete Buddhastatue, deren ländliche Herkunft deutlich an den viel zu großen Händen und Augen abzulesen war. Über die ganze Gegend verstreut gab es Heiligtümer und alle waren überall willkommen. Am Stadtrand standen Stupas, die die Umgebung mit ihrer Ausstrahlung aufluden und im ganzen Tal war vor allem die Kraft von Guru Rinpotsche, dem ersten buddhistischen Meister Tibets, deutlich zu spüren. Guru Rinpotsche, auch "Padmasambhava", der "Lotosgeborene" genannt, war der tantrische Meister, der im achten Jahrhundert von Indien nach Tibet kam und den tibetischen Schamanen die Vision der Erleuchtung brachte. Auf den tibetischen Rollbildern, den Thangkas, wird er oft so zentral wie der Buddha abgebildet, und in den Tempeln stehen seine Statue und die des Karmapa neben der des Buddha. Es ist einerseits seine "alte" und andererseits die "neue" Übertragungslinie durch Marpa, die vom Karmapa weitergegeben wird.

Mit unseren Freunden bereiteten wir eine Rundwanderung durch das Sherpa-Land vor. In durchschnittlich dreitausend Meter Höhe wollten wir in einem großen Bogen um Dschumbesi alle bedeutenden Klöster besuchen. Nur die berühmten Klöster Tangbotsche und Pangbotsche wollten wir auslassen. Wir hatten gehört, daß zwei große Expeditionen, eine österreichische und eine japanische, den Weg dorthin "kahlgefressen" hatten, d.h. sie hatten alle Lebensmittel, die die Einheimischen entbehren konnten, aufgekauft - und natürlich dadurch die Preise verdorben.

Wir nahmen den Weg, der vorbei am größten Stupa am tiefergelegenen Ende der Stadt hinausführt, dann die Holzbrücke über den Fluß und stiegen nach links den Berghang hinauf. Über Berg und Tal führte unser Weg durch Wälder und durch eine erstaunliche Landschaft, die an vielen Wegbiegungen immer neue Ausblicke bot. Bei jedem Haus, an dem wir vorbeikamen, luden uns die Bewohner ein, Rast zu machen; wir bekamen zu essen, man fragte uns nach Neuigkeiten aus, und natürlich versuchten die Leute, irgendein Geschäft mit uns zu machen - das tun sie dort alle gern. Zeigten wir ihnen die Geschenke, des Karmapa, so legten sie sich diese sogleich auf den Scheitel, um seine Energie auf sich zu übertragen. Sie fragten, wo er sich jetzt aufhalte, und berichteten stolz, dieser oder jener Verwandte habe unten in Katmandu die Schwarze Krone des Karmapa gesehen und seinen Segen erhalten.

Das Essen der Sherpa bestand zumeist aus Kartoffeln, die in die offene Feuerstelle geworfen und wieder herausgeklaubt wurden, sobald sie gar waren, und aus geröstetem Gerstenmehl, das mit Tee vermischt zu einem Teig geknetet wird. Dieses geröstete Gerstenmehl - manchmal nimmt man auch Weizen, Mais oder Sojabohnen - wird Tsampa genannt. Tsampa ist das traditionelle Grundnahrungsmittel der Tibeter, und es gibt sogar ein Sprichwort, daß überall, wo man Vertrauen zu den Lamas hat, und wo Tsampa gegessen wird, Tibet ist. Zu Tsampa kam bei den Tibetern als Zutat oft Joghurt, und, wenn es Moslems in der Gegend gab, die Tiere schlachteten, manchmal etwas Fleisch, und sehr selten Gemüse. Viele Tibeter lernten erst im Exil Gemüse kennen.

Es gibt verschiedene Methoden um Tsampa herzustellen, aber die häufigste ist wohl folgende: die Gerstenkörner werden in einen Trog mit heißem Sand geschüttet und darin so lange herumgerührt, bis ein deutliches Knacken anzeigt, daß das verdampfende Wasser in den Körnern die äußere Schale des Korns gesprengt hat. Dann wird der Sand ausgesiebt, und die Körner, die zum großen Teil schon ihre

Schale verloren haben, kommen in einen Sack, auf dem man so lange herumstampft, bis sich die Schale von allen Körnern gelöst hat. Der Inhalt des Sackes wird so oft in die Luft geworfen, bis der Wind die Spreu verweht hat, und die zurückbleibenden Körner werden zu einem sehr feinen und nahrhaften Mehl vermahlen.

Der tibetische Tee hat keinen guten Ruf - das liegt vor allem daran, daß Nicht-Tibeter mit dem Wort "Tee" etwas ganz anderes verbinden. Der tibetische Tee ist eher eine Suppe aus Butter, Salz und Milch, der auch etwas grober Tee beigefügt wird. Der hohe Fettgehalt dieses Getränkes führt dazu, daß sich vor allem auf der Brust dieser Hochlandbewohner eine Fettschicht bildet, welche sie gegen die extreme Kälte und die schneidenden Winde schützt. Erwartet man beim tibetischen Buttertee einen "five o'clock tea", dann ist er scheußlich; nimmt man ihn jedoch als Suppe, dann ist er gar nicht so übel. Auch die von so vielen Reisebeschreibungen verbreitete Behauptung, die Butter zu diesem Getränk müsse ranzig sein, ist ein Mißverständnis. Die Tibeter bevorzugen durchaus frische Butter - aber als Menschen, die am Rand des Existenzminimums leben, müssen sie manchmal auf ranzige zurückgreifen, wenn sie nichts anderes haben. Während unserer Jahre im Himalaja waren wir oft in der Gefahrenzone, ihn trinken zu müssen - ein Erlebnis, - verständlich, daß der, dem es widerfuhr, es so leicht nicht wieder vergißt.

Ein ganz elementares Zeichen des Fortschritts hätten wir uns in den Häusern, in die wir eingeladen wurden, schon gewünscht. So saßen wir mit tränenden Augen an der offenen Feuerstelle der Häuser, da der Rauch nur durch ein Loch im Dach abziehen kann: je nach Windrichtung wird ein Brett zur Seite geschoben. Außerdem schien das Holz in dieser Gegend besonders säurehaltig zu sein, denn selbst wenn kein Rauch über dem Feuer zu sehen war, wurde uns schlecht.

Während wir Europäer uns die Augen rieben, schien den Sherpa der Rauch nichts auszumachen. Sie waren auch sonst nicht zimperlich, nahmen glühende Holzkohle mit bloßen Händen aus dem Feuer und trugen einfach henkellose Töpfe mit kochendem Wasser herum. Überhaupt hatten wir den Eindruck, daß nicht nur ihre Lebensweise, sondern auch ihre körperliche Gestalt noch nicht ganz ausgeprägt waren. Sie sahen aus, als seien sie aus dem Fels herausgewachsen, mit kurzen, breiten Fingern und wenig differenzierten Gesichtern, -

um so mehr heben sich dann einzelne "moderne" Typen, wie unser Mönchsfreund mit der städtischen Mimik, von ihnen ab.

Auch hier im Sherpa-Land - wie überall in Nepal - versuchten die Leute mir das Gurkha-Messer abzuhandeln, das ich am Gürtel trug. Aber auf diesem Gebiet war ich taub; es war nämlich nicht eines der billigen, die man in Nepal gern den Touristen andreht, sondern ein echtes Offiziersmesser von großer Durchschlagskraft, mit dem man sogar kleine Bäume fällen konnte. Bei den echten Gurkha-Messern sind durch zahllose Schmiedevorgänge die Moleküle des Stahls der Klinge in eine Richtung ausgerichtet. Die Schneide wird dadurch so scharf und hart, daß man Späne vom Rücken eines anderen Gurkha-Messers abschneiden kann, ohne daß die Schärfe darunter leidet. Die Gurkha sagen, daß so ein Messer, jedesmal wenn es aus der Scheide gezogen wird, etwas Blut sehen muß, sonst taugt es im Kampf nichts mehr - und deswegen halten sie eine kleine Wunde an der Hand ständig offen. Erst später, als es Eile und das ständige Kreuzen von Landesgrenzen unpraktisch machte, schenkte ich es meinem Bruder, bei dem es heute an der Wand hängt.

Das erste Stück unseres Weges dauerte lange. John, einer von der Gruppe, war nicht nur ein Schüler des hinduistischen Swami, den wir in Delhi kennengelernt hatten; er bestand auch darauf, nicht nur die unpraktischen hellbraunen Roben zu tragen, sondern noch eingeborener als die Eingeborenen zu sein, indem er barfuß lief, während sie viel von ihrem wenigen Geld für Schuhe und Sandalen ausgaben. So liefen wir anfangs in großen Kreisen um ihn herum und fanden Sehenswürdigkeiten links und rechts des Weges, die uns sonst entgangen wären, aber schließlich war uns John doch zu langsam. Wir machten einen Treffpunkt mit ihm aus, ließen ihn sein eigenes Tempo finden und schritten nun zügig voran.

Alles an dieser Landschaft erinnerte uns an Milarepa, den bekanntesten tibetischen Yogi, der vor tausend Jahren in dieser Gegend gewirkt hatte, und dessen Segen ich seit der Reise in das vergessene Tal so stark in mir spürte. Mehrmals waren wir Höhlen nahe, in denen er meditiert hatte. Durch die Kraft seiner vollen Erleuchtung, aber auch durch seine großartigen Gesänge, zog er damals viele Menschen an. Sie scharten sich um ihn, um seine Eigenschaften zu erwerben, und er half ihnen, gut zu leben und gut zu sterben, und die äußere und innere Wahrheit zu erkennen. Die Biographie Milarepas, die unter dem Titel "Milarepa - Tibets Großer Yogi" auch in deutscher Übersetzung erschienen ist, gehört zu den beeindruckendsten Schriften des tibetischen Buddhismus. Der ungemein harte Weg Milarepas vom Meister der schwarzen Magie zu einem der großen Heiligen Tibets hat viele dazu inspiriert, ihr Leben besser zu nutzen - und wie so oft sagt das Leben eines großen religiösen Lehrers mehr über den Kern einer Religion aus, als hunderte von theoretischen Abhandlungen.

Die Landschaft, die wir durchwanderten, war die gleiche wie vor tausend Jahren, und das Leben der Menschen war - von ein wenig Plastik und kleinen technischen Verbesserungen abgesehen - wohl auch noch so wie damals. Als wir uns dem Kloster Tschuang näherten, einem riesigen Gebäude, das hoch über dem Tal auf einem Felsvorsprung liegt, sahen wir, daß zwei Wege hinaufführten: ein kurzer steiler Weg, auf dem man klettern mußte, und ein leichter Weg, der aber mit einem großen Umweg verbunden war. Wir wählten den direkten Weg und waren ganz schnell oben.

Im Gestein um den Klosterkomplex standen winzige Meditationshütten, die nur nach schwierigen Klettereien zu erreichen waren, und es gab Felsplatten, auf denen die Yogis zur Zeit der Ernte meditierten und ihre Langhörner bliesen, um mit ihren Schwingungen die gefürchteten Hagelstürme fernzuhalten. Die Hagelkörner können in dieser Gegend die Größe von Hühnereiern erreichen, und sie können nicht nur eine ganze Ernte vernichten sondern auch Rinder und Menschen erschlagen. Das Kloster Tschuang selbst war leider ziemlich verfallen. Es lebten nur noch wenige Mönche und Nonnen dort, die die unbeschreiblich schönen Kunstschätze des Klosters nicht erhalten konnten. Anders als in Ladakh oder in Tibet, wo die trockene Höhenluft Bauten und Kunstschätze über Jahrhunderte unversehrt erhält - solange keine Chinesen kommen -, ist das Klima hier feucht. So bildet sich schnell Schimmel, und Dinge, die nicht gepflegt werden, verrotten in wenigen Jahren.

Überhaupt war die Gegend um das Kloster ziemlich verödet. Da es keine inkarnierten Lamas im Kloster mehr gab, die die Kraft hatten, die Menschen zu halten, waren viele der Bauern in freundlichere Gegenden gezogen. Richard hatte eine Zeitlang im Tschuang-Kloster gewohnt und dort den Text einer eindrucksvollen Meditation auf Guru Rinpotsche übersetzt, den wir am Ende dieses Kapitels wiedergeben wollen. Richard versuchte in Tschuang ein meditatives Leben zu führen, bekam aber recht oft Besuch von unseren durstigen Freunden und ließ sich leicht von ihnen inspirieren. Als wir zum Kloster kamen, hatte er gerade Besuch von "Jan, dem General", der eine untrügliche Nase dafür hatte, in welchem der Häuser der Umgebung gerade gebraut wurde, und dem es gar nichts ausmachte, mehrmals am Tage ein paar Stunden den Berg hinabzulaufen und dann mit einigen Eimern gegärter Kornsuppe wieder hinaufzuklettern.

Wir blieben nur eine Nacht im Tschuang-Kloster, und bevor wir weiterzogen, kaufte Hannah noch den Dordsche und die Meditationsglocke einer verstorbenen Nonne. Wir zahlten zuviel dafür, denn wir waren zu jener Zeit noch nicht darauf aufmerksam geworden, daß auch viele der Rotgekleideten - wie die meisten Menschen in dieser Gegend - zu geschickte Händler waren. Daher feilschten wir nicht, wie das üblich war, um die Preise, sondern zahlten, was wir für richtig hielten und waren sogar dankbar, sie unterstützen zu können.

Auch später, als sich offenbar kollektiv die Gier steigerte, und oft überhöhte Preise auftauchten, konnten wir uns nur schwer daran gewöhnen, mit den Mönchen zu feilschen - es war irgendwie schlechter Stil. Im Laufe unserer Reisen kam auf diese Weise eine Menge tibetischer Kultgegenstände zusammen, die heute in den Meditationszentren unserer Freunde fast überall auf der Welt den Zweck erfüllen, zu dem sie geschaffen wurden.

Zwischen Tälern und Pässen führte der Pfad weiter zum Kloster Taxindu. Unterwegs machten wir in einer niedrigen, langgestreckten Holzhütte Rast, die oberhalb des Weges lag. Dort wohnte eine erstaunliche ältere Dame, die dafür bekannt war, immer Milch und Joghurt zu haben. Ich konnte die Augen nicht von ihr abwenden: sie hatte die feine, leicht nervöse weibliche Energie, die mich schon von Kindheit an besonders anzieht und die meine Beschützer-Gefühle besonders effektiv wachruft. Sie war hier, auf dem Mount Everest, als ein ganz moderner Menschentyp, der einen Damenklub in einer Großstadt in Nordeuropa hätte leiten können. Ich hatte einen seltenen Stich von Heimweh, während ich sie anschaute, dachte an meine Mutter, an Karma und an die Bedingungen, die uns hier und da Geburt nehmen lassen. Wir genossen Milch und Joghurt, unterhielten uns für eine Weile und gingen weiter nach Taxindu.

51. Hannahs Dordsche und Glocke

52. Mani-Stein am Weg

Taxindu liegt auf dem letzten Paß auf dem Weg zum Mount Everest. Die schneebedeckten Gipfel des Himalaja scheinen dort schon zum Greifen nahe, und die ständig aufsteigenden Wolken verändern das Landschaftsbild von Augenblick zu Augenblick. Seit wir die Stelle kennenlernten, ist der Wunsch geblieben, uns einmal hier für längere Zeit zur Meditation zurückzuziehen. Der Hauptlama des Klosters war ein fröhlicher junger Tulku, der entweder keinen Unterschied mehr machte zwischen der bedingten und der nicht-bedingten Welt, oder der nicht besonders daran interessiert war, uns Buddhismus zu lehren. Jedenfalls kam er gleich nach der religiösen Zeremonie auf für unsere Begriffe recht profane Dinge zu sprechen. Er bot uns alle möglichen Gegenstände zum Kauf an und begann sofort mit viel Elan zu handeln. Wir waren noch immer in unseren alten Denkschablonen gefangen, und, statt zu begreifen, daß er sicher für sein Kloster Geld brauchte und froh zu sein über die Schätze, die er uns anbot, stuften wir ihn gleich als "Geld-Lama" ein und waren so nicht mehr offen für die Warmherzigkeit, die er auch ausstrahlte. Wir kauften das Rollbild eines Mandala mit dem Kraftkreis des Dordsche Sempa, der die reinigende Kraft aller Buddhas verkörpert, sowie einige sehr schöne kupferne Gegenstände für die Altäre.

Die letzte Station der Rundwanderung war das tibetische Flüchtlingslager Dschalsa. Auf dem Weg dorthin lag ein kleiner Tempel, in dem der Lama lebte, der ab und zu in Katmandu Regen machte, und von dem Buddha Lakschimi unsere ersten Schützer bekommen hatte. Er war leider nicht da und so hinterließen wir seiner hoffnungsvollen Familie einige Geschenke und zogen weiter zum Lager.

Trotz der Armut war das Gefühl im Lager sehr gut, wie üblich bei den Tibetern - solange sie keine Politik betreiben. In den Häusern hingen Bilder von Buddhas und großen Lamas, und überall flatterten die energiegeladenen Gebetsfahnen. Durch offene Türen waren die fröhlich plaudernden Mädchen zu sehen, die die farbenprächtigen tibetischen Teppiche webten. Ihre Stimmung war besonders gut zur Zeit, sagte Richard, weil eben von der amerikanischen Familienplanung Kondome verteilt worden waren. Jetzt war Liebe möglich ohne Angst vor Schwangerschaft und weiterer Abhängigkeit. Als wir mit Freunden von dem Besuch des Karmapa in der Kantine saßen, sah ich, als ich zur Tür in den Sonnenuntergang hinausschaute, die Silhouette von drei großen Khampa-Kriegern vor dem roten Abendhimmel - und ich wußte: das kenne ich von früher, das war in Tibet.

Von Taxindu aus nahmen wir den kürzesten Weg zurück nach Dschumbesi, wo der Großteil unseres Gepäcks auf uns wartete. Wir hörten, der Monsun sei nun wirklich auf dem Weg, und so mußten wir so schnell wie möglich nach Katmandu zurück. In einem Eilmarsch von vier Tagen, wo Hannahs schnelle Füße den Pfad hinuntersprangen und ich unser Gepäck schön hoch auf den Schultern gestapelt hatte, erreichten wir Lamsango gerade, als der Bus abfuhr. Schon am vierten Abend waren wir wieder in dem Ozean von Eindrücken, der Katmandu heißt. Die unendlichen Möglichkeiten der Entfaltung, die in den Bergen latent im Raum lagen, nahmen jetzt die Form dieser spannenden Stadt an.

Das Sadhana des Guru Padmasambhava

Damit die traditionelle Übersetzung von unserem Freund Stephan zugänglicher wird, hier kurz ein paar Erklärungen zum Diamantweg. Wer ein vollständiges Bild wünscht, findet das in meinem Büchlein "Dharma-Belehrungen" (Octopus Verlag) und in anderen der Hefte, die laufend entstehen.

Das Ziel des Tibetischen Buddhismus ist die Umformung unserer inneren Energien, ja, unserer gesamten Erlebniswelt. Er wandelt alles Unreine in Reines um, macht alle verwirrten Geisteszustände zur Erleuchtung, läßt alles Erleben zur "Großen Freude" werden. Erleuchtung und Freude sind nicht etwas, das "draußen", außerhalb unseres eigenen Bewußtseins liegt, und das "herbeigeführt" werden könnte. Seit anfangsloser Zeit ist der Buddha-Zustand das wahre Wesen unseres Geistes, auch wenn wir uns dessen nicht bewußt sind. Was diese Meditation also bewirkt, ist, uns die Vollkommenheit zu zeigen, die uns schon immer zu eigen war, bis es für uns eines Tages kein Herausfallen aus dieser Erkenntnis mehr gibt.

Die Meditation beginnt mit der Zufluchtnahme, mit unserer Öffnung für Lama, Buddha und seine Lehre. Sie läßt unseren Geist die Bedeutung der Praxis durch die Verehrung verstehen, macht unsere Einstellung durch das Bodhisattva-Gelübde grenzenlos, und vertreibt alle kleinlichen und störenden Gedanken und Gefühle durch die Schau der Einheit des Geistes. Opferung und Anrufung entfernen alles Anhaften und überführen Körper, Rede und Geist in den Zustand der Vollkommenheit. Schließlich wird das Dargebotene gesegnet.

Nach dieser Vorbereitung folgt die aufbauende Phase der Meditation, in der wir das erleuchtende Kraftfeld des Guru Rinpotsche anrufen, das dem Raum innewohnt und das jederzeit und überall vorhanden ist, wo wir es aktivieren. Hier erscheint der Guru Rinpotsche als bildhafte Visualisierung oder als "Gefühl", je nach Veranlagung des Meditierenden. Seine Essenz ist die des Hauptlehrers unserer Linie, des Karmapa, der sich in dieser Form zeigt, um vor allem Hindernisse zu entfernen. Schließlich lösen wir das gesamte Kraftfeld in in Leerheit auf, und sehen so, daß unser Geist niemals von seinen Projektionen verschieden war. Am Ende der Meditation entsteht die Welt wieder in ihrer reinen Form, als ein vollkommenes, reines Land, und wir geben die gewonnenen guten Eindrücke an alle Lebewesen weiter, damit sie zur Erleuchtung kommen.

Die Anrufung des Lotosgeborenen Lehrers

Zufluchtnahme:
AH - Vollkommene Reinheit und tiefste Erkenntnis,
Das ist der Buddha des Dharmakaya.
Dieser vollkommenen Reinheit Spiel,
Das ohne Anstrengung entstand,
Das ist der Dharma des Sambhogakaya.
Die Einheit beider in der Erleuchtung,
Das ist der Sangha des Nirmanakaya.
Zu diesen Dreien,
Ihren wahren Sinn verstehend,
Nehme ich Zuflucht.
(3x wiederholen)

Verehrung erweisen:
AH - Aus dem Keim der Erleuchtung
Entstand das Mandala
Der unzerstörbaren Macht.
Ohne das Gute aufzugreifen,

Oder das Schlechte abzuweisen,
Bezeuge ich meine Einsicht.

Bodhisattva-Gelübde:
AH HO - Zum Besten aller Lebewesen,
Die zeitweilig verirrt sind in Verblendung,
Auf daß sie sich befreien und die Verblendung
In ihren Ursprung umkehren,
Lege ich dies Gelübde ab,
Das mir keine Fessel bedeutet.
(3x wiederholen)

Widrige Kräfte vertreiben:
Götter und Teufel haben ihren Ursprung
Im unbefleckten Geist;
Es gibt deshalb keine Dualität.
Indem ich dies verstehe,
Erzeuge ich das Mandala
Von grenzenloser Zeit und grenzenlosem Raum,
Bin von dem diamantenen Wall umgeben,
So daß kein Platz mehr bleibt
Für Götter und für Teufel.
HUNG HUNG AH

Opfer darbringen:
AH - Die Welt der fünf Sinne ist schon an sich
Eine einzige große Opfergabe,
Und ohne anzuhaften bringe ich sie dar.
Mit diesen Kuchen bringe ich dar
Die fünf Elemente, Sonne und Mond,
Sowie die gesamte Existenz.
Ich bringe dar den Heiltrank,
Der uns mit Weisheit berauscht,
Der uns heraushebt aus dem See
Der fünf Geistesgifte.
Ich bringe dar das Blut
Von Haß, Begehren und Verwirrung,
Die ich erschlagen habe.

HO - Dies ist die Opfergabe,
Die nicht dargebracht wird,

Sondern in sich selbst verweilt.
Dies ist die Opfergabe,
Die weder dargebracht noch angenommen wird.
AH AH

Lobpreisung:
OM - Ruhe und Bewegung sind verschmolzen
Im Schoße des Ungeschaffenen.
Ich preise dich, Mahamudra,
Alles hat deine Essenz.

AH - Deine Stille bringt allen Klang hervor,
Ich lobpreise das große Mantra,
Das deine Stimme ist.

HUNG - Deine Leere enthält alle Gedanken,
Ich lobpreise den ursprünglichen Geist,
Welcher dein Wesen ist.
Doch Lobpreisung wie Tadel
Begrenzen das Wesen des Alls;
Wohlwissend dies, preise ich dich!

Wiederholung des Mantra:

OM	ist das Wesen, der Dharmakaya
AH	ist das Potential, der Sambhogakaya
HUNG	ist die Manifestation, der Nirmanakaya
BENZA	ist die Einheit der drei, der Schoß des Unzerstörbaren
GURU	ist die innere Weisheit, die uns lehrt, die Mitte des Mandala
PEMA	ist das furchtlose Mitgefühl
SIDDHI	ist die Kraft aus dem Ursprung des Raumes und die scharfe Intelligenz, die daraus entspringt
HUNG	zeigt, daß alle diese Dinge in uns vereinigt sind

Wir leben im Bereich der Großen Freude,
Unter den Göttern,
Und jeglicher Klang
Ist der Klang des ewigen Mantra;
Alle Gedanken sind vollkommen rein
Und durchdringen sich gegenseitig.

Lautlos und bewegungslos
Wird das Mantra wiederholt,
Jenseits aller Gedanken,
Jegliches Ding durchdringend.

OM AH HUNG BENZA GURU PEMA SIDDHI HUNG

Segnung der Opfergaben:
Aus dem Schoß der Weisheit
Entspringt das Licht
Zu der Erkenntnis der gesamten Welt,
Welches an sich eine Opfergabe wird,
Die weder zunimmt noch abnimmt.
OM AH HUNG AH LA LA HO

Meditation auf Guru Rinpotsche:
In der Welt der vollkommenen Reinheit
Erzeugen wir die Wohnstätte der Erleuchtung,
Ohne Innen und Außen,
Die gesamte Form ist aus Licht.
Dort in der Mitte ist der Thron des Dharma
Und der Lotossitz des Mitgefühls
Und der Sonnensitz der Weisheit.
Und dort ist Guru Padma Sambhava,
Das ewige Kind, das darauf sitzt.

Ende und Ursprung von Verwirrung und Erleuchtung,
Trägt er den Königsmantel der Drei Wege.
Er hält den Dordsche der geschickten Mittel
In seiner rechten Hand, und in der Linken trägt er
Die Weisheitsschale voll des Lebenselixiers.

Er schlägt Abneigung, Anhaftung und Verwirrung
Die Köpfe ab, trägt sie
Als Schmuck auf seinem Dreizack,
Den er zur Seite hält als die Gefährtin.

Er sitzt in Dordsche-Haltung
Bewegungslos in Meditation,
Vom höchsten Glück berauscht
Singt er HUNG und PHEM.

Die Buddhas der Vergangenheit,
Der Gegenwart und Zukunft,
Strahlen durch jede Pore seiner Haut,
Sein jugendfrisches Lächeln
Ist voll Mitgefühl.

Seine drei Augen schauen
In den Ursprung des Lichts;
Die Krone ist sein Siegeszeichen,
Und die fünf Buddhas sowie
Die Emanationen der Gurus und der Schützer
Füllen die zehn Richtungen
Des Universums aus.
Sie sind wie die Strahlen der Sonne,
Deutlich zu unterscheiden und doch eins,
Sie sind keine Erfindung des Geistes,
Sondern sind Manifestation
Des wahren Wesens des Raums.

Kraftübertragung:
AH - Dies ist das Empfangen der Kraftübertragung
Von Form, von Klang und von Gedanken,
Welche umgewandelt sind in ihre ewige Essenz.
Dies ist das Empfangen der Kraftübertragung
Der Weisheit der Fünf Buddhas.
OM AH HUNG OM AH HUNG SO HA

Herbeirufen des Buddha-Aspektes:
Im Nordwesten des Landes Uddyana
Hast du in einer Lotos-Blüte
Die höchste und wunderbarste
Vollkommenheit erlangt;
Man nennt dich daher den Lotosgeborenen
Und viele Dakinis umgeben dich.
Dir folge ich nach,
Komm du zu mir und segne mich.

HUNG HUNG
Dies Land nennt man das Höchste,
Das Land der Großen Freude, Dewatschen,

Das weder in der Mitte sich befindet,
Noch außerhalb der Mitte -
Der Schoß der Ewigkeit.

Erster unter den Buddhas,
Guru Padma Sambhava,
Komm du zu mir und segne mich.
Indem ich verstehe,
Daß wir voneinander nicht verschieden sind,
Daß es zwischen uns kein Kommen gibt und kein Gehen,
Erhebe du meine Welt zum Bereich des glorreichen Kupferberges,
Vertreibe die Verblendung, die zeitweilig entstand,
weil ich Körper, Geist und aller Dinge wahres Wesen vergaß.
Gewähre mir die Kraftübertragung,
Die weder sammelt noch verstreut.

Du bist der Vater,
Der das Gelübde ablegte,
Uns nicht der Dunkelheit
Des Samsara zu überlassen -
Wie könntest du uns weiterhin
Im Leid belassen?

Dies ist das Zeitalter der Dunkelheit,
Und während es endgültig in die Nacht versinkt,
Wächst gleichzeitig die Macht deines Gelübdes.

Erwecke uns!
Zeig uns das Antlitz deiner Liebe,
Das Wesen deiner Erleuchtung,
Und zeig uns deine Kraft.

OM AH HUNG BENZA GURU PEMA TÖTRENG TSAL BENZA SAMAYA
DZAH SIDDHI PA LA HUNG AH

Darbieten des Thrones:
AH - Die Weisheiten,
Die wir aus der Leerheit herbeiriefen,
Vereinige sie
In dem Mandala des Mahamudra,
Und sei mit uns,

Bis wir Erleuchtung erlangen.
DSCHNANA TISCHTA AH

Auflösung:
Die in der inneren Schau erlebten Formen
Entsprangen dem Urgrund des Raumes.
Sie lösen sich jetzt auf und kehren
In jenen Urgrund zurück.

Wieder tagt das Licht,
Das Licht von Vergangenheit,
Gegenwart und Zukunft,
Sowie das Licht der Ewigkeit.
AH AH AH

Darbringung der Verdienste:
Was als Verdienst sich ergibt
Durch diese aus sich selbst entsprungenen
Guten Eindrücke,
Das bringe ich dar
Dem Keim der Erleuchtung.
Möge alles Eins werden
In der alldurchdringenden Weisheit.

Verteilung des Segens:
Unsere Schau ist allumfassend,
Möge der Dharmakaya Segen bringen!
Unsere Gedanken
Sind angemessen jeder Situation,
Möge der Sambhogakaya Segen bringen!
All unser Tun entspringt aus ihm -
Möge der Nirmanakaya Segen bringen!
Diese Drei verschmelzen in Eins
In der Schau
Des Grundes aller Existenz,
Möge die Einswerdung der drei
Segen bringen!

Möge Glück entstehen!

Der letzte Trip

Leider erwarteten uns schlechte Nachrichten in Katmandu. Schon einen Monat vor der Abreise des Karmapa hatten wir bei den Indern in Delhi ein Visum für Sikkim beantragt - wir wollten den Karmapa so bald wie möglich wiedersehen. Man hatte uns damals gesagt, daß es zwei Monate dauern würde, bis wir mit einer Antwort rechnen konnten. Nun war sie da - ein glattes Nein. Wir waren richtig sauer; der Gedanke, den Karmapa noch länger nicht sehen zu können, gefiel uns gar nicht. Zwar hatte uns Buddha Lakschimi ein Zimmer in einem Haus besorgt, das gleich neben dem von Tsetschu Rinpotsche lag - das beste, das wir für unsere Zwecke finden konnten. Aber uns ging nicht nur das Geld aus, auch unsere Nepal-Visa waren bald abgelaufen. Doch wir wollten noch so viel lernen, wollten noch nicht nach Europa zurück.

Während der Zeit im Gefängnis hatte ich mir zum ersten Mal die Haare lang wachsen lassen - während der Schmuggelzeit gab es genug Gründe, um neutral auszusehen - und es war angenehm, das Kitzeln auf den Schultern zu spüren, wenn ich den Kopf zurücklegte. So hatte ich sie behalten. Der einzige Nachteil war, daß sie sich so leicht verfilzten, das Haarewaschen war immer ziemlicher umständlich, und jetzt hatte ich die Nase voll. Ich ließ mir die Haare abschneiden - und zwar ganz und gar. Nun wollte ich auch äußerlich unserem Lehrer so ähnlich wie möglich sein.

Als ich nun, mit einem glänzenden weißen Ei, auf dem die vielen Narben von früher zu sehen waren, die New Road von Katmandu hinunterschlenderte, kam Terry plötzlich dahergeradelt. "Hör mal", sagte er, "du bist doch Lehrer. Hast du nicht Lust, für die amerikanische Botschaft als Sprachlehrer zu arbeiten?".

Gepflegtes Aussehen zahlt sich aus. Ein solcher Job gab Visum und Geld zugleich - natürlich hatte ich Lust. Für vier bis fünf Monate wurden Hannah und ich also seßhaft. Wir gehörten zu der kleinen privilegierten Gruppe von Leuten, die in diesem Paradies wohnen und sogar noch Geld verdienen konnten. Daß immer mehr Restriktionen für Fremde eingeführt wurden, strengere Visa-Bestimmungen, wonach ein Visum für jeden weiteren Monat neu verlängert werden mußte, und Bestimmungen über die Menge Geld, die man offiziell zu wechseln hatte, um im Lande bleiben zu können, berührten uns nicht mehr.

Ich unterrichtete Englisch im Sprachlabor über der amerikanischen Bücherei an der New Road - ein paar Stunden am Tag an den wenigen Tagen, die nicht gerade wegen eines religiösen Festes oder sonstigen Feiertages frei waren. Meine Schüler, die ihre Englischkenntnisse brauchten, um an verschiedenen Universitäten der Welt Landwirtschaft studieren zu können, waren interessiert, praktisch begabt und Meister im Schummeln. Wir hatten ein festes Einkommen von achthundert Rupien (damals etwa hundertzwanzig Mark) pro Monat, genug um leben, anderen etwas zu geben, tibetische Sachen zu kaufen und sogar etwas sparen zu können. Abgesehen davon, daß Hannah irgendeine Magenkrankheit hatte - das russische Labor konnte wie üblich nicht herausfinden, was es war - ging es uns prächtig. Nicht einmal der Monsun, der so viele unserer Freunde krank werden ließ, machte uns zu schaffen. Nach einiger Zeit wurde ich sogar noch von der russischen Botschaft als Sprachlehrer für eines ihrer hohen Tiere engagiert. Es war schon eine komische Situation: die Russen zahlten einen besseren Stundenlohn als die Amerikaner und ich wurde stets in ihrer Luxuslimousine vom Typ ZIL vor der amerikanischen Bücherei abgeholt. Sie waren stramm im Gesicht und gar nicht froh, und die Hälfte meiner Zeit verging damit, sie aufzuheitern.

An den Wochenenden fuhren wir hinauf zur tibetischen Grenze, um für das Land zu meditieren und in den heißen Quellen zu baden und allmählich wurden wir Kontaktstelle zwischen den verschiedenen Welten in und um Katmandu, in denen wir überall Freunde hatten, zwischen Etablierten und Hippies (von denen auch viele gut etabliert waren), zwischen Eltern und Kindern, zwischen Menschen, die etwas suchten, und den Lamas, die etwas zu geben hatten.

Zum ersten Mal im Leben hatten wir einen Hund, einen kleinen schwarzen Tibeter namens Rubi. Er gehörte zur Familie, bei der wir lebten, und eines Abends hatten wir ihm etwas Kondensmilch gegeben, in die einige winzige Krümel Haschisch gefallen waren. Er wurde total mitgenommen und schaute uns mit ziemlicher Schlagseite unverwandt an, da er fühlte, daß nur wir wußten, was mit ihm los war. Wir blieben fast die ganze Nacht auf, um ihn durch den Zustand hindurchzuführen. Weder Angst noch Verwirrung entstanden in ihm, und von da an hatte er ein unerschütterliches Vertrauen in uns und folgte uns überall. Ich mußte in dieser Zeit viele Straßenköter treten, die ihn beißen wollten. Dabei lernte ich eine ganze Menge über Hunde - und über mich selbst; hatte ich sie nun voll Zorn oder voll Mitgefühl getreten?

Jeden Tag standen wir vor dem Bild des Karmapa, das an der Wand hing und machten starke Wünsche, daß jetzt endlich etwas geschehe. Wir wollten einfach nicht akzeptieren, daß der Visum-Antrag abgelehnt worden war. Eines Tages riet uns dann Tsetschu Rinpotsche, einen neuen Antrag zu stellen, was wir natürlich taten, aber wir wußten, daß es wieder Wochen dauern würde, bis eine Antwort da sein konnte.

Äußerlich ging es uns zwar gut, aber innerlich waren wir nicht zufrieden. Wir waren oft bei Tsetschu Rinpotsche und bekamen seinen Segen - oft genug auf verrauchte Köpfe - aber mehr schien er uns nicht geben zu wollen. Eines Tages ließ uns der Lama zu sich rufen. Jetzt ist es so weit, dachten wir, endlich bekommen wir - wie wir es in den Büchern über Milarepa gelesen hatten - eine Einweihung. Aber der Lama wollte nur, daß wir für einen Bhutanesen einige hölzerne Becher verkauften. Als wir mit dem Karton voll klappernder Becher unter dem Arm die wenigen Schritte zu unserem Haus zurückgingen, fühlten wir uns leer und irgendwie betrogen.

Wir bekamen die Nachricht, daß im März, gerade an meinem Geburtstag, unsere Wohnung in Kopenhagen abgebrannt war - wozu der Lama nur sagte: "Gut, Feuer reinigt". Und kurz danach brannte auch der Altar in unserem Zimmer in Katmandu ab, während wir bei einem Fest waren. Alles, was auf dem Altar gelegen hatte, war verbrannt, außer dem Bild des Karmapa und einigen LSD-Trips, die uns geschenkt worden waren, weil keiner wußte, wie stark sie waren. In das geistige Vakuum hinein, das uns erfüllte, nahmen wir dann eines Abends das LSD - nur damit endlich etwas passierte. Daß gerade die Trips nicht verbrannt waren, sahen wir als Zeichen, daß wir sie jetzt nehmen sollten. Es war uns unverständlich, daß der ständige Meditationsdruck im Kopf, den wir nun schon seit über einem Jahr verspürten, sich immer noch nicht in Erleuchtung umgewandelt hatte.

Die Trips waren selbst für unsere Verhältnisse stark und gewannen sehr schnell an Kraft. Wir verließen unsere Körper, bewegten uns in der Gegend herum und meditierten auf Padmasambhava - wieder ohne Einweihung, Erlaubnis oder Belehrung. Gegen Morgen des Trips sah ich bei der Liebe plötzlich ein rhombisches Muster in metallischen Farben vor mir und hatte das Gefühl, daß es einen Körper suchte und in Hannah eindringen wollte. Ich konnte es auf Abstand halten, aber als ich am nächsten Tag im Sprachlabor unterrichtete, wirkte der Trip noch immer, und das rhombische Muster hing weiterhin vor mir. Da meine Stimme zu rauh war, um klar reden zu können - ich erklärte eben von der ökonomischen Bedeutung des Öls, welches kürzlich vor der norwegischen Küste gefunden worden war - kam ich auf die Idee, etwas Ginseng zu trinken, der in den chinesischen Läden in Katmandu damals sehr billig war. Als ich die kleine Flasche ansetzte und in einem Zug austrank - man sollte eigentlich nur ein paar Tropfen nehmen - da spürte ich, wie plötzlich etwas in meinen Hals eindrang, eine seltsame Energie - und die Rhomben waren verschwunden. Es war, als sei ich plötzlich um einige Jahre meines Lebens zurückversetzt worden - zurück in die Tage der täglichen Schlägereien. Ich ertappte mich in den folgenden Tagen öfter bei Gedanken wie: "Na, den mache ich mal fertig". Als wir am Wochenende dann wieder zu den heißen Quellen an der tibetischen Grenze fuhren, kam es auf dem Rückweg zu einem Skandal, der noch eine Woche zuvor unmöglich gewesen wäre.

Wir fuhren in einem ganz neuen, auf Lizenz in Indien gebauten Mercedes-Bus. Nach so langer Zeit im Osten genoß ich ein so schönes Stück Mechanik voll. Allerdings gefiel mir nicht, daß der Fahrer, ein ungewöhnlich großer und drahtiger Nepalese, den Motor offenbar ruinieren wollte. Nach der Sitte des Landes nahm er nämlich für ein Trinkgeld alle Leute am Straßenrand mit. Der Wagen war gerammelt voll, und auch auf dem Dach drängten sich Leute und Tiere. Ich sagte dem Fahrer mehrmals, wenn er den Bus so überlade, werde der Motor schnell hinüber sein. Er verstand mich, aber er reagierte nicht darauf.

So geschah das Unvermeidliche, der Motor fraß sich fest, und der Fahrer konnte den Bus im Leerlauf gerade noch bis an den Rand eines Dorfes auslaufen lassen. Er stieg aus, um sich den Schaden anzusehen, aber ich stellte mich vor ihn und sagte: "Es ist deine Schuld, daß wir nicht weiterkommen - also gib uns gefälligst das restliche Fahrgeld zurück!" Der Fahrer war wütend, und als er mich mit seiner ölbeschmierten Hand am Hemd packte, beförderte ich ihn in den

Straßengraben. Er kam hoch, versuchte erneut - und flog wieder in den Graben. Als er das dritte Mal ankam, hatte er eine Eisenstange in den Händen... Doch die Insassen des Busses hielten ihn fest, ich ließ den Rucksack sinken, mit dem ich den Schlag abgefangen hätte und es war gut so, denn einer Waffe gegenübergestellt hätte ich ihn unschädlich machen müssen.

Da stand ich nun und fühlte mich gar nicht gut. Mit kahlgeschorenem Kopf, einer Meditationskette um den Hals und einem Bild des Karmapa am weißen T-Shirt hatte ich soeben einen Mitmenschen recht unsanft behandelt. Während sich alle Blicke auf mich richteten, ließ ich die Kette und das Bild des Karmapa, dem ich so wenig Ehre gemacht hatte, schnell in die Tasche verschwinden und setzte mich so beiläufig und unauffällig wie möglich in ein nahegelegenes Teehaus ab. Aber die aggressiven Schwingungen schienen mir zu folgen. Alle Leute wichen vor dem sonst so gutmütigen weißen Riesen zurück und selbst die Hunde schienen Angst davor zu haben, anzunehmen, was ich ihnen gab.

Als wir am Abend wieder in Katmandu waren, gingen wir gleich zu Tsetschu Rinpotsche und berichteten ihm, was gelaufen war. Als ich ihm von dem rhombischen Muster mit den metallischen Farben erzählte, sage er: "Ach ja, den kenne ich. Der macht immer Ärger. Ich werde mich darum kümmern".

Bis spät hörten wir seine Glocke und Hand-Trommel - wußten, daß er am Meditieren war - und als ich am nächsten Morgen aufwachte, hatte ich Tränen der Freude in den Augen: das "Ding" war weg, ich fühlte mich von einer schweren Bürde befreit.

Einige Tage vor dem Neumond im September 1970 war unser Karma dann reif; plötzlich schienen uns alle Umstände nach Sikkim zu ziehen - und zu stoßen. Einer der unangenehmen Visa-Polizisten, dem wir in Nepal begegneten (angenehme Leute findet man nur außerhalb der Büros), erinnerte sich an uns. Die höheren Beamten werden hier oft nach einiger Zeit gefeuert, wenn offensichtlich wird, daß ihre Einkünfte allzusehr über ihrem offiziellen Gehalt liegen. Jedenfalls war er jetzt in der Lage, sich rächen zu können, und wir erhielten die Nachricht, daß uns noch eine Woche bliebe, um das Land zu verlassen.

Was jetzt? Die Amis oder die Russen einschalten? Oder vielleicht sogar den Lama, der in Nepal größeres Ansehen besaß als die Vertreter der Supermächte? Sollten wir einfach untertauchen, unsere Visa verbessern? Während wir noch die verschiedenen Möglichkeiten abwogen, kam die Nachricht aus Delhi, daß unsere Papiere für Sikkim bewilligt seien. Endlich!

Beladen mit Geschenken für den Karmapa und seine Lamas, fuhren wir einige Tage später nach Sikkim. Es ist bei den Tibetern üblich, die Reisenden zu Boten zu machen, was den Vorteil hat, daß man bei der Ankunft schon populär ist. Den Großteil der Bilder und Statuen, die wir in Nepal zusammengetragen hatten, nahmen ein paar Dänen in ihrem VW-Bus mit nach Europa; sie tauchten zur rechten Zeit auf, denn wir hätten kaum noch mehr schleppen können. Den Abschied feierten wir mit unseren Freunden im klassischen Stil und ich rauchte dabei so viel, daß der erste Tag der Reise ziemlich verschwommen war. So merkte ich z.B. nicht, wie uns im Zug eine Tasche mit Büchern geklaut wurde, und als ich an irgendeinem nordindischen Bahnhof aus dem Fenster statt aus der Tür des Zuges ausstieg, ging auch noch eine mitgenommene Thermoskanne kaputt. Wir nahmen das Verschwinden der Bücher als Zeichen dafür, daß jetzt die Zeit der intellektuellen Beschäftigung mit dem Diamantweg vorbei sein sollte.

Hannah, Tugend und Weisheit der Familie, hatte schon einige Tage vor der Abreise mit dem Rauchen aufgehört. Sie war auf den Gedanken gekommen, daß wir vielleicht wegen des Rauchens keine Einweihung von Tsetschu Rinpotsche erhielten. Später erfuhren wir zwar, daß der Karmapa ihm gesagt hatte, er solle nur auf uns aufpassen, wir seien seine, - also Karmapas Schüler, aber Hannah hatte sicher nicht ganz unrecht. Wenn er auch die wichtigen Sachen dem Karmapa überlassen hätte, so hätte Tsetschu Rinpotsche sicher mehr von seiner Einsicht mit uns geteilt, wenn wir nur früher darauf gekommen wären, daß Rauchen und geistige Entwicklung einander ausschließen.

Doch als wir nun zum Karmapa nach Sikkim fuhren, war ich plötzlich der gleichen Meinung; wir wollten alles, was mit Drogen zu tun hatte, in Nepal zurücklassen. So waren die neun Jahre meines Lebens - für Hannah etwa die Hälfte -, die wir der Chemie geopfert hatten, endgültig vorbei. Es war eine riesige Erweckung und Befreiung, einfach Schluß machen zu können, obwohl uns die Langzeitergebnisse - verkehrte Anschauungen und blockierte innere Kanäle - noch jahrelang zu schaffen machen sollten. Der erste Schritt war jetzt getan, und wir haben uns nie wieder nach den Drogen zurückgesehnt.

53. Unser Hund Rubi

Wir nehmen Zuflucht zum Buddha

Die Fahrt Richtung Sikkim war, wie jede Bekanntschaft mit der Eisenbahn in Nordindien, ein Erlebnis für sich. Ein guter Schriftsteller sollte auf den Zügen einmal einige Wochen verbringen - er hätte dann Stoff für einen farbenreichen Erlebnisbericht über etwas, was für die vielen Inder, die auf, unter, in, neben und zwischen den Zügen wohnen viel eher eine Daseinsform bedeutet, als ein Beförderungsmittel.

Die Fahrt ging, erst mit dem Bummelzug und später mit dem "Assam Mail", durch eine endlose Folge von Ortschaften - meist Ansammlungen von Hütten aus Stroh und geflochtenem Bambus -, deren Namen immer auf die Silbe - pur endeten.

Zuerst rollten wir durch den malariaverseuchten Urwald am Fuß des nepalesischen Vorgebirges und dann durch die große Ebene, die sich vom Khyber-Paß über Pakistan und Nordindien bis nach Burma erstreckt. Mit der Landschaft wechselten auch die Reisenden im Zug. Zuerst waren es noch die kleinen dunklen Gestalten, die oft malariaresistente Urbevölkerung Indiens. Hier fielen englische Expeditionen, die Nepal erobern wollten, der Malaria zum Opfer und kein einziger kam wieder aus dem Urwald heraus. In der großen Tiefebene dann, wo die riesigen überbevölkerten indischen Städte liegen, wurden sie durch die größeren und hellhäutigeren eurasischen Inder abgelöst, die vor dreitausend Jahren aus Südrußland eingewandert waren und die Urbevölkerung verdrängt hatten. Sie waren es, die das Kastensystem zementierten, in dem sie selbst natürlich die höheren Kasten stellten, die die Veden und Upanischaden verfaßten und die vom Hinduismus gefärbte Kultur aufbauten, die unser Indien-Bild heute bestimmt, ein enges Geflecht von Lebensregeln und Religion, die das Überleben unter solchen Verhältnissen überhaupt ermöglichen.

Die Fahrt durch die Ebene wird schnell langweilig; nichts als flaches Land, strohgedeckte Gehöfte unter Palmen, große Bäume mit grotesken Luftwurzeln, dünne aber wohlgepflegte weiße Kühe mit riesigen Hörnern, welche Pflüge oder Karren mit großen Holzrädern ziehen, und Menschen, Menschen, Menschen - viele von ihnen Bettler -

und alle in weiß. Wir hatten das Gefühl, halb Indien sei in und um den Zug versammelt. Die Fahrt wurde auch dadurch nicht leichter, daß wir pausenlos die Frage beantworten mußten: "Which country do you belong from?". Die Leute hatten ein echtes Bedürfnis nach Kommunikation, aber meistens reichten ihre Englischkenntnisse nicht über diese Frage hinaus, die sie wohl genau in diesem Wortlaut aus Filmen kannten. Die Antwort bedeutete wenig, ob wir nun "Transsilvanien" oder "der Mond" sagten, nickten alle klug mit dem Kopf, die älteren sagten "Ah, England!" und die jüngeren "Ah, Amerika". Ein Inder, der vielleicht ein großer existentialistischer Guru in vollendeter Verkleidung war, kam einmal ins Abteil und stellte die Frage aller Zeiten "Where are you?" - bevor er den Zug weiter hinunterhüpfte.

In New Jalpaiguri, zwei Tage östlich von Katmandu, stiegen wir aus dem "Assam Mail". Hier wurden wieder die runden Gesichter und Muskeln der Bergbewohner häufiger, das ständige Schreien hörte auf und die Vorfreude über das Wiedersehen mit dem Karmapa erfüllte uns immer mehr.

Im zweiten Stock des Bahnhofgebäudes vom benachbarten Siliguri, in dem dutzende von Leuten auf den Treppen schliefen, gab es den sogenannten "Inner Line Permit", eine Art Passierschein, der offiziell nötig ist, um nach Darjeeling hinaufzufahren. Er wird zwar auf der Fahrt nie kontrolliert, aber wenn man den Aufenthalt in Darjeeling verlängern oder von dort aus in "Restricted Areas" wie Sikkim weiterreisen möchte, wollen sie das Papier sehen. Der Polizist schlief und so dauerte es ein Weilchen, bis wir unsere Papiere bekamen, aber sie hielten für uns den letzten Jeep auf, der von Siliguri nach Darjeeling hinauffuhr. Wir hatten noch Glück, daß nur sechs oder sieben Reisende übriggeblieben waren. Aus Nepal waren wir ganz anderes gewohnt: mit dreiundzwanzig Erwachsenen, Kindern und Geflügel in einem VW-Bus zu reisen, wie es uns dort geschehen war, war nichts Außergewöhnliches. Eine weitere Überraschung war, daß der Jeep, im Gegensatz zu fast allen Fahrzeugen in dieser Gegend, neu war. Wir hatten in den Jahren genug Fahrten in uralten Landrovern hinter uns, bei denen alle zehn Kilometer ein Reifen gewechselt, ein feuchter Lappen um die Zündspule gewickelt, das Kühlwasser aufgefüllt oder sonst irgend etwas repariert werden mußte, sodaß wir die Fahrt mit diesem neuen Jeep genossen, bei dem man das Lenkrad nicht erst zweimal herumdrehen mußte, bis der Wagen reagierte. Indische Autos sind bekannt dafür, aus der Fabrik in die Werkstatt zu fahren, aber vorläufig war alles reiner Genuß.

Die Straße war abwechselnd ein- und zweispurig und wurde zudem dauernd von den Schienen einer um die Jahrhundertwende in Schottland hergestellten Schmalspurbahn gekreuzt. Man hatte das Gefühl, daß die Ingenieure vom Straßenbau und der Bahnlinie sich ständig gegenseitig einen Streich hatten spielen wollen. Alles wurde durchgeschüttelt, aber da wir dem Karmapa immer näher kamen, konnte es uns gar nicht schnell genug gehen.

Von Siliguri aus ging die Fahrt noch erstaunlich lange durch das Flachland, wo sie unechten Darjeeling-Tee anbauten, bis wir schließlich in das Vorgebirge und den subtropischen Regenwald kamen. Wir waren jetzt in der Nähe von Assam, wo im Jahr, innerhalb von wenigen Sommermonaten, durchschnittlich dreizehn bis siebzehn Meter Regen fallen. Nach etwa zweistündiger Fahrt durch den Urwald erreichten wir auf etwa tausend Meter Höhe Kurseong, die erste größere Stadt seit Siliguri. Dort machten wir Rast, bekamen Tee und genossen den Ausblick über die Flachebene Indiens. Dann ging es weiter nach Sonada, wo später so viel Wichtiges für uns und unsere Freunde geschehen sollte, und von dort hinauf zum Paß bei Ghoom. Ghoom liegt in 2500 Meter Höhe, und da das Dorf fast ständig in Wolken gehüllt ist, wird die Stelle "Gloom", also "schlechte Laune", genannt. Rechts zweigt die Straße ab, die wieder den Berg hinunter über die Tista-Brücke nach Kalimpong und weiter nach Sikkim führt, und 6-7 Kilometer im Leerlauf hinter dem Paß waren wir dann endlich in Darjeeling, der Hauptstadt dieser Region. Der Name war ursprünglich Dordsche Ling, die Stelle der Unzerstörbarkeit (oder des Diamanten) und es war der Sitz des Dordsche Lama in einer sikkimesisch-tibetischen Gemeinschaft, die hier wohnte, bis zuerst die englischen Verwalter und dann die ihnen folgenden Nepalesen und Inder mit ihren Kinderschwärmen einzogen. Die Engländer kamen während der Regenzeit aus ganz Ostindien hierher.

Unser erster Eindruck von der Stadt war dramatisch. Es war längst dunkel geworden und keiner war auf der Straße außer einer Frau, die sich wie wahnsinnig, schreiend auf der Straße wälzte. Sie blutete aus einer Wunde am Kopf. Wir dachten, sie hätte einen Unfall gehabt, und wollten ihr helfen, aber als wir näher kamen, schrie sie nur noch lauter. Wir sahen, daß sie total betrunken war und mehr aus Wut als vor Schmerzen schrie. Da die Krankheit nicht länger dauern würde als die Promille, ließen wir sie, aber die Stimme hätte man für die Oper trainieren sollen.

Die Luft war frisch und klar, und die Stadt erschien uns sauberer und großzügiger als Katmandu, aber wir vermißten die schönen Stupas und Kultbauten. Auch unser Hotel hatte nicht den Charme der Hotels von Katmandu - war aber auch nicht so schmutzig wie diese. Es gab warmes Wasser für ein Bad, ein wahrer Luxus, und in der Kälte der Bergnacht hatten wir tiefe und gute Träume. Am nächsten Morgen strahlte das fantastische Katschendschunga-Massiv mit dem dritthöchsten Berg der Welt in der Sonne und die Welt sah einladend aus. Wir stiegen vom Lower Bazaar, dem armen Teil der Stadt, wo wir übernachtet hatten, hinauf zum höher gelegenen Teil oberhalb der Post. In diesem ehemals englischen Gebiet lagen die vornehmen Villen, Geschäfte und Restaurants, die immer noch ihren Stil aufrecht hielten, was sicherlich nicht leicht war. Da sowohl Kulturen als auch Sprachen die Tendenz haben, stillzustehen oder sich langsam zu entwickeln, wenn der Kontakt zu den lebenden Wurzeln im Ursprungsland verschwindet, war manches hier noch "englischer" als man es heute in England findet. Gerade zu jener Zeit kamen immer weniger zahlungskräftige Touristen nach Darjeeling, und immer mehr Reisende unseres Schlages, die zuerst auf den Preis schauen und es als Freiheit empfinden, wenig Bedürfnisse zu haben. Die Wellen von neureichen Indern, die heute ihr durch Steuerhinterzug ergaunertes Geld hier verbrauchen und die engelhafte Geduld der früheren Gurkha-Soldaten hart strapazieren, waren noch nicht angeschwemmt worden und auch von nationalen Streiks wie die der Nepalesen in den späten 80'er Jahren, war nicht die Rede. Die klare, kühle Unbegrenztheit der Stadt war an diesem Vormittag noch deutlicher zu spüren als am Vorabend, und es war eine riesige Freude, in dem wohlorganisierten Postland Berge von Post von Eltern und Freunden vorzufinden. Seither haben wir fast jedes Jahr Darjeeling besucht - oft mit Hunderten von Freunden -, und es ist jedesmal eine Inspiration.

Noch bevor das riesige Gerichtsgebäude, in dem wir unsere Visa für Sikkim erhalten sollten, geöffnet hatte, saßen wir vor der Tür und beteten zum Karmapa, daß die Papiere bereitliegen mögen. Wir waren inzwischen lang genug in den warmen Ländern, um zu wissen, daß die Bestätigung aus Katmandu noch lange nicht bedeuten mußte, daß die Visa aus Delhi auch wirklich gekommen waren. Doch zu unserer unendlichen Freude erhielten wir sie ohne weiteres.

Wir fanden einen Jeep, der nach Sikkim hinüberfuhr. Die Fahrt ging vom armen Teil Darjeelings aus, wo die Schlachthäuser liegen und Kulis, Taxifahrer und Holzsammler leben, weiter zum Paß bei Ghoom. Jetzt, bei Tageslicht, sahen wir auch in dieser Gegend Stupas - obwohl etwas dürftig aussehend - und einmal gaben die Wolken, die tief über der Straße hingen, auch den Ausblick auf ein tibetisches Kloster frei. Von Ghoom aus geht die Straße links nach Sikkim, die bald von einer Höhe von zweitausend Metern auf wenige hundert Meter hinab ins Tista-Tal fällt, zu der strategisch wichtigen Brücke über den Tista-Fluß, der aus Tibet herunterkommt. Aus der kühlen Höhenluft von Darjeeling tauchten wir wieder in tropische Hitze ein. Links und rechts der Straße standen Mandarinenbäume, die leider immer leergepflückt waren, und Bananenstauden mit kurzen, dicken und sehr süßen Früchten. Alles schmeckte individueller und oft viel süßer als wir es aus Europa gewohnt waren und nach dem fetten Essen im Gebirge tat das sehr gut.

An der Brücke über den Tista-Fluß wurden unsere Papiere überprüft und da so etwas in dieser Gegend nie weniger als eine halbe Stunde dauert, hatte unser Fahrer Zeit, für seinen längst überladenen Jeep noch ein paar weitere Passagiere aufzutreiben. Dann ließen wir den steil ansteigenden Weg nach Kalimpong rechts liegen und fuhren die nur langsam ansteigende Straße nach Rangpo den Fluß entlang weiter, vorbei an zahlreichen Kasernen, die zwischen der Tista-Brücke und der Grenze von Sikkim liegen. Wieder wurden unsere Papiere - auf beiden Seiten - ausgiebig geprüft, und wir waren froh, so vielen Leuten eine sinnvolle Beschäftigung zu geben. Nach dem trocken gelegten Bengal waren die riesigen Reklameschilder für den in Sikkim hergestellten Whisky ungewöhnlich. Westler nennen ihn "Monkey Whisky", und es heißt, daß er Lack und Farbe vom Tisch frißt, wenn man etwas neben das Glas schüttet.

Auf sikkimesischer Seite standen total unerwartet Kilometersteine mit tibetischen Buchstaben darauf, und obwohl uns die alles überwuchernden Pflanzen wenig an die übliche Umgebung der Lamas erinnerten, begannen wir zu verstehen, daß wir den Karmapa sehr bald wiedersehen würden. Die Leute im Jeep wunderten sich wohl, daß wir die Meditationsketten niemals aus den Händen legten und alles

Tibetische, was für sie ganz alltäglich war, so enthusiastisch begrüßten; sie dachten an den Regen und an die Ernte.

Schließlich, etwa acht Kilometer vor Gangtok, hielt der Fahrer an einer kleinen Straße, die links abzweigt, und sagte: "Dort oben liegt Rumtek, wo der große Karmapa wohnt". Wir baten ihn, uns hinaufzubringen, weil wir so viel Gepäck hatten. Da er jedoch keine Lizenz für diese Strecke hatte, traute er sich nicht, obwohl wir ihm reichlich Bezahlung anboten. Ich war schon dabei, mir all unsere Sachen aufzuladen, um zu Fuß zu laufen, da kam ein leerer Jeep aus der Gegenrichtung. Obwohl es in Strömen goß und die Straße immer unsicherer wurde, konnten wir den Fahrer mit dreißig Rupien überreden, noch einmal umzukehren und uns zum Rumtek-Kloster hochzufahren. Der Regen war inzwischen zu einem Wasserfall geworden - etwas Ähnliches hatten wir noch nie erlebt - und weder das Segeltuchdach des Jeeps, noch unsere Regenschirme, noch die Plastikplanen, die im Wagen herumlagen, reichten aus, um das Wasser zurückzuhalten. Während der Jeep im Schrittempo die 11 Kilometer hinauffuhr, wurde alles völlig durchweicht. Plötzlich tauchte im Licht der Scheinwerfer eine grauweiße Mauer auf, mit Fensteröffnungen, die im tibetischen Stil wie ein Schlüsselloch umrahmt waren, und dann ein offenstehendes Tor. Wir waren am Ziel! Es war spät am Abend, das Kloster ruhte schon, und niemand war da, als wir durchnäßt unser Gepäck in den Vorraum des Klosters trugen. Erst als wir an viele Türen geklopft hatten, tauchten erstaunte Mönche auf, mehrere von ihnen bekannte Gesichter aus Katmandu und scharten sich um uns, während einer verschwand, um jemanden zu suchen, der Englisch sprach. Schließlich kam der Dschigmela, der Neffe des Karmapa. Er hatte es nicht leicht, uns davon zu überzeugen, daß es jetzt zu spät sei, Seine Heiligkeit - oder das "Wunschjuwel", wie er von den Tibetern genannt wird - noch zu besuchen. Der Karmapa würde uns am nächsten Morgen rufen, und wir sollten im Gästehaus des Klosters übernachten.

Nach Monaten der Hoffnung und ständiger Wünsche sahen wir den Karmapa am nächsten Morgen endlich wieder. Fieberheiß vor Erwartung stürmten wir in den Raum und er fing uns in sein Kraftfeld auf, segnete uns lange und sagte: "Es ist gut, daß ihr zu mir gekommen seid. Ihr könnt mit mir als eurem Lehrer rechnen". Und dann fragte er uns: "Was wollt ihr nun von mir?". Was wir wollten, war schwer in Worte zu fassen, wir hatten nicht darüber nachgedacht. So

54. S.H. Karmapa mit zwei seiner Hunde

55. Das Kloster Rumtek

antworteten wir, wir wünschten nichts, als ihm nahe zu sein und für ihn arbeiten zu können.

"Na gut", sagte der Karmapa, "morgen ist Vollmond, ein ganz besonderer Tag. Morgen werde ich euch Genyen geben". Wir hatten zwar keine Ahnung, was Genyen bedeutet - aber wenn es vom Karmapa kam, konnte es nur etwas Gutes sein. Da wir nicht wußten, daß nur Mönche und Nonnen das tun, liesen wir uns die Haare bis auf einen kleinen Schopf am Hinterkopf abrasieren. Sister Palmo, eine ältere Nonne aus England, die seit Jahren hier lebte und sehr viel für die Tibeter um die Welt getan hatte, verschaffte uns die traditionellen Opfergaben, die wir für die Zeremonie am kommenden Tag brauchen würden. Hannah war unbeschreiblich schön mit ihrer fehlerlosen weißen Kuppel, die in alle Richtungen leuchtete; während wir voll Spannung den Vollmondtag erwarteten, meditierten wir so gut wir konnten und harrten der Dinge, die da kommen sollten. Am Abend, als die Lichter im Kloster verloschen und das Dröhnen der Langhörner den Menschen im Tal versicherte, daß der Karmapa da war und für sie wachte, sahen wir, daß ein einziges Licht im Kloster nicht gelöscht worden war. Aus dem Zimmer des Karmapa im obersten Stockwerk des Klosters strahlte es über das Tal. Als ich um Mitternacht erwachte, um auf die Toilette zu gehen, brannte das Licht noch immer, und auch als wir im Morgengrauen aufstanden, weil wir vor Aufregung nicht mehr schlafen konnten, brannte es nach wie vor, obwohl es sonst im Kloster kein Lebenszeichen gab war. Der Karmapa läßt seinen Körper nachts ruhen, aber er schläft nicht, die Raum-Klarheit seines Geistes ist nie verschleiert.

Der Karmapa strahlte wie die Sonne, als wir den reich geschmückten oberen Meditationsraum betraten. Er saß auf dem Boden, mit dem Rücken zum Fenster hinter einem niedrigen Tischchen, und nahm die Opfergaben entgegen, die wir in Rumtek auftreiben konnten. Als wir das Zimmer betraten, hatte man uns schon gezeigt, wie Verbeugungen gemacht werden: Mit gefalteten Händen berührt man Kopf, Kehle und Herz, geht dann auf alle Viere hinab und berührt mit der Stirn den Boden. Das ganze wird dreimal wiederholt. Bis jetzt hatte es uns unsere westliche Erziehung erschwert, den Sinn dieser symbolischen Öffnung und Aufgabe des Ego zu verstehen. Wir hielten dieses Verbeugen für eine exotische Sitte der Leute hier, hatten es aber immer selbst vermieden, uns vor irgend etwas oder irgend jemandem zu verbeugen. Doch nun, vor dem Karmapa, warfen wir uns

56. Khetschog Palmo, die englische Nonne

57. Die Prozession um Rumtek, nach dem Yarne,
dem Reatret während der Regenzeit

zum ersten Mal nieder, auch wenn es sich sonderbar anfühlte. Das Vertrauen zum Karmapa ließ die kulturellen Unterschiede verschwinden.

Er schnitt uns die letzten Haare ab, nahm uns so in die Gemeinschaft der Praktizierenden, den "Sangha", auf und gab uns Dharma-Namen. Wir hatten uns vorgestellt, daß er jetzt in der Luft herumfliegen oder uns in irgendeine besondere Meditation einweihen würde, aber was folgte, war eine lange Zeremonie, in deren Verlauf wir in einer sehr unbequemen Stellung auf dem Boden hocken und dem Karmapa lange Sätze auf Tibetisch nachsprechen mußten. Bald taten uns die Knochen höllisch weh, aber die mächtige Präsenz des Karmapa ließ die Frage, ob solche Schmerzen wohl nötig seien, gar nicht aufkommen. Dann, nach einer uns endlos erscheinenden Zeit, sagte der Karmapa: "Wenn ich jetzt mit den Fingern schnippe, dann kommt die Zuflucht zu euch". Tatsächlich fühlten wir in diesem Moment etwas über uns kommen und wußten: das war es, worum es hier immer ging. Die Mönche sangen noch eine Weile, der Karmapa segnete uns, indem er Reis auf uns warf, aber uns war klar: das Wichtigste war bereits geschehen. Als der Karmapa uns zum Schluß der Zeremonie sagte: "Ihr müßt Vertrauen in mich haben wie in den Buddha", dachten wir: zu Dir haben wir noch mehr Vertrauen.

Dann standen wir wieder auf dem flachen Dach des Klosters, mit den Namenszetteln, die uns der Karmapa gegeben hatte - und diese Namen waren nicht schlecht: für Hannah "Karma Pema Wangchug" (Mächtige Lotosblüte), und für mich "Karma Lodrö Gyamtso" (Ozean von Weisheit). Der "Vorname" Karma zeigt einerseits, daß wir nun Schüler der Karma-Kagyüpa-Linie des tibetischen Buddhismus waren, und bedeutet zugleich soviel wie "Buddha-Aktivität zum Besten aller Lebewesen". Die Bedeutung der Zuflucht ist unendlich, und während der kommenden Jahre erfuhren wir immer mehr, wie sehr diese Öffnung der Erleuchtung gegenüber der Anfang der Entfaltung des Geistes ist. Mit täglich wachsender Dankbarkeit erleben wir, welcher Ozean von Sinn hier unserem Leben beigefügt wurde, und da das so wichtig ist, will ich es hier kurz erklären.

Bei der "Zufluchtnahme" - dieses Wort haben wir im Deutschen gewählt - öffnet man sich in allen Schulen des Buddhismus formell den "Drei Kostbaren und Seltenen", d.h. Buddha, Dharma und Sangha. "Buddha" steht dabei für den Zustand der Erleuchtung, welcher in unserer Weltepoche zuerst durch den historischen Buddha vor 2500 Jahren manifestiert wurde. Wir tragen alle diesen Zustand als unsere unzerstörbare, zeitlose Wahrheitsnatur in uns, auch wenn wir uns dessen nicht gewahr sind. "Dharma" steht für die Belehrungen, die uns aus den bedingten Zuständen zur Befreiung und Erleuchtung führen und "Sangha" sind die Helfer und Begleiter auf dem Weg, ohne die das Erreichen des Ziels sehr schwer wäre. Zum Sangha gehören anerkannte Lehrer sowie jeder, der ernsthaft die Mittel Buddhas verwendet. Buddha, Dharma und Sangha sind die Zuflucht in sämtlichen Schulen des Buddhismus und geben heute dem Leben einer Milliarde Menschen Dimension und Sinn.

Um die effektivsten Meditationen verwenden zu können, brauchen wir jedoch noch eine vierte Zuflucht, nämlich jenen Punkt, wo Buddha, Dharma und Sangha zusammenkommen und aktiv in unser Leben hineinwirken - den Lehrer. Sein erleuchteter Geisteszustand ist unser Kontakt mit dem Buddha, seine Rede vermittelt uns jene Aspekte der Lehre, die wir auf verschiedenen Stufen des Wegs benötigen, und seine Aktivität zeigt, wie wir selbst anderen nutzen können. Diese vierte Zuflucht - der "Lama" - die für den schnellen Pfad des Vadschrayana so große Bedeutung hat ist in der Karma Kagyü Linie immer der Karmapa, während wir, die die Arbeit rund um die Welt tun, als seine Aktivitäten zu sehen sind.

Der Lama wird entweder als Einheit benannt, oder mit den Namen seiner drei Aspekte: als Lama, Yidam und Tschödschong. "Lama" steht für die ungebrochene Übertragung von Buddha's Kraft durch eine Linie von erleuchteten Lehrern bis heute, ist Segen, Freude und Vertrauen. "Yidam" bedeutet die besonderen Fähigkeiten - weltliche wie spirituelle -, die wir durch die Identifikation mit den verschiedenen Energieformen des Buddha-Geistes erlangen, den friedvollen, zornvollen, weiblichen, männlichen oder vereinigten Ausdruck der Erleuchtung. Nach der Einweihung tragen wir sie als im Unterbewußten aktive Energien, als Ausstrahlungsformen erleuchteter Weisheit in uns. Wenn der Raum des Geistes seine Kraft, Freude und Liebe ausdrückt, entstehen diese vielfältigen Energieformen und mantrischen Schwingungen, Buddhas und Bodhisattvas strahlen in unzähligen Formen aus, um den Einstellungen, Veranlagungen und Eigenschaften aller Lebewesen gerecht werden zu können. Es gibt keinen Grund, sich von ihrer großen Zahl und den äußeren Unterschieden verwirren zu lassen, ihre Essenz ist dieselbe. Man muß nur eine Form verwirklichen, um zur Erleuchtung zu erlangen, so wie man nur ein Gericht essen muß, um satt zu werden. Ein gutes Wirtshaus erkennt man aber an der Vielseitigkeit des Menüs. "Tschödschong" schließlich sind jene Energien von Karmapa und Buddha, die zum Besten aller Lebewesen arbeiten und zornvoll-energische Erscheinungsformen annehmen, um uns vor äußerem wie innerem Unheil zu schützen. Der Wichtigste hier ist der große Mahakala. Sein Schutz ist deshalb so wichtig, da auf einem so schnellen Weg der spirituellen Entwicklung wie dem Diamantweg, wo in naher Zusammenarbeit so viele Mittel eingesetzt werden, viel Karma, viele unterbewußt gespeicherte Eindrücke in kurzer Zeit reif werden und transformiert werden müssen, die sonst erst im Alter, Tod oder in der Zeit nach dem Tod auftauchen würden. Eine so plötzliche Reinigung könnte ohne solchen Schutz recht entmutigend wirken und - wenigstens vorübergehend - das Streben nach Erleuchtung beeinträchtigen. Mahakala ist also die schützende Kraft, die Negatives vom Tisch fegt und uns nur die Dinge erleben läßt, durch die wir wachsen und uns entwickeln können.

Ob wir die vierte Zuflucht nun kurz "Lama" oder "Lama, Yidam, Tschödschong" nennen, der Sinn ist derselbe. Die ganze Tragweite der Zuflucht wird jedoch deutlicher, wenn wir bei der Zufluchtnahme die längere Formel verwenden. Da sich auch im Westen immer mehr Menschen dem Buddhismus in seiner tibetischen Form anschließen, aber oft nicht die volle Breite von dem verstehen, wofür sie sich öffnen, gebe ich hier eine kurze Meditation, die zeigt, was befreiende Energien sind und wie man sie erweckt. Die Meditation kann von allen gemacht werden, und ich hoffe, eine Sprache getroffen zu haben, die nicht unangenehm "heilig" wirkt, aber dennoch die Bedeutung dieser Öffnung zeigt. Um selbstproduzierte Schwierigkeiten zu vermeiden, sollten wir drei Dinge tun und drei Dinge vermeiden - zuerst aber die Meditation.

Zufluchtsmeditation:

Der Sinn dieser Meditation ist, uns verstehen zu lassen, was in unserem Leben eine Zuflucht sein kann. Ständig sind wir auf der Suche nach dauerhafter Freude oder Sicherheit, finden aber in der bedingten Welt nichts, was uns einen Halt gibt.

Nur die Raum-Klarheit des Geistes ist immer und überall da und erscheint hier durch Lama, Buddha, Lehre und Praktizierende in einer Weise, die es uns ermöglicht, unseren inneren Reichtum voll zu erfahren.

Alle, die das Wesen des Geistes erfahren haben, nahmen zuerst Zuflucht zum Lehrer und den Drei Juwelen, und wir wollen dasselbe tun:

Wir sitzen so gut, wie wir können. Wenn die Beine aufeinander liegen, ist das rechte über dem linken. Liegen sie voreinander, ist das rechte vor dem linken. Die Hände ruhen im Schoß, die rechte oben, und die Daumen berühren einander leicht. Der Rücken ist aufrecht und das Kinn etwas eingezogen.

Zuerst beruhigen wir den Geist durch den formlosen Luftstrom, der an unserer Nasenspitze kommt und geht. Gedanken und Geräusche lassen wir vorüberziehen, halten nicht an ihnen fest.

Jetzt denken wir über die vier grundlegenden Dinge nach:

- In diesem Leben haben wir einen kostbaren Menschenkörper, der es uns ermöglicht, direkt in die Prozesse unseres Geistes einzugreifen. Wir können uns und alle Wesen vom Leid befreien und zur Freude unseres ursprünglichen Geistes führen.

- Indem wir die Vergänglichkeit aller Dinge verstehen, wollen wir diese Möglichkeit jetzt nutzen und praktizieren. Denn das Einzige, was niemals verschwindet, ist die offene, klare Unbegrenztheit unseres Geistes. Und wir wissen nicht, wieviel Zeit uns noch bleibt, um diese zu erkennen.

- Da wir selbst bestimmen, was geschieht, wollen wir die Gesetze von Ursache und Wirkung (Karma) nutzen, all das vermeiden, was ganz sicher zu Leid führt und stattdessen das tun, was allen Glück und Freude bringt.

- Schließlich machen wir uns den Sinn dieser Praxis klar: einerseits bedeutet Erleuchtung zeitlose, höchste Freude und andererseits können wir wenig für andere tun, solange wir selbst verwirrt sind und leiden.

Da wir den Geist nicht immer so halten können, wie wir möchten, nehmen wir Zuflucht zu denen, die fähig sind, uns dies zu lehren.

Wir stellen uns das Schönste und Kostbarste vor, was wir uns denken können. All das opfern wir den Buddhas und Lehrern als Dank für die Zuflucht, die sie uns geben.

Wir sitzen auf einer schönen Wiese. Rechts von uns sitzt unser Vater, links unsere Mutter und um uns herum alle Lebewesen, die wir uns vorstellen können. Alle schauen in dieselbe Richtung wie wir.

Vor und über uns am Himmel erscheint die Essenz aller Buddhas, unser Lama, der Karmapa. Er sitzt in der Meditationsstellung und trägt die roten Roben. Seine Arme sind am Herzen gekreuzt und er hält Glocke und Dordsche, befreiende Weisheit und effektive Mittel. Er trägt die Schwarze Krone, deren Anblick Befreiung bringt, und sein Gesicht strahlt Liebe und Freude aus.

Regenbogenlicht strahlt aus ihm auf alle Wesen und uns selbst. Wir öffnen uns für seinen Segen, der uns reifen läßt und sagen:

"Zum Lama nehmen wir Zuflucht: LAMA LA KYAB SYN TSCHIO"

Dann geht unser Geist links von ihm zu Buddha Shakyamuni, der uns das Ziel zeigt. Er ist der Buddha unseres Zeitalters und gab die Belehrungen, die wir heute verwenden. Er sitzt im Dordsche-Sitz, sein Körper ist golden und die rechte Hand berührt die Erde.

Goldenes Licht strahlt von ihm auf uns und alle Wesen, und voller Dank sagen wir:

"Zum Buddha nehmen wir Zuflucht: SANGYE LA TSCHAB SYN TSCHIO"

Dann wenden wir unseren Geist der befreienden Lehre hinter Karmapa zu. Sie ist in den Büchern enthalten, die uns den Weg weisen. Sie zeigen uns das Wesen aller Dinge und befreien uns von der Unwissenheit, der Quelle allen Leidens.

Wir öffnen uns für ihre ganze Weisheit und Klarheit, die wie ein klares Licht auf uns fällt, und sagen:

"Zur befreienden Lehre nehmen wir Zuflucht: TSCHÖ LA KYAB SYN TSCHIO"

Dann geht unsere Konzentration zu dem weißen Tschenresi rechts von Karmapa. Er ist das vollkommene Mitgefühl aller Buddhas und zeigt sich durch alle, die mit der Lehre arbeiten. Seine vier Arme bedeuten Liebe, Mitgefühl, Mitfreude und Gleichmut.

Weißes Licht strahlt von ihm auf uns und alle Wesen. Wir sagen:

"Zu den Praktizierenden nehmen wir Zuflucht: GENDYN LA TSCHAB SYN TSCHIO"

Während wir so vorgehen, und die Lichter auf uns und alle Wesen strömen, sagen oder singen wir die vier Zeilen, die die Zuflucht aktivieren.

"LAMA LA KYAB SYN TSCHIO"

"SANGYE LA KYAB SYN TSCHIO"

"TSCHÖ LA KYAB SYN TSCHIO"

"GENDYN LA KYAB SYN TSCHIO"

Dann verschmelzen Buddha, Lehre und Tschenresi in den Karmapa. Der Karmapa löst sich in Regenbogenlicht auf und strahlt direkt in unser Herz. Wie Milch in Wasser fließt, so verschmilzt der Geist aller Buddhas mit unserem Geist und wir werden untrennbar eins.

Möglichst lange und klar bleiben wir in diesem Zustand. Wenn die Gedanken stärker werden, können wir das große Mantra sagen:

KARMAPA TSCHENNO (Tatkraft aller Buddhas, arbeite durch mich)

Wenn dadurch die Gedanken wieder verschwinden, verweilen wir nochmals im Segen der Zuflucht. Alles Äußere und Innere ist rein, frisch und neu, hat tiefen Sinn. Wir bleiben in diesem Zustand, in allem, was geschieht und halten diese Ebene während des Tages so gut es geht.

Zuletzt wünschen wir, daß all das Gute, das hier geschehen ist, grenzenlos wird, zu allen Wesen hinausstrahlt, ihnen ihr ganzes Leid nimmt und die einzige dauernde Freude gibt, das Erkennen vom eigenen Geist.

Auf Tibetisch lautet das so:

"Ge wa di yi nyur du da,
tschag gya tschen po drub gyur ne
dro wa tschig kyang ma lü pa
de yi sa la gö par scho"

Mögen alle Wesen Glück und die Ursachen zum Glück haben. Mögen sie vom Leid und den Ursachen des Leidens frei sein. Mögen sie nicht getrennt sein vom großen Glück, das jenseits der Leiden ist. Mögen sie in großem Gleichmut verweilen, ohne Anhaftung an Geliebtes und Widerwillen gegen anderes. Und mögen sie für alle Wesen dieselbe starke Liebe fühlen.

Tashi Shog

Wenn wir zu Buddha Zuflucht genommen haben, sollten wir

- alle Abbildungen von Buddhas - auch der zornvollen Manifestationen - als den Buddha selbst ansehen und sie daher nie auf den Boden, sondern immer hochlegen (Tisch, Regal etc.); wenn sie nicht mehr verwendet werden, verbrennen.

- nicht Zuflucht nehmen zu Wesen, die die Natur ihres Geistes nicht erkannt haben. Der Buddha ist nicht eifersüchtig, aber solche Wesen können sich selbst nicht helfen - wie könnten sie uns dann helfen? Sie können uns allenfalls kurzfristig von Vorteil sein.

Wenn wir zum Dharma Zuflucht genommen haben, sollten wir

- alle buddhistischen Bücher und Texte (auch einzelne Seiten oder Buchstaben) hochlegen und schätzen; wenn wir sie nicht mehr brauchen, verbrennen.

- nie absichtlich einem Wesen schaden, da der Sinn des Dharma der ist, anderen zu helfen.

Wenn wir zum Sangha Zuflucht genommen haben, sollten wir

- Mönche und Nonnen gut behandeln, ihr Beispiel schätzen und ihre Roben, ein Zeichen des Sangha, hochlegen, und uns nicht von der Welt gefangennehmen lassen.

- nicht auf falsche Freunde hören, die Zweifel verbreiten; nicht über die Lehre streiten, sondern Freunde suchen, die uns helfen, die uns ein gutes Beispiel geben und uns den Weg erleichtern; nicht missionieren, da die Menschen von selbst kommen, wenn sie dafür reif sind.

Hält man sich an diese Grundregeln, die ich hier in tibetisch traditioneller Form gebracht habe, merkt man bald und mit steigender Freude, daß sie eine Hilfe sind, in der Praxis weiterzukommen, man fühlt, wie sich die positiven Eindrücke der Zuflucht verstärken bis man selbst eines Tages die unerschütterliche Zuflucht anderer geworden ist.

In Verbindung mit der Zuflucht gab uns Karmapa - ohne daß wir es wußten - auch noch einige Laiengelübde. Sie zielen auf allgemeine Lebenssituationen und sie abzulegen bedeutet, daß hiernach unsere Bemühungen, jene Dinge zu vermeiden, die besonders offensichtlich zu Leid führen, durch die Kraft der Buddhas verstärkt werden. Folgende Verhaltensweisen sind unbedingt zu vermeiden, will man die Gelübde nicht brechen::

1. Absichtliches Töten von Menschen.

2. Stehlen, d.h., bewußt - mit der Absicht zu stehlen - nehmen, was einem nicht gegeben wurde.

3. Absichtliches Lügen indem man sich meditativer Erfahrungen rühmt, die man nicht gehabt hat; das kann andere irreführen und ist

sehr gefährlich. Grobe Lügen, durch die man bewußt anderen Wesen schadet.

4. Rauschmittel nehmen

5. Anderen sexuell Leid zufügen, indem man zum Beispiel eine intakte Beziehung zwischen anderen Menschen zerstört; alle extremen Praktiken, die zu Gefühlen der Trennung und nicht der Einheit führen.

Was Zuflucht und Gelübde wirklich bedeuten, versteht man erst über die Jahre; daß sie jedoch eine positive Wirkung haben, spürten wir sofort. Durch die Zuflucht nimmt man mit der erleuchtenden Kraft aller Buddhas Kontakt auf, und durch die Gelübde werden Knoten im Geist und sehr viel Karma aufgelöst, man wird zu einem Kanal für die Energien der Buddhas und kann damit mehr für andere tun.

Dieser Vollmond war ein besonderer Tag, nicht nur für uns, sondern auch für das Kloster. Er markierte nämlich das Ende der sechswöchigen Yarne-Zurückziehung, die während der Regenzeit stattfindet und in der die Lamas und Mönche den ganzen Tag meditieren. Nach dem Abschluß der Zurückziehung werden rituelle Tänze aufgeführt.

Schon früh morgens hörte man die meterlangen Hörner dröhnen. Neugierig liefen wir vom Gästehaus hinüber zum Kloster, um zu sehen, was jetzt los war. Es war immer spannend: Im geschlossenen Hof um das Kloster sahen wir eine Prozession von Mönchen mit ihren besten Roben und den traditionellen gold-roten Hüten der Kagyüpa-Schule das Kloster umwandeln. Obwohl sie offensichtlich ihr allerbestes Gewand trugen, machten sie nicht die Friedhofsmienen, die wir aus Prozessionen im Westen kennen, sondern hatten Spaß, lachten, sprachen miteinander und nickten ihren Freunden und Familienangehörigen zu, die jetzt aus der ganzen Gegend zusammengelaufen kamen. Die Energien, die sie während ihrer sechswöchigen Meditation aufgebaut hatten, strahlten jetzt noch kräftiger von ihnen aus als sonst und übertrugen sich auf die Umstehenden. In der Luft hing der angenehme Rauch von brennenden Wacholderzweigen, der von den tiefhängenden Wolken aufgenommen wurde. Der Monsun war noch nicht vorbei, und wir dachten daran, daß sie gerade jetzt, wo die

Tänze aufgeführt werden sollten, Regen am wenigsten gebrauchen konnten.

Über einer höher gelegenen flachen Grasebene hinter dem Kloster, wo jetzt das Nalanda Institut steht, war ein weißes, mit den tibetischen Glückssymbolen geschmücktes Zeltdach aufgespannt worden. An einer Seite des Platzes und etwas erhöht stand ein kleineres, nach vorne offenes Zelt, von dem aus man einen freien Blick über den Platz und zum Kloster hinüber hatte. Für einige Augenblicke sah man sogar den schneebedeckten Nathula Paß und die Berge Tibets 20 km nördlich. Nachdem die Prozession dreimal das Kloster umwandelt hatte, zog sie zu diesem Platz hinüber. Der Karmapa und die hohen Tulkus nahmen in dem kleinen Zelt Platz, und die übrigen Lamas, Mönche und Laien scharten sich im Kreis um den Tanzplatz. Wir suchten uns einen Platz ganz nahe beim Karmapa, von dem aus wir ab und zu sein Gesicht sehen und sein mitreißendes, riesiges, scheinbar aus seinem tiefsten Inneren hervorbrechendes Lachen hören konnten, das im Verlauf dieses Tages immer wieder über den Platz schallte. Von allen Lamas, die wir über die Jahre kennengelernt haben, strahlt der Karmapa am deutlichsten die Freude der Erleuchtung aus, sie ist untrennbar von ihm.

Obwohl die Wolken so aussahen, als würden sie jeden Moment bersten, fing es erstaunlicherweise nicht an zu regnen, und die Tanzspiele, die so viel von der Lehre Buddhas zeigen, begannen. Das erste Spiel hatte der junge Schamar Rinpotsche verfaßt, der eine Emanation vom Buddha des Grenzenlosen Lichtes, Öpame (skr.:Amitabha; jap.: Amida), ist. Schamar Rinpotsche ist ein perfektes Beispiel dafür, wie stark ein erleuchteter Geist sich auf die vererbte Genstruktur auswirken kann. Er hat ganz ähnliche Gesichtszüge wie die aus meditativen Zuständen heraus spontan entstandenen Abbildungen des Amitabha-Buddha aus allen Kulturen und zu allen Zeiten, während die anderen Mitglieder seiner Familie recht verschiedene Gesichtszüge haben. - Das Stück zeigte die Erfahrungen eines unerleuchteten Bewußtseins im Bardo, dem Zustand kurz nach dem Tod, in dem sich der Geist von dem Körper gelöst, aber noch keine neue Geburt angenommen hat. Was einem unerleuchteten Bewußtsein im Bardo widerfährt, wird im "Bardo Thödröl", dem berühmten "Totenbuch der Tibeter", wie in mehreren meiner Büchern beschrieben.

58. und 59. S.H. Karmapa

Der Tanz zeigte, wie während des Lebens gespeichertes Material durch das Fehlen neuer Sinneseindrücke nach dem Tod in Form von starken Träumen lebendig wird. Da der Geist diese für wirklich hält, erfährt er je nach Art der hervortretenden Eindrücke höllische oder himmlische Zustände, die sich innerhalb von sieben Wochen strukturieren und zu einer neuen Geburt führen. Solange er sich (wie auch während seines Lebens in einem Körper) mit den sich ständig verändernden Geisteszuständen identifiziert und nicht mit der offenen, klaren Unbegrenztheit unserer Buddha-Natur, aus der furchtlos alle Freude und alles Mitgefühl entstehen, gehen diese bedingten Zustände weiter. Für den weniger philosophischen Zuschauer zeigte der Tanz vor allem, wie sehr es sich lohnt, die positiven Handlungen zu setzen, die hier als freundliche weiße Gestalten auftreten, und die Ursachen für schlechtes Gewissen zu vermeiden, das im Tanz durch schreckliche dunkle Gestalten repräsentiert wurde.

Der nächste Tanz war uralt und drehte sich um einen König - vielleicht eine frühere Inkarnation des Buddha -, der Frau und Besitz an alle Wesen verschenkte. Nach einigen ausgedehnten dramatischen Gesangspassagen, die wir nicht verstanden, fing ich an zu denken, daß sicher auch die Königen froh war, davonzukommen und dieser Tanz kam uns fürchterlich lang vor, und wir konzentrierten uns lieber auf den Karmapa und die um ihn versammelten Tulkus. Nachmittags konnten wir schon das wenige, was wir über die Lehre wußten, an eine Gruppe Italiener, die auf einer teuren Touristenreise waren, weitergeben. Es war interessant zu sehen, wie groß und stark selbst kleine Südeuropäer neben Nepalesen und Zentraltibetern aussehen, aber auch, wie unausgegoren und individuell unterschiedlich wir in der Gesellschaft wirken. Es war das erste Mal, wo ich Westlern buddhistische Bräuche nahebrachte und ich hatte das Gefühl, etwas unendlich Wichtiges zu übertragen, was seit dieser Zeit ständig wachsende Intensität in mein Leben bringt und nicht wieder aufhören kann. Es gelang, die Botschaft kam durch, und die Touristen gingen zu Karmapa, um seinen Segen zu bekommen. Auch der wirkte, und es war schön zu sehen, wie der Karmapa sich freute. Er wünschte ganz deutlich, verstanden zu werden und eine Brücke zwischen Ost und West zu schlagen. Die Einsicht traf uns wie ein Blitz und verließ uns nicht wieder. Die Aufgabe war groß genug, um im Zentrum unseres Lebens stehen zu können.

60. S.H. Karmapa

61. S.H. Karmapa mit den
vier Kagyü-Linienhaltern

Als die Tänze dieses Tages beendet waren - und der Regen noch nicht begonnen hatte - zeigten die Laien des Klosters, was sie konnten. Es geschah spontan und zum Spaß aller und ich sollte auch etwas zeigen. Obwohl ich wie die meisten meiner Klassenkameraden während des Turnunterrichts etwas Spannenderes zu tun hatte, entdeckte ich zu meinem Erstaunen, daß Hoch- und Kraftsprünge immer noch ganz gut in meinen Knochen saßen, Übungen, die sie niemals vorher gesehen hatten. Das gab mehr Nahrung als die Geschichten, die uns aus Nepal gefolgt waren, und so wurde ich, der ich nach Gesichtsform und Statur einem Mann aus dem Stamm der osttibetischen Krieger so sehr glich, auch hier bald "Khampa" genannt. Ich mußte nun täglich viele Male die Arme beugen und die Härte meiner Muskeln demonstrieren - viel mehr gab es wohl auch nicht zu loben.

In einer Pause zwischen den Tänzen brachte jemand ein Transistorradio, ein Geschenk des bhutanesischen Königs an den Karmapa, das repariert werden sollte. So wie wir im Westen dazu neigen, allen Tibetern besondere meditative Fähigkeiten zuzuschreiben, die sie gar nicht haben, so erwarten die Tibeter von uns Vertretern der hochtechnisierten Welt besondere technische Geschicklichkeit. Alle Augen richteten sich auf mich, als ich das Ding öffnete, und obwohl ich von elektrischen Dingen keine Ahnung habe, war deutlich zu sehen, daß die einschiebbare Antenne einen Draht im Inneren des Gerätes losgerissen hatte. Er war leicht zu befestigen, und als das Radio knatternd die lokalen Gewitter sendete, waren alle beeindruckt.

Auch Hannah und ich: es regnete - wider alle Regeln der Natur - einfach nicht. Erst als die Tänze beendet waren und die Prozession wieder ins Kloster einzog, fielen die Wolken herunter. Die Tänze dauerten drei Tage, und jedesmal wiederholte sich das gleiche: vor Beginn der Tänze hörte es auf zu regnen - und kaum waren die Zeremonien am Abend beendet, war alles wieder naß.

Als wir am Abend des dritten Tages so beiläufig wie möglich fragten, wie dieses Phänomen wohl zu erklären sei, war die Antwort einfach: "Das Wunschjuwel wünscht nicht, daß es während der Tänze regnet, und da drüben sitzen ein paar Mönche, verbrennen Räucherwerk und sagen Mantras".

Es war nicht das letzte Mal bei Karmapa, daß wir daran dachten, unser Schulgeld zurückzubekommen.

Die Straße nach Bhutan

Täglich strömten Menschen nach Rumtek, und der Karmapa vermittelte ihre Verbindung mit dem Erleuchtungsgeist durch die sehr stark wirkenden Kronzeremonien. Jeden Tag teilte er die offene, klare Unendlichkeit seines Geistes mit allen, die da waren oder an die wir dachten, und je offener wir für ihn wurden, desto mehr veränderte sich die Übertragung. Anfangs waren sie wie der plötzliche Blitzschlag einer intensiven, kaum zu verkraftenden Energie, die eher mich als Hannah körperlich schüttelte und uns beide in einem Zustand höchster Entspannung und Wonne zurückließ, aber nach und nach wurde das Gefühl schwebender und uferloser. Jede Zeremonie war eine neue Welt, brachte Zustände jenseits von Zeit und Raum, jenseits aller Beschreibungen.

Jetzt, wo wir dem Karmapa endlich wieder nahe waren, wollten wir ihn nicht wieder verlassen. So kam ich auf die Idee, sein Fahrer zu werden. Mit Autos kannte ich mich aus, vor allem wie man sie schnell und untraditionell von einer Stelle zur anderen bringt, und ich hoffte, dem Karmapa damit nutzen zu können. Außerdem dachten wir, daß die Inder Karmapas Fahrer nicht ausweisen würden. Normalerweise durften Ausländer nur wenige Tage in Sikkim bleiben, angeblich weil man zu nahe an der chinesischen Besatzungstruppen in Tibet ist, aber tatsächlich, weil Westbengalen kommunistisch ist, und die Bundesregierung ihnen die Touristengelder nicht gönnt.

Allmählich wurde es weniger wichtig, dem Karmapa physisch ganz nahe zu sein. Sein Kraftkreis war sowieso überall vorhanden und ließ alles heranreifen, was heranreifen sollte. So wurden wir weniger aufdringlich, vor allem als wir sahen, wie täglich ein ununterbrochener Strom von Menschen zu ihm kam. Mit grenzenloser Güte wandte er sich jeder Frage, jedem Problem und jeder Bitte ganz zu - auch wenn es sich um Dinge handelte, die in unseren Augen Zeitverschwendung waren. In der zeitlosen Perspektive gibt es da offensichtlich keinen Unterschied. Allein durch die täglichen Kronzeremonien gab der Karmapa so viel, daß wir uns ständig von seiner Kraft durchströmt fühlten, er war einfach ständig ganz da. Während ich ganz zufrieden war mit den Wundern und Segnungen, dachte Hannah immer öfter, daß es jetzt an der Zeit für Mittel wäre, um selbst mit dem Geist weiterzuarbeiten. Nun mußten wir auch selbst etwas tun.

Als wir den Karmapa fragten, wie der Weg weiterging, gab er uns drei starke Mantras, die wir so oft wie möglich wiederholen sollten. Das erste war das Mantra seiner zweiten Inkarnation, Karma Pakschi, das dessen gesamten Kraftkreis aktiviert. Das zweite das Mantra von Dordsche Pamo, der Weisheit aller Buddhas in roter, tanzender weiblicher Form, auf die auch Milarepa meditierte, und das dritte war das von Bernagtschen, der wichtigsten Schutzenergie der Karma-Kagyüpa-Linie. Alle drei Mantras sind Zugänge zu ungemein kraftvollen Aspekten des Buddha-Geistes, und der Karmapa sagte, diese Energiefelder würden uns jetzt ständig folgen.

Während der Tage in Rumtek bekamen wir ein Bild, wie das tägliche Leben dort ablief: Um drei oder vier Uhr morgens, sobald die Mönche erwachen, setzen sie sich zur Meditation nieder, jeder mit seiner eigenen Übung, über die er nun mit seinem Lehrer spricht. Gegen sechs Uhr scharren sie sich fröhlich zur dürftigen Morgenwäsche um den oft einzigen funktionierenden Wasserhahn, und danach frühstücken sie meistens allein in ihren Zellen. Sie machen tibetischen Tee mit Butter und Salz, den sie mit gestampftem Mais oder Reis vermischen. Hier in Rumtek aßen die Mönche meist den nur halb polierten "roten" Reis aus Bhutan - ein Geschenk des dortigen Königs - und waren deshalb gesünder als die Mönche in anderen Klöstern, die den ganz nährstoff- und vitaminlosen polierten Reis essen. Dennoch haben auch da um die 80% T.B., und es fehlt sowohl an Vitaminen als auch an Proteinen, ein Mißstand, der erst in den letzten Jahren teilweise behoben worden ist. Wenn ein Familienmitglied oder Freund großzügig war, gibt es auch Tsampa, ihre Lieblingsspeise.

Um sieben Uhr gibt es meist eine gemeinsame Meditation, bei der sie ihre gesammelten Energien zum Besten aller Lebewesen oder für einzelne einsetzen. Durch die Schwingungen von Mantras und die innere Schau der Buddha-Formen rufen sie die befreienden Kräfte herbei, und die Ergebnisse sind deutlich und kommen schnell. Auf Sanskrit heißt die Praxis Pudscha (auf Tibetisch: Tschöpa), was eigentlich Opferung bedeutet: alle Mittel, die ein Totalerlebnis ermöglichen, werden eingesetzt, wie z.B. Musikinstrumente, deren Klang den inneren Schwingungen unseres Körpers entspricht und sie durch Resonanz anregt. So löst sich der Geist von den ständigen Sinneseindrücken und erlebt eine Verschmelzung mit den Buddha-Energien in einem Zustand der Offenheit und Inspiration. Schafft man es, diese Musik unmittelbar zu erleben, führt das oft zu überzeugenden inneren Erlebnissen.

Während der Mittagspause hört man dann nicht Hörner und Trommeln, sondern die hellen Stimmen der Kinder, die im Chor buchstabieren lernen, während die größeren versuchen, die heiligen Texte auswendig zu lernen. Was sie hier lernen, ist die Grundlage ihrer späteren Erziehung, und die frühe Kenntnis der Lehren des Buddha scheint sich zu lohnen: Trotz der schlechten Lebensbedingungen sind sie fröhlicher und harmonischer als die meisten anderen Kinder. Am Nachmittag machen sie wieder eine gemeinsame Meditation, oder kümmern sich um die Arbeiten, die im Kloster zu erledigen sind, malen, machen Arznei und unterrichten. Wenn am Abend die Langhörner geblasen werden, ziehen sich die Yogis und Lamas wieder zu ihren individuellen Meditationen zurück.

Dieser Alltag wird ganz durcheinandergewirbelt, wenn ein großer Lama wie der Karmapa im Kloster ist. Dann gibt es dauernd Besuch, besondere Zeremonien und Einweihungsriten, und in solchen Zeiten wird die Fähigkeit der Tibeter zum Improvisieren besonders deutlich. Auch wenn schon alles zu einer ganz bestimmten Zeremonie vorbereitet ist, können sie nahtlos und ohne Zögern auf jede neu auftauchende Situation eingehen, alles wieder umwerfen und derart neu gestalten, daß jedermann das Gefühl hat, daß man auf seine Bedürfnisse eingegangen ist. Sie können sehr gut mit den Dimensionen von Zeit und Raum umgehen, können sie geschmeidig machen, weil so wenig starres "Ich-Gefühl" vorhanden ist, weil ihnen wenig vorgefaßte Meinungen im Wege stehen.

Was Zeit und Raum betraf, hätten Hannah und ich mehr Freiheit gebrauchen können. Während wir uns innerlich auf einen Daueraufenthalt beim Karmapa - am liebsten ein Leben lang - einstellten, glühten die Drähte aus dem Büro von Mr. Das, dem indischen "Political Officer" immer öfter. Er wollte uns so schnell wie möglich aus Sikkim heraushaben. Vor uns hatte noch kein Ausländer länger als sieben Tage bleiben dürfen, und schon nach drei Tagen mußte man um Verlängerung des Visums ersuchen. Wir befanden uns in einer Gegend nicht weit vom tibetischen Tschumbi-Tal entfernt, in dem es von chinesischen Soldaten nur so wimmelte, und wo noch vor kurzem Kämpfe stattgefunden hatten; deshalb waren die Inder besonders empfindlich. Unser alter Freund Doktor Dschigme versuchte, sich bei den Behörden für uns einzusetzen. Er sagte ihnen, daß der Karmapa nach Bhutan reisen würde, und daß wir dann mit ihm fahren könnten - was wirklich verabredet war. Wir hätten natürlich ebensogut auch auf die Behörden pfeifen können: wenn wir einfach länger geblieben wären, hätten sie uns nicht viel mehr tun können, als uns eines Tages hinauszuwerfen. Aber wir waren Gäste bei Flüchtlingen, die ohne wirkliche Rechte und in einer sehr empfindlichen Position im Machtbereich der Inder leben. Um unseren tibetischen Freunden Ärger zu ersparen, mußten wir schließlich zähneknirschend den Anordnungen des "Political Officers" folgen.

Es tat sehr weh, wieder vom Karmapa Abschied zu nehmen, wenn auch nur für einige Tage. Wir verstanden dies nicht gerade als eine Gelegenheit, Geduld zu üben und den Geist zu beobachten, ich schäumte vielmehr vor Wut über die indischen Behörden, die immer so unmöglich waren. Als wir uns auf dem obersten Stock vom Karmapa verabschiedeten, ging er auf unsere Gefühle ein und sagte: "Sie handeln aus Unwissenheit, indem sie Lehrer und Schüler trennen, und das führt zu Leid - aber sie wissen es nicht." Mit einem Lächeln, das uns direkt ins Herz traf, sagte er dann: "Nehmt mich als Beispiel; ich bete jeden Tag für Mao Tse Tung - er braucht wirklich Hilfe."

Wir hatten vereinbart, in Kalimpong auf den Karmapa und sein Gefolge zu warten, und von dort aus in einen seiner Wagen oder Laster nach Bhutan zu fahren. Dort sollten wir einen der begehrten bhutanesischen Pässe bekommen, mit denen man überall im Himalaja-Gebiet herumreisen kann, so daß wir dem Karmapa stets folgen könnten. In Rangpo, an der Grenze zwischen Sikkim und Indien, trafen wir dieselben Beamten wie auf der Hinfahrt, und es war zu spüren, daß ihnen unser langer Aufenthalt in Sikkim gar nicht lieb gewesen war. Kriegsdrohungen hingen in diesen Tagen in der Luft, und die Inder sind sehr empfindlich gegenüber Spionen - wie es die Leute vor allem in Ländern sind, in denen es absolut nichts zu spionieren gibt. Im strömenden Regen fuhren wir nicht - wie von uns erwartet - über die Tista-Brücke und ließen dort unsere Papiere stempeln, sondern den steilen Hang nach Kalimpong hinauf.

Kalimpong war bis zur Eroberung Tibets im Jahre 1959 die Stelle, wo sich Tibet, Nepal, Sikkim, Bhutan und Indien begegneten, um einander in Handel und Politik zu betrügen, und obwohl die Chinesen den Nathu-La-Paß nach Tibet jetzt dicht gemacht hatten, war Kalimpong noch immer der Ort im Himalaja, wo es am meisten zu sehen, hören, kaufen und erleben gab. Hier lebte auch der bereits erwähnte chinesische Yogi, der sich seit vierundzwanzig Jahren nicht mehr als sieben Schritte von seiner Wohnungstür entfernt hatte. Er hatte damals das Haus gewählt, weil es abseits des Ortes war, aber inzwischen lag es mitten in der Stadt. Er korrespondierte mit Menschen in aller Welt, und hatte selbst schon ein Büchlein herausgegeben. Von Nepal aus hatten wir ihm eine wieder aufladbare Taschenlampe und Bildbände mit den Schönheiten zukommen lassen, die uns Freunde aus Dänemark für ihn geschickt hatten. Während wir in Kalimpong auf den Karmapa warteten, wollten wir ihn besuchen.

Auf dem Weg dahin vermieden wir sowohl christliche Missionare als auch Maharischis, ebenso hartarbeitende Anhänger, und als wir in das gelbe Haus des Chinesen eintraten, fühlte ich mich seltsam an Singapur erinnert, wo ich dieser altchinesischen Atmosphäre zum ersten Mal begegnet war. Der chinesische Yogi war ein kleiner, runder und fröhlicher Mann von unbestimmbarem Alter - wir hörten später, daß er siebzig Jahre alt war. Er erzählte eine spannende und für uns sehr fremdartige Geschichte, während er in seinem Arbeitszimmer umherwanderte und alle möglichen selbst verfaßten Büchlein sammelte, um sie uns zu schenken. Darunter waren auch Geheimbelehrungen, die uns später sowohl manche Auskunft geben als uns auch verwirren sollten. Zwiespältig war auch das Beispiel, das er selbst gab: es war uns ein Beispiel für das, was sinnvoll ist - nämlich lange zu meditieren - aber auch für das, was zu vermeiden ist - nämlich schlecht über andere, auch über hohe Lamas zu reden. Er erzählte uns von seiner Mutter, der bei seiner Geburt vier Brüste gewachsen sein sollen, aus denen er gestillt wurde und sprach von seiner Jugend als Lehrer in China und von seinen Ahnungen eines frühen Todes. So hatte er sich zuerst den lebensverlängernden Praktiken des Taoismus gewidmet, kam dann auf die Spur der Lamas und ging nach Tibet, wo ihm das Mantra KARMAPA TSCHENNO das Leben rettete. Er sei da auch der Alexandra David Neel begegnet, einer Französin, die ganz früh dort herumreiste und einige theosophisch inspirierte Bücher über die magischen Aspekte des tibetischen Buddhismus geschrieben hat. Mit einem Achselzucken berichtete er, daß sie nicht bereit gewesen sei, mit den Yogis in den Bergen Vereinigungsmeditationen durchzuführen, obwohl das ihnen wie ihr selbst sehr auf dem Weg zur Befreiung geholfen hätte. Er erzählte auch, daß er selbst viele Jahre in einer Höhle in Tibet gelebt habe, und daß ihn damals die verschiedensten Dakinis (Frauen, deren innere Weisheit erweckt ist) besuchen kamen. Daß er etwas konnte, steht außer Zweifel, denn in der Todesschrift seiner Schüler aus Berkeley, Kalifornien, wo er 1988 starb, ist zu lesen, daß sein Penis noch acht Stunden nach dem Tod aufrechtstand.

Während wir uns noch mit ihm unterhielten - er sprach fließend Englisch und es war ein Vergnügen ihm zuzuhören - rief er einen Laufjungen herbei, der im besten indischen Stil vor seinem Fenster stand und den seltsamen Mann anstarrte. Er trug ihm auf, Momos zu besorgen. Momos kannten wir, das sind gedämpfte Teigkugeln mit einem Kern aus Hackfleisch, eine Lieblingsspeise der Tibeter. Wir waren jedoch - seit den Heilungen in Kopenhagen - schon drei Jahre Vegetarier, und da wir solche bleiben wollten, sagten wir ihm, daß Momos für uns nicht in Frage kämen. Wir riefen das Kind zurück, er sagte etwas anderes und schickte es wieder weg. Wir dachten, er hätte für uns nun Teigkugeln mit Käse bestellt, was auch möglich war, aber was ankam, war bestimmt aus Tieren hergestellt. Als wir ihm nochmals und etwas sauer sagten, daß wir kein Fleisch essen wollten, machte er eine große Geschichte daraus. Er hielt uns entgegen, daß Buddha selbst alles gegessen habe, was man ihm gab. Das war zweifellos richtig, und so gab es keinen Weg mehr um die Sache herum.

Wir erwarteten jetzt alles mögliche Schlechte, vor allem, daß die Streß-Hormone des sicherlich nicht vor Freude gestorbenen Tieres meine alte Streitlust wachrufen würden. Eine andere Möglichkeit war, daß die heilende Kraft unserer silbernen Armbänder verlorengehen würde - hatten wir doch erst wenige Stunden vor der ersten Heilung damals in Kopenhagen, von "Harald, dem Propheten" überzeugt, zwei Scheiben Schinken auf unserem Teller liegengelassen. Nachdem das erste Wunder geschah, wollten wir zuerst für einige Monate kein Fleisch mehr essen und hatten schließlich beschlossen, einfach Vegetarier zu bleiben. Auch unserer besonderen Schützerin, der weißen Tara gegenüber hatten wir ein schlechtes Gewissen. Zu unserer großen Verwunderung schien das Fleischessen jedoch keinerlei negative Folgen nach sich zu ziehen, weder innerlich noch äußerlich, außer daß unser Schlaf etwas tiefer und weniger bewußt war.

62. Die weiße Tara

63. Der chinesische Yogi Chen
in Kalimpong

In den folgenden Wochen lebten wir zwar wieder fleischlos, baten sogar den Karmapa, uns das Gelübde abzunehmen, kein Fleisch zu essen, doch das wollte er nicht. Heute essen wir, was uns angeboten wird, kaufen selbst so wenig Fleisch wie möglich und erlauben nicht, daß unseretwegen geschlachtet wird, denn dann wären wir die direkte Ursache der Tötung. Dem Bewußtsein der Tiere und Schlächter helfen wir durch gute Wünsche für ihre künftige Wiedergeburt und Mantras wie OM AMI DEWA HRIH. Sind noch nicht mehr als sieben Wochen seit dem Tod des Tieres vergangen, ist das von großem Nutzen.

In Kalimpong wohnten wir im Gompus-Hotel, an dem alle Ein- und Ausfahrtsstraßen der Stadt vorbeigehen. Außerdem hatten Taschi, der Besitzer, und seine Mutter gute Beziehungen in der ganzen Stadt, und so konnten sie uns mit allen Neuigkeiten versorgen. Taschi erzählte uns unter anderem von einem hundertjährigen mongolischen Lama, der auf einem Hügel oberhalb der Stadt lebte und besondere Heilkräfte besaß. Wir hätten ihn gerne besucht, ebenso wie die Höhlen in der Umgebung, in denen der große Heilige Padmasambhava meditiert hatte, aber die Wagenkolonne des Karmapa mußte nun jeden Moment auftauchen. Also saßen wir, versteckt vor der Polizei und mit gepackten Rucksäcken auf dem Sprung, um ihn nicht zu verpassen. Es wurde Mittag, und Karmapa war noch nicht da, - das war mehr als die übliche tibetische Verspätung. Schließlich versuchten wir - trotz der ganz geringen Aussichten durchzukommen -, nach Sikkim zu telefonieren und bekamen tatsächlich Anschluß nach Rumtek. Zu unserer großen Enttäuschung bestätigte uns Dschigmelas klare Stimme, was wir am Morgen schon gerüchteweise gehört, aber nicht geglaubt hatten: die Straße von Sikkim nach Kalimpong war wieder einmal vom Monsun unterspült worden und durch Bergrutsche unterbrochen. Um überhaupt nach Bhutan durchzukommen, war der Karmapa mit seinem Gefolge schon am Vortag über die höhergelegene Militärstraße abgereist und mußte jetzt bereits in Bhutan sein.

Es gab für uns nur einen Gedanken: dem Karmapa nach Bhutan nachzureisen, auch wenn wir wußten, daß Ausländern die Einreise nach Bhutan verboten war. In der Wagenkolonne des Karmapa hätte uns niemand aufgehalten; jetzt mußten wir versuchen, die Grenzposten irgendwie zu überlisten, - das konnte ganz spannend werden. Auf unseren kahlgeschorenen, mittlerweile gebräunten Köpfen war schon wieder etwas Haar gewachsen, und so sahen wir den Khampas dieser Gegend ziemlich ähnlich. Außerdem hatten wir für ein paar Mark tibetische Mäntel, sogenannte Tschubas gekauft, die von vielen Tibetern getragen werden. Ich mußte nur darauf achten, meine blauen Augen nicht sehen zu lassen, denn die hätten mich sofort verraten.

Als wir in den Bus nach Püntsogling, der Grenzstadt Bhutans stiegen, schaute uns der Fahrer lange an. Zum Glück war er Tibeter und als wir sagten, wem wir nachreisten, versprach er, uns den Grenzposten nicht zu verraten. Von einer Flora umgeben, die trotz des feuchten Klimas an eine Mittelmeerlandschaft erinnerte, fuhren wir auf malerischen Bergstraßen in die Ebene hinab, und dann immer weiter östlich am Fuß der Berge entlang durch endlose Teefelder, die von Akazienbäumen mit flachen Baumkronen überschattet wurden. Als wir zum ersten Kontrollposten gelangten, duckten wir uns hinter die Rückenlehne vor uns - wir hatten Plätze ganz hinten im Bus genommen. Die indischen Beamten warfen von der Tür aus nur einen Blick hinein und ließen uns dann passieren. Es war ein reines Geschenk.

Bei der zweiten Kontrolle jedoch wurde es gefährlicher. Die Zollbeamten stiegen in den Bus ein, und einer kam durch den Mittelgang langsam nach hinten. Wir machten uns so klein wie möglich, hielten die Köpfe gesenkt und fummelten an unseren Schuhen herum. Ich meinte den Atem des Zollbeamten im Nacken zu spüren, als er neben meinem Sitz stand, aber er schien sich nur für die Pakete im Gepäcknetz zu interessieren, und so fielen ihm unsere zu hellen und langen Köpfe nicht auf. Er machte kehrt, der Bus konnte passieren, und mit dem triumphierenden Gefühl, es nun geschafft zu haben, rollten wir über die Grenze nach Püntsogling hinein.

Es war zu spät, um noch weiter nach Thimpu zu kommen, die Busse fuhren nachts nicht. Noch dazu wußten wir, daß es auf dem Weg sieben Kontrollposten gab, und beschlossen daher, uns am nächsten Morgen die nötigen Papiere zu besorgen. Im Land, das dem Karmapa so große Verehrung entgegenbrachte, waren wir bereit, nach den Regeln zu spielen. Außerdem brauchten wir Ruhe: als wir die Grenze nach Bhutan überschritten, war offenbar sehr viel Karma herangereift und Hannah bekam sofort hohes Fieber. Wir fanden ein Schlaflager für die Nacht und lagen kurz danach unter unseren Moskitonetzen.

Mitten in der Nacht sah Hannah einen Mann, der unsere sonst wohlversteckten Rucksäcke ausräumte. Sie hatte sich den Grundsatz, niemals Schlechtes über andere Menschen zu denken, offenbar sehr verinnerlicht. Jedenfalls weckte sie mich nicht, was eine Menge schnelle Aktivität gebracht hätte, sondern sagte sich nur: "wie kann ich von einem Menschen denken, daß er uns bestehlen will" und hielt das Ganze für einen Fiebertraum. Am nächsten Morgen lag dann unser Zeug über das Zimmer verstreut - die Hälfte sogar draußen vor dem Fenster. Als wir alles wieder einsammelten, stellten wir verwundert fest, daß offenbar nichts fehlte. Selbst unsere teure Canon-Kamera und mehrere Farbfilme - in dieser Gegend sehr wertvolle Objekte - waren noch da. Nur zwei Dinge vermißten wir: ein Bild des Karmapa und ein Thangka von Dölkar, der Weißen Tara, die immer auf uns aufpaßt. Der Verlust von dem Bild war nicht so schlimm; wir hatten mehrere an Freunde im Westen geschickt, aber die Dölkar zu verlieren, war schade.

Dölkar ist eine Ausstrahlung von Tschenresi, dem Bodhisattva des Mitgefühls, der grenzenlosen Liebe des Raums, die in unserer Zeit besonders bedeutsam ist und deren Verkörperungen der Karmapa und der Dalai Lama sind. Die Dölkar-Form erscheint mit sieben Augen, welche ihre totale, hohe Empfindsamkeit für das Leiden aller Wesen zeigen. Die zusätzlichen Augen sind auf der Stirn, in den Handflächen und auf den Fußsohlen; ihre rechte Hand ist in der Geste des liebevollen Gebens ausgestreckt, während die Linke am Herzen eine Lotosblume hält, das Symbol der ursprünglichen Reinheit aller Dinge. Der Verlust des Thangkas tat uns besonders weh; obwohl sehr einfach und schnell hergestellt, war es eine sehr gute Arbeit eines alten Malers aus Rumtek, der langsam erblindete. Schon jetzt trug er zwei Brillen übereinander, und bald würde er nicht mehr malen können und nur noch die innere Schau und unzählige Schüler übrig haben. Andererseits konnten wir auf diesen seltsamen Dieb, Geheimpolizisten oder was es war, der nur die Heiligenbilder mitgenommen hatte, nicht recht sauer sein - wir fühlten, daß sie uns schon zum Karmapa in die Hauptstadt vorausgefahren waren.

Wir fragten uns durch zum S.D.O. des Ortes - vielleicht war er auch D.S.O., oder sogar ein O.D.S. Mit den Titeln, die die Insider nur in der Abkürzung gebrauchten, kamen wir nie klar, wohl vor allem, weil wir weder sie noch deren Trägern ernst nehmen konnten. Dieser Umstand führte zu kitzligen Situationen in einigen wichtigen Gesprächen, in denen wir schnell eine Beschreibung für den einen oder anderen meist übergewichtigen und nach Haarcreme duftenden Träger eines Titels finden mußten. Es war noch früh am Morgen, und so suchten wir den S.D.O. in seiner Privatwohnung auf. Wir freuten uns darauf, den Spaß mit ihm zu teilen, wie wir an den indischen Soldaten vorbeigekommen waren, und erwarteten, daß er uns dann mit Grüßen an den Karmapa und den nötigen Papieren, vielleicht im eigenen Jeep weiterschicken würde. Als sein verschlafenes Gesicht in der Tür seines Bungalows erschien, war das aber nicht sein erstes Angebot. Er starrte uns an, als kämen wir soeben vom Mond, und sagte dann: "Was macht ihr hier?".

Der S.D.O. sah nach einem Inder aus, was wir nicht erwartet hatten, aber da wir auf bhutanesischem Gebiet waren, probierten wir es dennoch: wir seien Schüler des Karmapa und hätten mit ihm reisen sollen. Wir hätten ihn in Kalimpong verpaßt, und nun wollten wir ihm nach Thimpu nachreisen. Wir seien zu ihm für die nötigen Passierscheine gekommen. Nachdem er seinen ersten Schrecken überwunden hatte, erwies sich der S.D.O. als ein sehr freundlicher Mann, der uns gerne geholfen hätte. Aber er sagte, er habe Instruktionen, keine Weißen hinauf in die Berge zu lassen, und daß wir vorerst in ein lokales Gefängnis gewandert wären, wenn man uns weiter oben geschnappt hätte. Er versprach, sich mit den Behörden in Thimpu in Verbindung zu setzen, was nicht leicht sein würde. Die ganze Regierung sei jetzt sicherlich um den Karmapa geschart und bis alles geklärt sei, sollten wir als Gäste des Staates im "Rest-House" oberhalb der Stadt wohnen. Wir bekamen ein schönes großes Zimmer mit gepflegtem Rasen vor dem Fenster und allem Komfort. Nepalesische Diener umsorgten uns und brachten uns drei fürstliche Mahlzeiten täglich, etwas was wir uns jahrelang nicht gegönnt hatten - doch trotz des Luxus fanden wir keine Ruhe.

Wir fühlten uns so sehr als Teil von Karmapa, und wußten, daß er in Thimpu täglich große und wichtige Einweihungen gab, während wir hier unten festsaßen und auf eine Antwort warteten. Diese Einweihungen zu versäumen war jetzt um so schmerzlicher, da wir mittlerweile einiges über die Bedeutung dieser Zeremonien gelernt hatten, die bisher hauptsächlich auf unterbewußter Ebene auf uns gewirkt hatten.

Was wir als "Einweihung" bezeichnen, heißt auf Tibetisch "Wang", also "Kraft(übertragung)". Hier aktiviert ein geistiger Lehrer, der früher selbst das Kraftfeld von einem der unzähligen Buddha-Aspekte übertragen bekam und die Verbindung lebendig hielt, diese Weisheitsenergie, um andere damit zu bereichern. Er vermittelt dadurch die Fähigkeit, alle Prozesse von Körper, Rede und Geist als grundlegend vollkommen zu erleben, bis man aus der reinen Ebene nicht mehr herausfällt.

Durch die Übertragung von Einsicht und Energie werden in unserem Geist so tiefwirkende Eindrücke und Energieformen gespeichert, daß Meditation während dieses Lebens zur Umwandlung aller bedingten Geistesprozesse in Erleuchtung führen. Auch wenn wir nicht in der Lage sind, jetzt viel zu tun, sind Einweihungen nicht vergeudet. Die Eindrücke werden dann in künftigen Lebenszeiten aus dem Unterbewußten aufsteigen, werden uns wieder in das Feld von befreienden Belehrungen führen und bleiben so unsere Helfer auf dem Weg zur Erleuchtung. Es kann also nur von Nutzen sein, an einer Einweihung teilzunehmen, wenn man bloß aufpaßt, nicht solche zu nehmen, mit denen Bedingungen verknüpft sind, die man nicht einhalten kann oder will. Man soll auch nicht die Einweihungslinien der verschiedenen Schulen vermischen, da dies zu Verwirrung führt. Ohne andere Schulen deshalb geringzuschätzen, ist es klug, an den Belehrungen der Linie festzuhalten, die einem am besten liegt.

Da saßen wir also von Dienern umgeben im "Rest-House", während täglich glückliche Eingeborene vorbeikamen, die auf dem Weg zum Karmapa in die Berge stoppten. Wir gaben ihnen Briefe an den Karmapa mit und versuchten immer wieder, irgendwas Offizielles in Thimpu anzurufen. Die Regierung hatte damals ganze drei Telephonnummern, und als wir endlich zum Ministerium für tibetische Flüchtlinge durchkamen, war die Leitung schon wieder unterbrochen.

Von Tag zu Tag wurden wir verbitterter - Hannah war traurig, ich zerbrach, was in meine Hände kam und war voller Galgenhumor. Unser Stolz wollte die Situation einfach nicht wahrhaben. Da saßen wir, die wir uns für ganz besondere, auserwählte Schüler des Karmapa hielten - auf dem Abstellgleis. Der Karmapa wollte offenbar nichts von uns wissen; es war nicht auszuhalten. Eine wochenlange Wanderung nach Thimpu zu unternehmen, war auch nicht möglich, denn das hätte dem freundlichen S.D.O die Arbeit gekostet. Nach einer Woche kam er, um uns zu sagen, daß er uns den Aufenthalt in Püntsogling nicht länger gestatten könnte. Wir müßten weiter in Indien warten.

Es gab nicht viele Möglichkeiten. Wir besaßen insgesamt noch etwa zwanzig Dollar, hatten weder ein Visum für Sikkim noch für Bhutan, und begrenzte Möglichkeiten für Nepal. Als wir völlig überladen aus Püntsogling hinaustapften, verdrehten sich die indischen Soldaten an der Grenze, die offiziell nichts von uns wußten, fast die Köpfe, um uns nicht zu sehen, aber in unserer pechschwarzen Laune war sogar das kaum komisch. Es war ein völliges Vakuum. Um die Kräfte, die uns bisher in ausweglosen Situationen immer beigestanden waren, zu provozieren, sagte ich: "Jetzt fahren wir zurück nach Dänemark. Es reicht mir!". Natürlich wollten wir nicht zurück nach Europa; Schließlich hatten wir noch nichts von dem erreicht, was wir uns vorgenommen hatten. Wir hatten noch keine Meditation, die automatische Entwicklung sicherte und hatten auch nicht das Gefühl, uns grundlegend geändert zu haben - von der erträumten "Erleuchtung" ganz zu schweigen. Aber wohin? Was blieb uns anderes übrig, als in Kopenhagen Geld zu verdienen, wenigsten für eine Zeit, ohne viel mehr weitergeben zu können als einige spannende Geschichten.

Während wir sauer an der Straße jenseits der Grenze standen, kam ein Luxusbus an, etwas Unfaßbares in dieser Umgebung. Er war mit einer Reisegruppe reicher Franzosen besetzt - wohlgepflegt und geschminkt, in modischer Kleidung und mit Schmuck behangen. Auf einer Rundfahrt von Kalkutta wollten sie mal eben einen Abstecher nach Bhutan machen. Die Inder an der Grenze, denen wir schon bunt genug gewesen waren, flippten über diese Invasion von einem anderen Stern ganz aus und zielten mit ihren Gewehren auf sie, während ich die Verwirrung nutzte, um zu fragen, ob wir ein Stück mitfahren könnten. Es waren nette Leute, diese Franzosen, einer sagte ja, und bald waren wir von der letzten Pop Art, von fröhlichem, zivilisiertem Geplauder und überdimensionalen Sonnenbrillen umgeben - und hätten uns eigentlich bei diesen Menschen, die so viel von dem repräsentierten, was unsere Kultur anstrebt, wohl fühlen müssen.

Aber als wir mehrere Stunden später an einem Bahnhof ausstiegen, von dem wir entweder über Delhi in den Westen oder nach Darjeeling fahren konnten, wußten wir wenigstens eines ganz sicher: zurück nach Europa wollten wir nicht.

64. Das Mandala des Achten Karmapa

174

Wir erwarteten Post in Darjeeling und wollten auch an meine Eltern schreiben. Sie faßten unsere Zeit im Osten als "Studienreisen" auf und waren bereit, uns das Geld zu schicken, das wir brauchten. Wir wollten sie jetzt um fünfzig Dollar im Monat bitten - für sie kein großer Betrag, und für uns genug, um auch etwas weitergeben zu können. Und es gab noch etwas, was uns nach Darjeeling zog. Hannah war plötzlich ein Gerücht wieder eingefallen, das uns bei einem Riesenfest bei Swayambhu zu Ohren gekommen war: In Sonada, in der Nähe von Darjeeling, sollte ein sehr hoher alter Lama leben, der als erster die traditionellen Belehrungen des Diamantweges an Westler weitergab. Sein Name, so hatten wir gehört, sei Kalu Rinpotsche.

Kalu Rinpotsche

In Darjeeling angekommen, zogen wir unsere feinsten Kleider an, die wir ständig in einer Plastiktüte dabeihatten und beantragten ein Studentenvisum. Die Leute im Büro, die von Hippies schon mehr als genug hatten, waren von unserem Auftreten - kurze Haare und Hannahs leuchtende Schönheit - offenbar erleichtert, und wir bekamen ohne Schwierigkeiten eine vorläufige Aufenthaltsgenehmigung. Da es wegen der versteinerten Bürokratie der Inder etwa ein Jahr dauern würde, bis sie merkten, daß sie uns in den verbotenen Gebieten doch nicht haben wollten, war erst einmal Zeit gewonnen.

Für etwa einen halben Dollar pro Tag fanden wir ein Zimmer in einer kleinen Pension, in der es tatsächlich spukte. Wir wollen in das Leben einer spiritistisch angehauchten Dame, die von der Zimmervermietung lebt, nicht eingreifen. Wir wollen nicht ihr Geschäft verderben und auch nicht die armen Geister zu Jagdobjekten von geistig Interessierten machen, indem wir hier Namen nennen - aber wenn jemand in einer der kleinen "Lodges" nahe dem Posthaus von Darjeeling sonderbare Dinge erlebt, dann ist er wohl in eben diesem Haus gelandet. Die Geister, die der Vermieterin folgen, sind nicht besonders böse. Sie fühlen sich eher verwirrt an - aber kräftig sind sie und sie können einem ganz schön auf die Nerven gehen. Sie fegten Freunden von uns beim Lesen das Buch unter der Nase weg - mehrere Male hintereinander - und dem Dr. Dschigme aus Rumtek, der auch eine Zeitlang hier wohnte, versetzten sie ständig Schläge in den Rücken, so daß er sich abends betrinken mußte, um einschlafen zu können. Wenn sie in der Nähe waren, bekam ich Gänsehaut, und der süße Druck im Kopf ließ nach. Sonst war alles wie üblich, und die Hexe selbst war eine Festvorstellung.

Während wir in dieser Umgebung auf Geld und Nachrichten von Karmapa warteten, beschlossen wir eines Tages, Kalu Rinpotsche zu besuchen. Mit einem Amerikaner aus der Pension, der schon einmal dort gewesen war, gingen wir die 14 km bei schönstem Wetter. Auf der Strecke nach Ghoom in 2500 Meter Höhe lag das unbeschreibliche Katschendschunga-Bergmassiv rechts hinten, und dann hatten wir den Blick über die Vorberge und das Flachland. Die letzten 8 km nach Sonada ging es bergab, bis zum Kloster von Kalu Rinpotsche.

Das war damals eine dürftige Gruppe von Holzhäusern, die auf einem Hang in etwa 2 km Höhe angebracht waren: der erste, dem wir begegneten war Gyaltsen, ein gutaussehender junger Tibeter, der uns zu Kalu Rinpotsche führte und für uns übersetzte. Er brachte uns in einen länglichen, holzgetäfelten Raum. Und dort, an der Stirnseite des Zimmers, auf einem Bett hinter einem niedrigen Holztischchen, saß ein schmächtiger alter Mann mit einem Gesicht, das man sein Leben lang nicht vergißt, wenn man das Glück hatte, es einmal zu sehen: der hohe Lama Kalu Rinpotsche. Obwohl dieser alte Herr auf den ersten Blick in seinen rotbraunen Gewändern fast zu verschwinden scheint, strahlt er doch eine große Kraft aus, ist zäher und kräftiger als mancher junge Lama, was wir später bei vielen Gelegenheiten, als wir ihn durch Europa fuhren und bei vielen Begegnungen überall auf der Welt, sehen sollten. Wir verbeugten uns vor ihm, wie wir es gelernt hatten, - auch wenn es sich noch etwas komisch anfühlte, taten wir es doch, um Rumtek zu ehren und unsere gute Kinderstube zu zeigen.

Kalu Rinpotsche empfing uns sehr freundlich. Er ließ einen Schulatlas bringen und ich zeigte wie immer in den warmen Ländern, sowohl Dänemark als auch Grönland, war aber ehrlich genug um zu sagen, daß die Menschen auf dem kleinen grünem Fleck wohnten und der große weiße meistens Eis sei und erzählte wieder von der Kraft und der Härte der Dänen. Er wollte von unseren Erfahrungen seit unserer ersten Begegnung mit den Lamas hören und vor allem, wo S.H. der Karmapa jetzt war. Als er fragte, wie lange wir bleiben wollten, antworteten wir: "Wenigstens so lange, bis der Karmapa aus Bhutan zurückkommt". "Gut", sagte er, "dann könnt ihr hier bleiben und mit den anderen lernen. Mein Neffe Gyaltsen", und damit wies er auf den jungen Tibeter, der für ihn dolmetschte, "wird euch sagen, wo ihr wohnen könnt".

Als wir wieder draußen waren, erzählte Gyaltsen von Sue und Richard, die in einem großen Haus in der Nähe wohnten, in dem sicherlich noch Platz sei. Wir hatten zuerst nicht viel Lust, nach Sonada zu ziehen, denn der Ort bestand aus einer löchrigen Straße zwischen langweiligen Holzhäusern und es sah aus, als sei alles von Kohlenstaub bedeckt. Der fantastische Blick auf den Katschendschunga fehlte auch, und da der Ort vor dem Paß lag, war er ständig in Wolken eingehüllt. Darüberhinaus gefiel uns das ständige Pfeifen des Miniaturzuges, der sehr oft vorbeifuhr, überhaupt nicht. Am schlimmsten war aber, daß wir so von Mr. Singh im einzigen vertrauenerweckenden Posthaus Indiens entfernt waren. Außerdem hatte es die Polizei nicht gerne, wenn sich die Leute aus dem Westen zu sehr mit den Lamas und dem Buddhismus beschäftigten. Die Behörden wollten Touristen, die sich dementsprechend benahmen und gaben keine Visaverlängerung, wenn man ihrem Weltbild nicht entsprach. Aber da Kalu Rinpotsche uns dazu aufgefordert hatte, und wir bald spürten, daß die Spukerei in unserer Lodge unsere Meditation und die Verbindung mit dem Karmapa beeinträchtigte, zogen wir dann doch nach Sonada hinunter. Den Behörden zuliebe blieben wir allerdings in der Lodge in Darjeeling gemeldet.

Zusammen mit einer kleinen Schar von Amerikanern und Kanadiern - fünf bis sechs wohnten fest dort, die anderen waren auf der Durchreise - gingen wir zu den ersten Belehrungen in dem holzgetäfelten Raum von Kalu Rinpotsche. Wir wunderten uns, daß außer Gyaltsen, dem Dolmetscher, keine Tibeter aus dem benachbarten Flüchtlingslager anwesend waren, auch keine Sherpa oder Tamang, die doch auch die Sprache verstanden. Wir hatten uns noch nicht an ihr Gemisch von Vertrauen in die Lehre und Desinteresse, selbst etwas zu lernen, gewöhnt.

Kalu Rinpotsche erzählte uns von der Hölle, das heißt gleich von einer ganzen Reihe von Höllen. Das war das absolut Letzte, was wir erwartet hatten. Hannah und ich hatten außer meist geschwänztem Religionsunterricht in der Schule keine christliche Erziehung bekommen, und waren froh darüber, von diesem Aberglauben an die Existenz einer Hölle frei zu sein. Wir hielten diese Lehre für einen unfeinen Trick, mit dem die schwachen Leute unterdrückt werden sollten. Wir hatten erwartet, profunde psychologische Belehrungen von Kalu Rinpotsche zu bekommen, ihn in der Luft herumschweben zu sehen oder die blitzartige Erleuchtung von ihm demonstriert zu bekommen. Und hier saß er vor uns, zeigte auf einer großen Karte Bilder von Wesen, die verbrannt, zersägt, zwischen Felsblöcken zermalmt wurden, oder die unter riesigen Eisbergen ganz schrecklich froren, und erzählte uns Gruselgeschichten von acht heißen und acht kalten Höllen, von einer "Nebenhölle" und einer "zeitweiligen" Hölle.

Es sollte Höllen geben, in denen die Wesen, nachdem sie sich gegenseitig auf unangenehmste Weise umgebracht hatten, durch einen kalten Wind zu neuem Leben erweckt wurden - nur um sich wieder

65. Kalu Rinpotsche

gegenseitig zu töten, zu neuem Leben erweckt zu werden und so weiter. In anderen Höllen sollten sie in Kessel mit siedendem Metall getaucht, zwischen Felsblöcken zerquetscht oder von Würmern zerfressen werden; eine Qual war ekliger, eine Hölle fürchterlicher als die andere. Und Kalu Rinpotsche behauptete noch, daß man leicht in diese Höllen fallen könne, wenn man sich nicht in acht nehme.

Das war doch wirklich ein starkes Stück. Wir hatten in mehreren westlichen Büchern gelesen, daß man nicht mehr auf die Stufe von Tieren, Geistern oder Höllenwesen zurückfallen könne, wenn man einmal eine menschliche Existenz erreicht hatte. Ich hielt Kalu Rinpotsche entgegen, was theosophisch-anthroposophisch inspirierte Quellen aussagen, eben daß negative Taten einen auf der erreichten Ebene festhalten, bis man sich weiterentwickelt, aber er antwortete nur: "Dies sind die Lehren des Buddha". Wir wohnten damals noch in Darjeeling, und als wir in einem ratternden, von Kohlenmonoxid erfüllten Jeep über den Paß bei Ghoom zurückfuhren, unterhielten wir uns über diesen alten Lama. Wir waren uns einig, daß seine mittelalterlichen Geschichten, die eher in ein Märchenbuch paßten, etwas zu exotisch waren. Und obwohl wir schon erfahren hatten, daß er unsere Gedanken wie ein offenes Buch las und deshalb wissen mußte, wie es um uns stand, dachten wir: "Na ja, vielleicht ist er schon ein bißchen alt...".

Am nächsten Tag dolmetschte Scherab Thartschen, ein Amerikaner aus einer sehr reichen Bank-Familie, der ein hervorragendes Tibetisch sprach; er und Gyaltsen wechselten sich als Übersetzer ab. Wir hatten mittlerweile großzügig die Peinlichkeiten vergessen und waren bereit, ihm wieder voll zuzuhören, wenn er uns jetzt Interessantes bieten würde, aber dann sprach Kalu Rinpotsche wieder von den Höllen. Er erzählte, wie sie erfahren werden, und wieviele Jahre man in den jeweiligen Zuständen verbringen muß - ein trockener Wust von astronomisch hohen Zahlen. Die Amerikaner und Kanadier - offenbar weniger aufrührerisch -, schien das nicht so auszuflippen wie Hannah und mich, sie saßen brav da und schrieben mit, während wir allmählich sauer wurden. Obwohl wir diesen alten Kämpfer - er stammte aus Osttibet, der Heimat der Khampa - mit seinem entwaffnenden Lächeln sehr, sehr mochten, fragten wir uns auf der Rückfahrt nach Darjeeling doch, ob diese Belehrung wirklich für uns geeignet wären.

66. Kalu Rinpotsche auf seinem Lieblingsplatz für Belehrungen

67. Sonada

Aber wir wollten ihm noch eine Chance geben, und so fuhren wir auch am nächsten Tag nach Sonada. Auch diesmal sprach er - wir konnten es kaum fassen - erneut von Höllen. Er zählte jetzt auf, welche Arten von Zorn und von schädlichen Handlungen die Wesen in die verschiedenen Höllen führen, und als er am vierten Tag wieder mit den Höllen anfing, hatte ich genug. Wir hatten jeden Tag eine unangenehme Fahrt von Darjeeling nach Sonada und zurück, in total überladenen Jeeps, in denen die Auspuffgase einen krank machten, die dauernd stehenbleiben und repariert werden mußten. Wegen dieser Beschwernisse, und vor allem, weil die Fahrten unser Geld schluckten, meinten wir, etwas Besseres verdient zu haben. "Das haben wir alles schon gehört", unterbrach ich Kalu Rinpotsche. Er sah mich mit seinem feinen, ironischen Lächeln an und erwiderte: "Das stimmt - aber habt ihr es auch begriffen?"

Das war also, was er erreichen wollte. Wir hatten von endlosem Leiden gehört, aber unsere Motivation hatte sich in diesen Tagen dadurch kaum geändert. Es war offenbar nicht mehr genug, durch lockeres Herumreisen und hier und da mitgenommene Einweihungen zu lernen. Jetzt kam eine Zeit gezielter Arbeit mit dem Geist. Eine Welle von Vertrauen zu Kalu Rinpotsche entstand in uns, in dem Wissen, daß er uns nicht das Ego schmieren, sondern uns unbestechlich das vermitteln würde, was nützlich war. Und so beschlossen wir, nach Sonada zu ziehen und ohne Vorbehalte an seinen Belehrungen teilzunehmen.

Nun, nachdem wir uns für Kalu Rinpotsche geöffnet hatten, wurden auch die Höllengeschichten verständlicher. Wenn wir Leuten aus Horrorzuständen geholfen hatten, beobachteten wir oft mit Verwunderung, was der Geist auf Trips zustandebringt, noch während er an den menschlichen Körper gebunden ist; wie er sich alles Mögliche als wirklich vorstellen und darunter leiden kann. Und war es bei Geisteskranken nicht ähnlich? Lebten nicht viele in der Hölle ihrer Ängste und Zweifel, die, so wie die gesamte Erfahrungswelt des unerleuchteten Geistes, keine reale Grundlage haben, die nichts als Projektionen sind und doch als wirklich empfunden werden, und Leid verursachen? Wir sahen auch ein, daß der populäre theosophisch-anthroposophische Glaube an eine ständige Höherentwicklung der Lebewesen die genetische Entwicklung der Körper mit den Erfahrungen des Geistes verwechselt. Daß der Geist der verschiedenen Lebewesen sich als "Ich-Illusion" im Moment der Befruchtung mit einem Körper verbindet, der zu seinen gespeicherten Eindrücken paßt, und dann die Welt erfährt, an die er gebunden ist. Das heißt aber nicht, daß der Geist, der Leerheit und Klarheit ist, etwa die "Form" des Körpers hat und nach der Trennung von einem Körper einen ähnlichen Körper finden muß. Nach dem Tod aus jeder bedingten Existenz werden die im Unterbewußten gespeicherten Eindrücke wieder lebendig. Die stärksten dieser Gefühle nehmen beim Fehlen neuer Eindrücke die Form eines beherrschenden Traums an, als die jetzt erfahrene der sechs Erlebniswelten. Der Prozeß ist ohne Anfang wie der Raum und erlebt sich als leidvoll und unfrei bis zur Erleuchtung.

So führt Stolz zum Erlebnis einer Götterwelt, Eifersucht in eine Halbgötterwelt, Begierde zum Erlebnis der Menschenwelt, Dummheit in die Tierwelt, Geiz zur Geisterwelt, und Haß und Zorn zur Erfahrung einer der 18 Höllenwelten, deren Einzelheiten uns eben so erbaut hatten.

Wir bekamen ein Zimmer im sogenannten "Crees House", einem riesigen Holzhaus im europäischen Stil auf dem Hang oberhalb von Sonada. Ein italienischer Millionär hatte es bauen lassen, weil er sich hier in der Höhenluft seine Tuberkulose auskurieren wollte, war aber gestorben, bevor er das Haus überhaupt gesehen hatte. Nun lebte die junge nepalesische Witwe eines englischen Priesters darin, zwischen zwei oder sogar drei Welten. Im Keller und in den Seitenflügeln des Hauses lebten ganz im traditionellen Stil ihre nepalesischen Verwandten. Bei diesen nepalesischen Großfamilien, in denen sich alle mit "Bruder" oder "Schwester" anredeten, war es nach der Stillzeit kaum festzustellen, welches Kind zu welcher Mutter gehörte, und ob sie selbst überhaupt bei den Vätern durchblickten. Alle liefen die ganze Zeit überall herum. Dann war da der Sohn des Priesters; mit der in Indien unvermeidbaren jahrelangen Verspätung, war er ein hoffnungsvoller Rockmusiker, und schließlich wohnte oben, in den besten Räumen, für fünf Mark monatlich, unsere recht ungewöhnliche Gruppe von westlichen Mantra-Murmlern.

Mittlerweile waren die ersten einhundertfünfzig Dollar von meinen Eltern angekommen, und da der Kurs auf dem freien Markt von Darjeeling nur neun Rupien pro Dollar, der in Kalkutta aber zwölf Rupien betrug - bei der Bank bekam man nur sechs - machten wir den ersten schnellen Kalkutta-Trip von Darjeeling aus, wobei wir, um Zeit zu sparen, den Nachtzug nahmen. Diese Abstecher nach Kalkutta, die wir in den kommenden Monaten öfters machten, erwiesen sich als eine wichtige Ergänzung zu den Belehrungen. Wenn wir aus aus der Freude und Stille, die Kalu Rinpotsche umgaben, in das überwältigende Leid dieser Riesenstadt kamen, wurde das Spiel der bedingten Welt besonders deutlich. Zu den Belehrungen zurückgekehrt, konnten wir nur bestätigen: "Ja, genau so geschehen die Dinge; das alles haben wir gesehen."

Es war möglich, genau zu planen. Wir zogen nach den Erklärungen über die Höllen ab, verpaßten ein paar Zeremonien und schafften eben die Hungergeister und Tiere. Die Hungergeister sind Wesen in Zuständen extremer Gier und Anhaftung. Von ihrer Habgier geplagt, schweifen sie jahrelang umher, ohne jemals Befriedigung zu finden. Ihre Wahrnehmungen sind gestört; einige erleben, daß alle Nahrung zu Feuer wird und brennt, während andere unter dem Wahn leiden, riesige Bäuche durch nadelöhr-große Münder füllen zu müssen. Es waren unschöne Beschreibungen à la Bosch und Breughel, ganz peinliche Zustände, aber nützlich, um auf unnütze Bedürfnisse aufmerksam zu werden. Die Wiedergeburt als Tier ist das Ergebnis von Dummheit, von "nicht-Verstehen-wollen". Die Haustiere leiden darunter, vom Menschen versklavt und geschlachtet zu werden, während die wilden Tiere sich gegenseitig jagen und auffressen. Die meisten von ihnen leben unter der Erde oder im Wasser, sind krank, verwirrt, oder voll Angst. Sie haben keine Möglichkeit, mit ihrem Geist zu arbeiten, keine Chance, sich zu befreien.

Diese drei - Höllenwesen, Hungergeister und Tiere - machen die drei "niederen Bereiche" aus, die automatisch aus negativen Handlungen und Motivationen entstehen, und der Buddha rät sehr, die Samen nicht zu säen, die in diese Bereiche führen. Hier ist wahrhaftig nichts Erstrebenswertes, man ist total gebunden und kann darin weder anderen noch sich selbst helfen.

"Auch in den drei höheren Welten, den sogenannten guten Wiedergeburten, wird Leid erlebt", erzählte Rinpotsche danach. Auch sie sind keine sichere Zuflucht. Wenn ein Gemisch von Begierde und gutem Karma zu einer Menschengeburt führt, folgen automatisch acht Arten von Unbehagen. Die vier direkten sind (1) das jetzt vergessene Leid der Geburt, (2) Krankheit, (3) Alter und (4) Tod. Die indirekten sind (1) von dem getrennt zu sein, was uns lieb ist, (2) dem nahe zu sein, was uns nicht gefällt, (3) das nicht zu erreichen, was wir wünschen und (4) auf das aufpassen zu müssen, was wir haben.

Langsam und sehr gründlich ging er auf jeden Punkt genau ein.

Auch die Götter und Halbgötter sind nicht zu beneiden. Die letzteren werden zwar aufgrund früherer guter Taten groß und schön geboren, finden aber wegen Eifersucht keine Ruhe und streiten sich ständig. Da sie meistens sehr zornig sterben, wird die nächste Geburt leidvoll.

Selbst die schönsten Zustände der bedingten Welt, die der Götter, sind keine Zuflucht, da der Geist noch an der Vorstellung eines "Ich" festhält. Zwar leben die Götter lange Zeit in herrlicher Umgebung und erfahren automatisch die Erfüllung ihrer Wünsche, Welten höchster Ästhetik und die Freiheit totaler Abstraktion, aber schließlich erschöpft sich das gute Karma, das sie in diesen Zustand geführt hat, und sie fallen in niedere Existenzen. Die noch vorhandenen Schleier des Geistes verdichten sich zu einer illusorischen Trennung von Subjekt und Objekt, von Ich und Du. Aus ihr entstehen störende Gefühle wie Anhaftung und Widerwillen, und es folgen negative Worte und Handlungen, die unangenehme Wirkungen mit sich führen - und schon steckt man im Leid. Da die intensiven Freuden der Götter diese nicht auf den Gedanken kommen lassen, jenseits ihrer persönlichen Begrenzung zu schauen und die letzten Illusionen aus dem Geist zu entfernen, sind die Wiedergeburten in niederen Bereichen unvermeidbar. Wenn sie auch sehr lange Zeit leben, so sind doch auch die Götter endlich - und es heißt, daß es kein größeres Leid gibt, als das eines sterbenden Gottes.

Dieses ganze Durcheinander der sechs Welten wird bis zur Erleuchtung erlebt und es gibt nur einen Zustand, der von Dauer und Bedeutung ist: den der Buddhas. Nur ein Ziel ist wirklich erstrebenswert: so weit zu kommen, daß eigene Probleme verschwinden und man als Bodhisattva allen Lebewesen wirklich helfen kann.

In meinem Büchlein "Dharma-Belehrungen" (Octopus Verlag) wird dieses Gebiet sehr viel ausführlicher behandelt.

Nach dieser wochenlangen Fahrt durch die schlichten Angebote der bedingten Existenz fing Kalu Rinpotsche dann an, uns zu erklären, in welch einmalig günstigen Umständen Menschen wie wir lebten. Achtzehn Bedingungen müssen vorhanden sein, sagte er, acht "unsichere" Zustände müssen vermieden werden, während fünf Bedingungen durch andere und fünf durch uns selbst zusammenkommen müssen. Er ging auf jeden dieser 18 Punkte genau ein und sagte dann: "Ihr erlebt sie hier und jetzt und es ist eine einmalige Chance". Daß es darum ging, Unwissenheit und Störgefühle zu entfernen, wurde in seiner Nähe zur Gewißheit. Die Vollkommenheit, von der er redete, und die er so selbstverständlich zeigte, wurde erreichbar. Er brachte es uns so nahe, daß sich sogar der Faulste inspiriert fühlen mußte.

Die nächsten Belehrungen über Vergänglichkeit machten das Vorherige dringlich. Hier erklärte er über Vergänglichkeit, über die Kürze des Lebens, die Gewißheit des Todes, und über den Zerfall aller Dinge und Zustände. Er machte auf die überall sichtbaren Zeichen der Veränderung und des Alterns aufmerksam, und nahm dabei oft den eigenen Körper als Beispiel. "In diesem Leben habt ihr die Gelegenheit, das zu finden, was nicht sterben oder verschwinden kann, eure eigene Buddha-Natur. Es ist etwas unendlich Kostbares, das Leben ist kurz, und ihr wißt nicht, wieviele unfreie Existenzen ihr erleben werdet, bis wieder einmal alle nötigen Bedingungen gegeben sind. Darum nutzt diese Gelegenheit, hier und jetzt."

Als dritten Punkt zeigte er, wie das Ziel erreicht wird, äußerlich durch die richtige Anwendung von Ursache und Wirkung und innerlich durch die Entwicklung von Mitgefühl und befreiender Weisheit und, auf geheimer Ebene, durch Meditation auf sehr tiefwirkende Buddha-Aspekte wie Karmapa, Mahakala, Tschenresi, das Mitgefühl aller Buddhas, und Dordsche Sempa, ihre reinigende Kraft.

Er gab das traditionelle "negative" System weiter, erklärte, wie sowohl die sechs störenden Gefühle als auch die zehn negativen Taten von Körper, Rede und Geist die Ursache aller Leiden sind und wiederholte dies, bis wir anfingen, uns selbst in diesem Licht zu sehen. Die sechs störenden Gefühle sind Zorn, Geiz, Stumpfsinn, Anhaftung, Eifersucht und Stolz. Was sie herbeiführen sind die drei schädliche Handlungen des Körpers, nämlich töten, stehlen und anderen sexuell Leid bringen; die vier schädlichen der Rede: lügen, um anderen zu schaden, grobe Rede, Verleumdung und unnützes Geschwätz und die drei des Geistes sind Haß, Neid und verkehrte Anschauungen. Gibt man diese auf, werden die entgegengesetzten Handlungen, Worte und Gedanken möglich, und aus dem Aufbau guter Eindrücke im Geist entstehen allmählich die befreienden Weisheiten.

Was Hannah und ich in Augenblicken ahnen konnten, aber fast sofort wieder vergaßen, war die Belehrung, daß alle bedingte Existenz leidvoll ist. Wir verstanden nicht, daß es aus der Sicht eines Buddhas gesagt wurde. Wir sind die glücklichsten Leute, die wir kennen, nur in spannenden Situationen und von tollen Freunden umgeben, und es war keine Peitsche hinter uns, sondern eine immer größer werdende Gelbe Rübe vorne, die unsere Arbeit mit dem Geist motivierte. Zu hören, daß sogar die höchsten und glücklichsten Zustände, die wir kannten, nur ein Schatten von der Vollkommenheit und Wonne der Erleuchtung ist, zersprengte alle Vorstellungen, war fast zu schön um wahr zu sein. "Bis ihr die erreicht habt", sagte Kalu Rinpotsche, "wird euer Geist immer von einem oder mehreren der folgenden drei Makel befleckt sein:

1. dem Leid des Leidens, bei dem sich Unangenehmes anhäuft, bis es zuviel wird.

2. dem Leid der Vergänglichkeit, welches darin besteht, daß sich alles wieder auflöst und vergeht.

3. dem ganz feinen Leid der Unwissenheit, daß wir nicht wissen, was wirklich geschieht."

Nur der Buddha-Zustand ist gänzlich ohne diese Makel.

Im Crees-House übten unsere amerikanischen Nachbarn Sue und Richard etwas, das aussah wie eine sonderbare Art von Gymnastik: sie berührten mit aneinandergelegten Händen Stirn, Kehle und Herzgegend, aber statt mit der Stirn den Boden zu berühren, was noch halbwegs zivilisiert war, rutschten sie in voller Länge nach vorne, bis die Hände sich vorne kurz berührten. Ohne einen Augenblick zu warten, standen sie dann auf und begannen das Ganze wieder von vorne. Der Kanadier Ken machte sie in der Tempelhalle, während andere ihre Zimmer bevorzugten, oft viele hundert Male am Tag. Keiner von ihnen hatte aber die Zeit, uns zu erklären, worum es dabei ging; alle waren zu sehr auf die eigene Praxis konzentriert, um den "Neuen" viel sagen zu können. So vergaßen wir also die Sache für einige Zeit, wenn ich mich auch rein sportlich von dieser Übung herausgefordert fühlte. Erst nach den Belehrungen über Ursache und Wirkung und den Leiden der bedingten Welt in all ihrer Vielfalt kam Kalu Rinpotsche zu dem Sinn der besonderen Gymnastik, die die anderen übten. Wie wir hörten, war es die erste Übung in der Vorschule des tibetischen Buddhismus, die aus einhunderttausend solchen Verbeugungen besteht. Außer blockierenden Stolz auszuräumen, hat sie eine unerhört starke Wirkung auf Körper, Rede und Geist. Sie läßt die Energiebahnen im Körper durchlässig werden, und den Geist sich immer wieder auf die Erleuchtung ausrichten. Obwohl die Übung "Bum" genannt wird, was auf tibetisch 100.000 heißt, macht man sie in der Tat 111.111 Mal.

Hannah wollte sofort mit dieser Übung beginnen, aber mein Stolz witterte die Gefahr und fand schnell eine Ausrede. "Wenn wir die Verbeugungen machen sollten, hätte der Karmapa das schon gesagt" - so meinte ich - "und wenn wir schon damit anfangen, sollten wir sie auch alle hintereinander machen. Es ist besser zu meditieren, bis wir wieder mit dem Karmapa zusammen sind".

Es war eine schlaue Weise, sie zu vermeiden. Schließlich dauert es, selbst wenn man die beachtliche Zahl von tausend Verbeugungen pro Tag absolviert, über drei Monate, bis man ganz fertig ist und so lange wollten wir auf keinen Fall in Sonada bleiben. Wir waren noch immer ganz auf den Karmapa ausgerichtet, und wenn wir auch froh waren, den Kalu Rinpotsche als Lehrer zu haben und ihn sehr liebten, so hielten wir doch Schichten der Hingabe ganz für den Karmapa frei, für den großen leuchtenden Buddha in unseren Herzen.

Es war jedoch nicht leicht, längere Zeit den Verbeugungen der anderen zuzuschauen, ohne sie selbst auszuprobieren, und so machte ich eines Tages - aus Neugier und von dem sportlichen Aspekt der ganzen Sache verlockt - einen Platz auf dem Boden unseres Zimmers frei. Wie ich es bei den anderen gesehen hatte, legte ich meinen Schlafsack als Polster für die Knie bereit, davor ein Kissen, das den Magen schützen sollte, und auf jeder Seite löchrige Socken, auf denen die Hände gleiten konnten. Da ich wie gesagt kein offizielles Verhältnis zu den Übungen wünschte, probierte ich sie heimlich, ohne daß mich jemand dabei sehen konnte. Als ich mit siebzehn Jahren als Austauschschüler in den USA gewesen war, hatte mir beim Rugby-Spielen das Hinausgleiten mit voller Kraft beim "Tackeln" immer eine besondere Freude bereitet und eine ähnliche Erfahrung fand ich hier wieder. Die Sache riß mich mit, und ich machte wohl 600-700 Verbeugungen. Dann glaubte ich zu wissen, wie es sich anfühlt, sprach mit niemandem darüber und vergaß die ganze Angelegenheit wieder. Doch als wir zur nächsten Belehrung erschienen, sagte Kalu Rinpotsche sofort und mit einem liebevollen Lächeln: "Wie gut, daß du jetzt die Verbeugungen machst. Sie sind ein sehr wichtiges Mittel, um alles Störende aus Körper, Rede und Geist zu entfernen". Er lobte mich sehr und auch die anderen Tibeter im Kloster begannen, mich zu loben und zu erzählen, wie nützlich diese Übung sei. Es war peinlich. Es wäre totale Sabotage der hart arbeitenden Westlergruppe gegenüber gewesen zu sagen, daß mein so viel gelobter Beginn nur ein Experiment gewesen war, das ich eigentlich nicht fortzusetzen beabsichtigte. Es gab keinen Weg mehr zurück, und so begannen Hannah und ich nun regelmäßig mit dreimal täglich zweihundert Verbeugungen - das ließ uns noch genug Zeit, auch andere Dinge zu tun und die spannenden Vorberge um Darjeeling zu erkunden, die von Indien administriert werden und zwischen Nepal, Bhutan und Sikkim eingeklemmt liegen.

Die Leute sagten, daß Kalu Rinpotsche nicht der einzige erleuchtete Lehrer in der Gegend sei. Auf dem bewaldeten Berghang oberhalb von Darjeeling wohnte Kandschur Rinpotsche, ein Schüler Karmapas aus Tibet und einer der höchsten Lehrer der Nyingmapa-Linie. Obwohl Hannah und ich immer den guten Instinkt hatten, bei einer Linie zu bleiben und die Belehrungen nicht zu vermischen (lieber eine Sache nicht verstehen, als zehn!), waren wir auch neugierig und auf Segensjagd und so gingen wir eines strahlenden Spätherbsttages durch strahlende Nadelwälder, um den Kandschur Rinpotsche zu besuchen.

Die Belehrungen der Nyingmapa-Schule, die mit Guru Rinpotsche um 750 nach Tibet kamen, sind ein Aspekt unserer Kagyü-Linie, - der andere ist, was Marpa um das Jahr 1000 nach Tibet brachte. Über die Jahrhunderte haben sich so die effektivsten Erleuchtungs-Methoden ergänzt, wie in meinem neuen, 1988 erschienen Mahamudra-Buch zu sehen ist.

Kandschur Rinpotsche wohnte in einem schönen großen Zement-Haus, das eben gebaut wurde, mit seiner inspirierenden Frau und seinen Tulku-Söhnen, umgeben von meist steinreichen französischen Schülern. Wir mußten zuerst an ein paar ungemütlich ausse-

68. Hannah in Sonada

69. Die Sonada-Dusche

henden Schäferhunden vorbei. Sie waren schlechter Laune, hatten erst vor kurzem - so hörten wir später - jemanden halb aufgefressen, aber keiner der westlichen Schüler schien helfen zu wollen. Sie waren, wie die meisten Schüler von Kalu Rinpotsche, offenbar zu sehr mit ihrer eigenen Entwicklung beschäftigt, um für andere etwas tun zu können, und noch einmal versprachen wir uns zähneknirschend eine Sache: Wenn wir später im Westen tibetische Zentren aufbauen würden - diese Atmosphäre würde wir niemals zulassen. Das ist ein Punkt, wo ich mit Freude jedem auf die Zehen trete. Sauer-sein, Egoismus und Gerüchteküche sind das Einzige, was wir uns überhaupt nicht leisten können - es ist direkter Verrat an Karmapas Geist.

Wir kamen an den Hunden vorbei und Kandschur Rinpotsche selbst war wunderbar. Er wanderte in Pantoffeln und langem Nachthemd im Haus umher, und auch seine Frau war sehr spannend. Es war unmöglich, nicht beide liebzuhaben. Der Rinpotsche setzte sich auf seinen Thron, stellte ein paar Fragen und ging dann in Vertiefung. Also meditierten auch wir, so gut es eben gelang - und plötzlich war es viel besser, als wir es normalerweise allein konnten. Wir sahen, hörten, empfanden und dachten nichts mehr, waren vollkommen "weg" und doch ganz klar. Als wir unser Tagesbewußtsein wiederfanden, waren mehrere Stunden vergangen und als wir auf den letzten Jeep nach Sonada sprangen, spürten wir noch deutlich seinen Segen in uns.

Als wir ihn auf unserer nächsten Himalaja-Fahrt wieder besuchten, geschah etwas Ähnliches. Er setzte sich vor uns auf einen Stuhl und sang das Mantra OM AH HUNG BENZA GURU PEMA SIDDHI HUNG. Wir sangen mit, und plötzlich strömten meine inneren Energien so stark auf, daß es mich schüttelte und zahllose Dimensionen sich öffneten. Voller Freude und Dankbarkeit lehnte ich meinen Kopf gegen seine Knie.

Er starb, während wir Mitte der 70er Jahre mit Karmapa in Genf waren. Wenige Tage bevor Karmapa selbst im November 1981 nahe Chicago starb, gab er Einzelheiten von der Wiedergeburt Kandschur Rinpotsches sowie von 20 anderen Meistern bekannt. In Tibet war Kandschur Rinpotsche erst ein Mönch des Karmapa in Tsurphu, hatte viel meditiert, eine weisheitsgebende Frau gefunden und so eine hohe Erleuchtungsstufe erlangt. Wenn der 17. Karmapa sich wieder offiziell zeigt, werden sie erneut viele Späße zu teilen haben.

Ein weiterer großer Lehrer der Nyingmapa-Schule, Tschadrel Rinpotsche, wohnt bei Ghoom, umgeben von großen schönen Stupas im alten Khadampa-Stil und hat ebenfalls in diesem Leben seine Stufe der Erleuchtung erlangt hat. Er steht Kalu Rinpotsche sehr nahe und ist für seine genaue Voraussagungen, die viele anziehen, sowie für seine harten praktischen Belehrungen berühmt. Er ließ einmal ein westliches Mädchen sechs Monate den Stall ausmisten, bevor sie eine Meditation von ihm bekam, und obwohl sie während der Zeit T.B. entwickelte, hielt sie durch. Wenn er Geld bekommt, fährt er oft hinunter nach Siliguri, kauft den Fischern möglichst viele Fische ab, spricht Mantras auf sie und läßt sie dann wieder schwimmen. Er ist Vegetarier, und als Schüler von Guru Rinpotsche betrachtet er Rauch in jeder Form - außer den von Räucherstäbchen - als super-schädlich: "Er hält alle Buddhas fern". Was den Genuß von Alkohol angeht, ist er nicht so streng; nur gelegentlich und in Maßen genossen, geht das. In Tibet besuchte er Stellen, an denen Padmasambhava und Milarepa meditiert hatten. Mit zwei Eseln, von denen einer seine Bücher und der andere seinen Proviant trug, zog er in den Bergen von Höhle zu Höhle, bis er eine befreite Ebene erlangte. Sein Segen ist sehr direkt und sein Beispiel ist - in einer Welt, wo nur wenige Praktizierende Mönch und Nonne werden wollen und auch das Vorbild des Familien-Stifters nicht so zieht - das eines buddhistischen Meisters. Inzwischen hat er in Nepal mit der großzügigen Hilfe der bhutanesischen Königin ein Zurückziehungs-Zentrum gegründet.

Das Oberhaupt der Nyingmapa-Schule war der 1987 in Frankreich verstorbene Düdschom Rinpotsche, einer der größten Lehrer überhaupt, der - wie der Karmapa auch - ständig von Anhängern und Hilfesuchenden umgeben war. Er wohnte meistens in Kalimpong und Nepal, kam aber immer öfter in den Westen, vor allem nach England, Frankreich und die USA. Wir hatten ihn schon in Kalimpong besuchen wollen und hörten jetzt, er sei in Darjeeling. Wir erwischten ihn am letzten Tag seines Aufenthalts. Düdschom Rinpotsche hatte sehr schweres Asthma, wodurch er zahlreichen Menschen viel schlechtes Karma abnahm, während seine Schwäche vielen anderen das gute Karma gab, ihm helfen zu können. Er stoppte uns, als wir uns verbeugen wollten und als wir ihn fragten, wie es ihm ginge, sagte er so einfach, daß sich für uns eine Welt von Klarheit öffnete: "elend". Er gab uns Päckchen mit Lama-Medizin, kleine unregelmäßige Brocken einer Kräuteressenz, die während langer Meditationen mit heilenden Kräften aufgeladen werden und einen ganz feinen, leichten Segen dazu.

Auf der Bergseite zwischen Darjeeling und Ghoom wohnten der Drugtschen Rinpotsche und der mittlerweile verstorbene Thugtse Rinpotsche, die zwischen Ladakh und Darjeeling pendelten und an beiden Orten wichtige Arbeit leisteten. Drugtschen Rinpotsche, damals ein strahlendes Kind, ist eine Inkarnation von Naropa, einem der großen indischen Vorväter der Kagyüpa-Linie. Auch ihren Segen nahmen wir gerne und schließlich wurden wir im historischen Bhutia Basti-Kloster nahe dem Tibeterviertel von Darjeeling mit den beiden hervorragenden Lamas Thubten und Lodrö befreundet, die damals das Kloster betreuten.

Bei all den Begegnungen und Segnungen vergaßen wir jedoch nicht, daß wir bei Kalu Rinpotsche in der Schule waren, daß wir nach seinem System lernten. Geschah es nicht indirekt, wie in unserem Fall, dann schickte der Karmapa neue Schüler direkt zu Kalu Rinpotsche, damit sie in die Grundlagen der Praxis eingeführt wurden. Seine traditionellen Belehrungen aus dem großen alten Kloster Osttibets sind das Fundament für die französischen Zentren, die er leitet und die anderen, die wir für den Karmapa zwischen Oslo und Athen, in Nordamerika, Ostasien und sogar in Südafrika und Rhodesien gegründet haben. Die Hauptpraxis ist bei uns die Karmapa-Meditation, während in den Zentren Kalu Rinpotsches das Schwergewicht auf die Tschenresi-Pudscha gelegt wird. In Karmapas Zentren herrscht auch Gleichberechtigung von Laien, Mönchen und Yogis, während bei Kalu Rinpotsche die Mönche das Sagen haben.

Obwohl wir bei Kalu Rinpotsche lernten und täglich unsere Verbeugungen machten, wollten wir doch nicht an seinen Einweihungen teilnehmen. Diese Kraftübertragungen wirken so stark und knüpfen ein so starkes Band zwischen Lehrer und Schüler, daß wir nur vom Karmapa Einweihungen nehmen wollten. Einmal verließen wir vor einer Öpame-Einweihung den Raum, was uns sehr unangenehm war. Er sah unsere Schwierigkeiten und eines Tages sagte er uns, daß der Karmapa bald vom östlichen in das westliche Bhutan fahren werde, und daß wir ihn bei dieser Gelegenheit fragen sollten, ob wir von anderen Lehrern Einweihungen nehmen könnten.

Das war das Beste, was wir jemals von ihm gehört hatten. Wir sprangen in die Luft vor Freude über die Aussicht, den Karmapa bald wiedersehen zu können, und sammelten in den kommenden Tagen eifrig Informationen über seine Pläne. Aus welchen Kanälen auch immer, einige Tibeter, oft die alten Kriegertypen, wußten stets, was der Karmapa gerade machte. Wir erfuhren, daß er innerhalb der nächsten Tage von Ost-Bhutan nach West-Bhutan reisen würde. Da die Straße zwischen dem westlichen und östlichen Landesteil damals noch nicht gebaut war, mußte er ein Stück durch Indien fahren. Weil es nur eine Straße gab, konnten wir ihn diesmal an der Stelle abfangen, wo wir in den Luxusbus eingestiegen waren. Wir bekamen die Papiere für Kalimpong ohne Schwierigkeiten und erinnerten uns mit Freude, daß es auf dem Weg von da bis zur bhutanesischen Grenze keine weiteren Kontrollen gab.

Diesmal verließen wir den Bus vor der Grenze, gingen zu den Grenzposten und fragten, ob wir hier auf den Karmapa warten dürften. Es waren zwar nicht die gleichen Genies wie beim letzten Mal, doch sie waren ebenso nervös und drohten, uns zu verhaften, wenn wir nicht schleunigst verschwänden. Sie hatten wohl Angst um ihre Stellung - und in Indien seine Arbeit zu verlieren, ist das Schlimmste überhaupt. Wir sagten ihrem Chef, daß wir Schüler des Karmapa seien, aber er glaubte es uns nicht. Da er offenbar etwas von Karma verstand, sagte er immer wieder: "So ein starkes karmisches Band bekommt man nicht in einem Leben".

Sicher war es ungewöhnlich, daß ein paar Europäer persönliche Schüler des von allen Tibetern so verehrten Karmapa, dem Meister aller Meister, sein sollten, aber er dachte nicht daran, daß manche der Leute mit weißen Gesichtern und großen Knochen, die im Osten aufkreuzten, in einem früheren Leben wohl da gelebt hatten, während jene Asiaten, die sich heute nicht nur wegen des Geldes zum Christentum hingezogen fühlen, sicher in früheren Leben in christlichen Kulturen Eindrücke sammelten. Der Lehrer erkennt zwar oft die Schüler wieder, es ist aber schlechter Stil, über Dinge zu reden, die mystisch und nicht nachzuerleben sind. Außerdem haben die Leute genug mit dem Ego aus diesem Leben zu tun und brauchen nicht noch andere dazu. Die Grenzposten waren nicht dankbar für diese Bereicherung ihrer Philosophie, und als sie aus Angst dabei waren, unberechenbar zu werden, mußten wir nochmals zurück.

Nach wenigen Metern auf der sandigen Straße wurden wir von einem bhutanesischen Jeep mitgenommen, der uns bis zum nächsten Dorf - immer noch im verbotenen Gebiet - brachte. Mit Freude sahen wir, daß nirgends eine Straße einmündete - der Karmapa würde also auch durch diesen Ort kommen müssen. Ganz schnell verließen wir die Hauptstraße, um von keinem Polizisten gesehen zu werden und suchten ein Quartier für die Nacht. Das Dorf schien tatsächlich nicht nur ohne neugierige Behörden zu sein, es war noch dazu der angenehmste Ort, den wir in Indien je erlebt haben: voll natürlicher und freundlicher Menschen mit offenen und direkten Schwingungen, mit denen man kommunizieren konnte, ohne pädagogisches Theater spielen zu müssen. Als wir nach einem Hotel fragten, führten uns einige ohne weiteres zu ihrem Tempel, wo man eine Schlafmatte ausrollte und uns für die Nacht einlud. Es gab in diesem Paradies sogar ein funktionierendes Telefon, und nachdem wir in Püntsogling angerufen und erfahren hatten, daß der Karmapa erst am nächsten Tag ankommen würde, kam uns diese Gastfreundschaft sehr gelegen.

Wir wohnten vor dem Altar und konnten beobachten, wie die Leute aus dem Ort den Gong vor dem Heiligtum schlugen, um den dort residierenden Gott zur Tat zu rufen, wie sie Opfer darbrachten und Wünsche vortrugen. Man brachte uns zu essen, und kurze Zeit später kamen einige Tamang, die der Herkunft nach Buddhisten sind, und luden uns ein, ihr Heiligtum zu segnen. Es war ein Moment, wo aus einer Handlung alles zu sehen war: Würden wir unsere Sachen mitnehmen oder hatten wir Vertrauen zu ihnen? Zum ersten und letzten Mal in Indien ließen wir das Gepäck zurück, und als wir nur das Wichtigste mitnahmen, was wir sowieso ständig in den Taschen hatten, spürten wir, daß sie froh waren.

Auf einem im Schatten breiter Baumkronen liegenden Weg führten uns die Tamang ein Stück aus der Stadt hinaus, und wir dachten: so schön muß Indien vor der Bevölkerungsexplosion gewesen sein. Der Tempel stand unweit der Stadt auf Pfählen, um Schlangen und Ratten fernzuhalten und der Tamang-Stil war unverkennbar. Überall in den Bergen und jetzt auch hier im Flachland sah man dieselben weißen Tschenresi-Formen mit viel zu großen Händen und Augen. Dazu gabe es die grob gearbeiteten Glocken und Dordsches, offenbar vom Dorfschmied hergestellt, der die Metalle nicht genug erhitzen konnte, um Unreinheiten wegzukriegen.

Offenbar verwendeten sie die Stelle nicht besonders oft, und wir hatten das Gefühl, daß ihre Praxis recht "feucht" war - mit viel Alkohol - und dennoch, wie überall, wo die Leute bloß an den Buddha denken, gab es gute Schwingungen. Ich segnete die Stelle, warf Reis und alle waren froh.

Am nächsten Morgen bezogen wir einen günstigen Posten, von dem aus wir die Straße beobachten konnten, ohne selbst sichtbar zu sein. Außerdem waren "tote Polizisten" (Holperstreifen) in die Straße eingebaut; die Wagenkolonne des Karmapa würde also ganz langsam fahren müssen.

Einige Stunden und viele Bananen später kam er dann tatsächlich an, im offenen Landrover mit 5-6 Autos im Gefolge. Wir sprangen vor das Auto, er ließ den verblüfften Fahrer anhalten und sagte eine Menge, während er uns ganz lange segnete. Ohne einen Augenblick zu verschwenden, ließ er uns in einen der Gepäckwagen verstauen. Ganz kurz danach waren wir in Bhutan.

In Püntsogling, wo die Autos vor dem Rasthaus parkten, angekommen, vermieden wir geschickt alle alten Freunde aus Rumtek und gingen gleich zum Karmapa; wir sahen kaum, daß viele Bhutanesen vor seinem Zimmer warteten und drängten uns hinein. Dies war der Augenblick, wo wir ihm unsere dänischen Pässe geben und dafür bhutanesische erhalten wollten. An eine Rückkehr nach Europa dachten wir nicht, wir wollten nur noch ihm nahe sein. Als der Karmapa die Pässe in seinen Händen hielt, sagte er: "Ihr habt Glück, ein Land zu haben und keine Flüchtlinge zu sein. Behaltet die Pässe, ihr werdet sie noch brauchen". Er wies auf zwei Stühle neben sich und forderte uns auf, uns dort hinzusetzen. Wir fühlten uns sonderbar dabei, irgendetwas stimmte nicht, obwohl wir zu beschäftigt mit unseren Gedanken waren, um zu wissen, was es war. Erst als ein kräftig gebauter Mann ins Zimmer kam, dessen Bild wir schon oft gesehen hatten, und sich vor dem Karmapa auf den Boden setzte, rutschten wir auch schnell auf den Fußboden hinunter: es war der König von Bhutan.

Spät am Abend wurde es möglich, den Karmapa noch einmal allein zu sehen und als wir in sein Zimmer traten, fielen wir vor Erstaunen fast wieder rückwärts hinaus: Der Raum wurde von keinerlei Lampe erhellt, aber es war durchflutet von einem gold-grünen Licht, das vom Karmapa selbst kam. Als wir uns so weit gefaßt hatten, um ihn über die Einweihungen bei Kalu Rinpotsche fragen zu können, sagte er: "Ihr Dummköpfe! Seht ihr nicht, daß Kalu Rinpotsche für mich arbeitet? Natürlich sollt ihr Einweihungen bei ihm nehmen. Geht nach Sonada zurück und macht dort die Vorschulung. Zwischendurch sollt ihr zu mir nach Rumtek kommen, so oft es möglich ist".

An diesem Abend wurden wir auch der königlichen Familie, die uns '79 und '87 ins Land einlud, vorgestellt - einige Mitglieder kannten wir schon aus Sikkim - und wir redeten länger mit Dschigmela, dem Neffen des Karmapa, der ihn heute in Europa offiziell vertritt. Er erzählte zu unserer Verwunderung, wie schnell viele Leute in Zurückziehungen die einhunderttausend Verbeugungen schaffen. Nach einer letzten Kronzeremonie für Hunderte von Bergbauern, die gekommen waren, war dann um drei Uhr morgens schon wieder Aufbruch. Diesmal auf dem Fahrersitz des Lasters, neben unserem alten Freund, dem Doktor, fuhren wir wieder nach Indien hinein. Da der Karmapa - um Stelle und Leute zu segnen, öfter anhalten mußte als wir, waren wir zuerst an der Tista-Brücke. Dort stiegen wir aus, und während der Laster nach Sikkim weiterfuhr, warteten wir, um den Karmapa noch einmal zu sehen und zu bitten, Photos und anderes zu segnen, was wir Freunden schicken wollten. Der Karmapa pustete im Vorbeifahren in die Tüte und war dann über die Brücke verschwunden.

Von Tista nahmen wir einen Jeep nach Darjeeling, stiegen bei Ghoom aus und fanden einen späten Laster nach Sonada. Jetzt erst gehörten wir dorthin. Der Karmapa hatte gesagt, wir sollten hier bleiben und lernen - und so kam es. Wir schraubten die Zahl der Verbeugungen erst auf zweitausend pro Tag hoch, und dann auf dreitausend. Das war ein Maximum, wenn man noch essen und die Dinge nah und fern in Gang halten wollte. Damals wie auch heute waren Briefe das große Anliegen, die Beschäftigung jeden Augenblicks, und wir schafften ständig mehr, da unser Schlafbedürfnis geringer und unsere allgemeine Konzentrationsfähigkeit stärker wurde. Der konstante Segen und die aufwärtsgehenden Bewegungen der Verbeugungen reinigten unsere Energiekanäle so sehr, daß wir nach 4-5 Stunden Schlaf frisch aufwachten. Da der Raum eiskalt war, war es gut, früh anzufangen und sich aufzuwärmen. Nach allen 111.111 Verbeugungen fühlten wir zu unserer Verwunderung, daß unsere Körper jetzt wirklich ein Geschenk geworden waren, ein frei einsetzbares Werkzeug. Keine harte Arbeit war seit dieser Zeit unangenehm.

Wie Hannah die Verbeugungen auch in diesem harten Tempo schaffte, war imponierend. Wir machten sie Seite an Seite. Zäh und fähig, die Dinge in Fluß zu halten, sorgte sie für ein konstantes Tempo, während ich zwischendurch manchmal spurtete und einige Verbeugungen extra machte, die wir nicht mitzählten.

Durch die Verbindung von der Aktivität des Körpers, der Rede und des Geistes ist es eine volle tantrische und transformierende Praxis. Große innere Veränderungen werden erlebt, und es gibt keine schnellere Weise, blockierte innere Kanäle zu reinigen und schiefe Energieströme auszurichten - die nach Jahren mit Drogen oder Trägheit entstehen - als diese Pferdekur. Es ist aber klug, so viel Vertrauen zu dieser uralten Praxis zu haben, daß man sie so ausführt, wie sie gegeben wird. Als ich sie "verbessern" wollte, indem ich etwas Hartes dorthin legte, wo meine Brust auf den Boden traf, bekam ich nicht nur einige spezielle Gefühle um das Herz, sondern auch eine gebrochene Rippe. Meine Brust tat sehr weh und ich mußte die letzten 30.000 Verbeugungen auf einer Hand machen, während ich mehr "au" als tibetisch sprach.

Durch die Übung kommt viel altes Karma hoch, und plötzlich, ohne daß ich zuerst wußte, was für ein Super-Segen das war, entstand Mahakalas großer Schwarzer Mantel vor mir, hing stundenlang da und blockierte die ganze Visualisierung. Die vielen Trips, Drogen und steifen Anschauungen, die meine inneren Kanäle verstopft hatten, riefen, während sie sich lösten und verschwanden, oft Zittern und Grimassen hervor. Und es war gut zu wissen, daß es eine Reinigung war, daß die Sachen auf dem Weg hinaus und nicht hinein waren. Die letzten zehntausend Verbeugungen machten wir mit 4000 täglich im Bhutia Basti-Kloster in Darjeeling vor der sehr heiligen, alten Guru Rinpotsche-Statue, während Lama Thubten und Lama Lodrö sowie die Familie von Dr. Dschigme für uns sorgten. Am Neujahrsmorgen des Jahres 1971 hatten wir die 111.111 Wiederholungen hinter uns - den ersten Teil der Vorschulung.

Wir kamen zurück nach Sonada zu einer Tschenresi-Einweihung, die Kalu Rinpotsche gab, die erste, die wir von ihm nahmen. Diese weiße, vierarmige Form des Tschenresi, ist die aktive Liebe aller Buddhas. Wir drängten uns ganz nach vorn und saßen Kalu Rinpotsche mit seinem wunderbar geschnittenen Gesicht direkt gegenüber. Sein Gesang und die Klänge seiner Ritualglocke und Trommel schienen von überall zu kommen, sein Gesicht verschwamm und nahm ständig andere Formen an, und schließlich sah ich deutlich den weißen, vier-armigen Buddha vor uns. Der Segen war enorm, und ich konnte hin-terher kaum aus dem Zimmer stolpern - es war eine Einweihung, die wir nie vergaßen.

Alle hatten viel Spaß an meiner "Verbesserung" der Verbeugun-gen, aber meine Rippe wurde trotz duftender Salben und Bäder nicht besser. Da ich diese Behinderung nicht lange akzeptieren konnte, und wir außerdem auf den Sonntagsmarkt in Kalimpong wollten, wo es noch alte tibetische Gegenstände zu kaufen gab, entschieden wir uns für eine schnelle Fahrt in die spannende Stadt und zu dem dort le-benden heilenden mongolischen Lama.

Taschi aus dem Gompus-Hotel, der unsere Auf und Nieder wäh-rend des letzten Besuchs mit uns geteilt hatte, wußte tatsächlich schon, wo wir gewesen waren. Offensichtlich waren wir bereits zu einem Teil des tibetischen Klatsch- und Informationssystems gewor-den. Was er aber nicht wußte, war, daß wir jetzt eine traditionelle Praxis ausübten und damit rechneten, die Vorschule zu beenden. Mit ihm liefen wir die lange Straße den Berg hinauf zu dem mongolischen Lama, kauften frisch gemahlenen Tsampa auf dem Weg und es war schön, zu spüren, wir die Steigung, die wir früher als beschwerlich empfunden hätten, nach den Verbeugungen ein reines Vergnügen war, wie fließend und mühelos unsere Körper jetzt funktionierten. Wir hatten einen sehr wichtigen Schritt hinter uns, nun arbeitete der Kör-per für den Geist, begrenzte nicht mehr dessen Freiheit und machte ihn nicht mehr faul.

Auf der Höhe angekommen, gingen wir an einer Steinmauer ne-ben einem kleinen Kloster entlang und kamen zu einer Reihe von Hütten aus grauen, unbehauenen Steinen. Wir folgten Taschi durch eine Tür, aber da wir aus der blendenden Sonne kamen, sahen wir zuerst nichts. Als sich unsere Augen an die Dunkelheit gewöhnt hat-ten, sahen wir am hinteren Ende des Raumes zwischen vielen Schach-teln und Kästchen einen liebevollen alten Mann sitzen, der uns deute-te, hereinzukommen. Wir verbeugten uns vor ihm, und er gab uns sei-nen Segen, auf die gleiche Art, wie es auch Tsetschu Rinpotsche oft tut: Er legte uns beide Hände an die Seiten des Kopfes und fuhr dann langsam zum Scheitel hinauf, während er alle guten Energien der Buddhas anrief. Wir schenkten ihm eine große Tüte Tsampa und etwas Geld; dann erzählten wir unsere Geschichte, und er seine.

Wie die meisten mongolischen Lamas, gehörte er zur Schule der Gelugpas, der "Tugendhaften", wie das Wort bedeutet. Sie ist die zuletzt entstandene Schule des tibetischen Buddhismus und hatte sich in Tibet vor allem der Gelehrsamkeit und Organisation gewidmet. Außer sich um Politik zu kümmern, hatten die Gelugpas riesige Klöster gebaut, so etwa die berühmten Universitäten von Lhasa - Sera, Drepung und Gaden -, in denen Tausende von Mönchen in klarem Denken und der Kunst des Debattierens geschult wurden.

Die Fähigkeit, Ursachen und nicht nur Wirkungen behandeln zu können, ist Tibets Geschenk an die Welt, gleich ob es - wie in Karmapas Kagyü-Linie, von innen durch Identifikation mit dem Meister, durch Meditation und Kraftübertragung geschieht, oder wie in der hier beschriebenen Schule von außen und durch Debatte und Gelehrtheit. Ob man den schnellen Transformationsweg der großen Hingabe oder den langsameren, soliden, wo man stufenweise weiterkommt - es ist Buddhas Gabe an uns alle.

Der alte Lama - Taschi sagte, er sei um die 100, wonach er bestimmt nicht aussah - war jedoch vom Typ her eher Yogi als Gelehrter, eher Spaß als Tugend. Seine Hauptpraxis war "Tschö", das völlige Abschneiden allen Anhaftens. Bei der Tschö-Praxis versetzt man sich durch das langsame Singen einer Reihe von Visualisierungen, und unterstützt durch den Gebrauch einer großen Handtrommel, einer Ritualglocke und einer Knochentrompete in einen tiefen meditativen Zustand. Dann ruft man Geister und andere Wesen, denen man etwas schuldig ist, herbei und gibt ihnen in der Vorstellung den eigenen Körper, während man seinen Geist zu seinem Lama schickt. Diese Übung wird in den alten Schulen des tibetischen Buddhismus verwendet und die Erfahrungen können sehr überzeugend sein. Die herbeigerufenen Energien werden zuerst nur in der Vorstellung erlebt, dann jedoch als wirklich, und wer das durchhält, kann später über vieles lachen, wovor sich andere fürchten. Die hohen Meister Tenga Rinpotsche und Gendün Rinpotsche haben diese Praxis schon in vielen Ländern gelehrt.

70. Am Eingang des Gompus-Hotels

71. Das Bhutia Basti Kloster

Der mongolische Lama bot an, uns Tschö zu lehren. Wir sollten bloß mit ihm sechs Monate auf den umliegenden Friedhöfen meditieren. Das war keine geringe Ehre, aber zuerst wollten wir die Vorschulung bei Kalu Rinpotsche zu Ende bringen. Wir hatten gesehen, wie stark der erste Teil wirkte und konnten die nächsten kaum erwarten. Wir wußten auch, daß man die Meditation nicht ändern kann bevor man denjenigen gefragt hat, der einen dabei leitet und erklärten daher, was und bei wem wir praktizierten. Bevor wir den Lama verließen, erzählte ich ihm von meiner Rippe, und auch er hatte Spaß an der Geschichte. Ich hatte die Idee aus einem der Büchlein des chinesischen Yogi in Kalimpong, den er allerdings nicht zu kennen schien, obwohl Taschi ihn gut kannte. - Die Fleischmomos damals waren aus seinem Hotel gekommen. Aus zwei kleinen Fläschchen schüttete mir der Yogi daraufhin etwas graues Pulver auf drei Stückchen Papier. Er faltete sie zusammen und sagte: "Diese beiden nimmst du in heißem Wasser morgen früh und übermorgen früh, und dieses mit lauwarmem am Abend dazwischen". Ich nahm die Medizin genau nach seinen Anweisungen, und spürte die angeknickte Rippe seither nie wieder. Ich weiß aber bis heute nicht, ob das Pulver wirkte oder ob die Heilung schon bei ihm auf dem Berg eintrat. Wahrscheinlich war es beides zusammen.

Kurz darauf mußten wir erneut nach Kalkutta. Die Beamten in Darjeeling konnten unsere Aufenthaltsgenehmigung nicht weiter verlängern, und so mußten wir zu ihren Vorgesetzten nach Kalkutta. Der junge wohlausgebildete Mann im Büro in Kalkutta war uns sympathisch und wir ihm, und er versprach, uns "oben" für eine Sechsmonate-Aufenthaltsgenehmigung zu empfehlen, die wir in 10 Tagen abholen könnten. Wie schon öfter schluckten sie unsere offizielle Begründung, Hannah habe sich in Nepal eine Dysenterie geholt und brauche jetzt den Aufenthalt in der gesunden Berggegend. Sie dachten wahrscheinlich, daß wir eine Art Missionare seien, aber da sie nichts gegen solche hatten, war es ihnen gleich. Hätten wir gesagt, was wir wirklich in Darjeeling wollten, dann hätten sie uns sofort hinausgeworfen, was sie regelmäßig mit weniger erfahrenen Freunden taten und einige Jahre später auch mit uns, als ihnen endlich aufging, was wir machten. Für sie sind Tibeter schmutzig und von niederer Kaste, Flüchtlinge, die vielleicht sogar heimlich für die Chinesen arbeiteten, und es paßte keineswegs in ihr Weltbild, daß weiße Nordeuropäer - ihr geheimes Ideal - kamen, um von den Niedrigsten in ihrem Land zu lernen. Die Vorstellungen der Leute auf den Kopf zu stellen, ist niemals eine beliebte Aktivität und so lernten wir schnell, Meditationsketten zu verstecken und das Hemd hochzuknüpfen, um unsere Segensbänder zu verbergen, bevor wir in ein Büro gingen.

Während wir auf unsere Papiere warteten, durften wir uns nicht in den Bergen sehen lassen, und so beschlossen wir, nach Puri zu fahren. Es ist eine Stadt an der Bucht von Bengalen, südlich von Kalkutta und keine schlechte Stelle für Westler.

Wir wählten Puri, weil sowohl Hippies als auch Touristen gut über diese Stadt redeten, und vor allem weil Joseph, der alte Diener von W. Y. Evans-Wentz noch dort lebte. Er hatte den Professor während der zwanziger Jahre in Sikkim betreut, als dieser von Lama Kazi Dawa Samdup als erster Westler die Texte erhielt, die er dann in seinen auch in deutscher Übersetzung erschienenen Büchern "Das tibetanische Totenbuch", "Der geheime Pfad der großen Befreiung", "Milarepa, Tibets großer Yogi" und "Yoga und Geheimlehren Tibets" veröffentlichte. "Yoga und die Geheimlehren Tibets" hatte uns vor allem im Gefängnis sehr viel bedeutet, und hier war nun die Möglichkeit, etwas über die erste Begegnung zweier Kulturen, die sich gegenseitig so brauchen und deren Ergänzung wir zu unserem Lebensziel gesetzt hatten, zu lernen. Auch heute noch betrachten wir seine direkten Übersetzungen als gut, obwohl das meiste nicht ohne eine Menge vorbereitender Übungen und Erklärungen zu verwenden ist, während seine Kommentare eher verwirrend sind, da sie die Fachsprachen mehrerer religiöser Systeme durcheinanderbringen. Alle Religionen, zumindest jene, die keine heiligen Kriege erlauben, sind in der Weise nützlich, daß sie den Wesen auf verschiedenen Ebenen dazu verhelfen, besser und mit Sinn zu leben und zu sterben. Wege und Ziel sind aber überall verschieden und man nutzt nur den Faulen und verliert jede Frische und Kraft, wenn man alles mischt.

In Puri lernten wir das lange 100-Silben Mantra auswendig und verbrachten einige angenehme Ferientage in einer Lodge am Strand, badeten in erstaunlich klarem Wasser und aßen wie die Mähdrescher, eine Spätfolge der Niederwerfungen. Wir wurden Freunde mit den Hippies, die dort in Scharen wohnten, holten einige von einem schlechten Trip herunter und es gelang, einige von ihnen für die Weisheit der Lamas zu interessieren - sie kamen uns später nach Sonada nachgereist. Jedesmal wenn ich jetzt von Karmapa und der Lehre sprach, spürte ich eine Kraft durch mich hindurchfließen. Die

Worte kamen ganz von selbst aus mir heraus. Tatsächlich sprachen wir kaum noch von Dingen, die nicht mit dem Dharma zu tun hatten; die große Kraft von Buddhas Lehre sammelte schon damals alle Energien auf einen Bewußtseinspunkt, wo die ständigen Wiederholungen von Mantras und die innere Schau die Unwissenheit und störende Gefühle automatisch wegbrannten. Wir spürten, daß wir uns jetzt wirklich änderten, daß ständig innerlich etwas geschah, daß wir aber erst am Anfang einer sehr langen Reise waren.

Als wir mit der neuen Erlaubnis in der Tasche nach Sonada zurückkehrten, gab es gute Neuigkeiten: Unser etwa vor zwei Monaten beantragtes und fast wieder vergessenes Visum für Sikkim war angekommen. Es kam gerade zur rechten Zeit, denn in wenigen Tagen sollte der Karmapa in Rumtek die große "Dölma Naldschorma"-Einweihung geben. Diese wichtige Einweihung, die der Karmapa in jeder seiner Inkarnationen nur wenige Male gibt, erstreckt sich über mehrere Tage und wird von anderen Einweihungen begleitet. Die meisten aus der Sonada-Gruppe waren schon abgereist und so packten wir schnell um und fuhren mit zwei australischen Freunden, die uns aus Puri gefolgt waren, sofort nach Sikkim. Die beiden hatten früher einmal ein Visum für Sikkim beantragt, das ihnen nun zugute kam. Wieder einmal paßte alles, was Verbindung zum Karmapa hat, und unsere Australier, die am Anfang nicht wußten, ob es mehr am Zufall oder an Ursache und Wirkung lag, verließen Rumtek mit der Überzeugung, daß wir unser eigenes Leben schaffen. Sie starteten später ein Zentrum in Australien.

Noch am selben Abend fuhren wir über die letzte Brücke nach Sikkim hinein und stiegen acht Kilometer vor Gangtok aus dem Jeep. Diesmal war das Wetter trocken und strahlend, und wir liefen die letzten 11 Kilometer auf dem schmalen Weg durch die terrassierten Reisfelder hinauf nach Rumtek. Als wir uns dem Kloster näherten, lagen überall auf der Straße und an den Hängen Kühe und Ziegen, die auf irgend etwas zu warten schienen. Mehrere hatten noch den Pflock um den Hals hängen, an dem sie angebunden gewesen waren. Im Kloster wimmelte es von Menschen. Aus den verschiedenen Flüchtlingslagern und Klöstern im Himalaja-Gebiet waren Hunderte von Tibetern und viele hohe Lamas zusammengekommen. Diesmal gab es nur einen Platz auf dem Boden im Gästehaus, keinen eigenen Raum wie üblich, und Yesche, der auch während des letzten Besuchs auf uns aufpaßte, zählte die Namen von einer langen Liste von Rinpotsches auf, während wir an den Türen im Gästehaus vorbeiliefen.

Am nächsten Morgen begannen die Vorbereitungen für die große Einweihung. Da wir Westler Gäste der Tibeter waren und die weiteste Reise hinter uns hatten - was in ihrer Kultur viel bedeutet -, durften wir ganz vorne sitzen, wo wir den Karmapa und die um ihn versammelten höchsten Lehrer gut sehen konnten. Was nun geschah, war fantastisch: nur begleitet von seiner Handtrommel und Glocke, ununterbrochen singend und meditierend, baute der Karmapa ein Kraftfeld um uns und um das ganze Kloster auf. Eine ähnlich starke Energie hatten wir bisher noch nicht gespürt. In den Gängen des Klosters liefen die Kühe und Ziegen umher, die wir gestern vom Weg schieben mußten. Es gab dort nichts zu fressen für sie - sie wurden offenbar nur zu dem Geschehen um den Karmapa hingezogen. Wir hörten, daß sich die Tiere oft bei großen Einweihungen losreißen, aus ihren Ställen ausrücken und im Kloster zusammenlaufen. Ihre Besitzer, die es inzwischen aufgegeben haben, sie sofort zurückzuholen, kommen nur noch, um zu fragen, wie lange es denn diesmal dauert. Wenn alles vorüber ist, laufen die Tiere von selbst zurück.

Abends gingen wir müde, aber voll innerer Kraft schlafen. Jeder hatte zwei gesegnete Grashalme mitbekommen, einen längeren und einen kürzeren. Den längeren sollten wir längs, in Körperrichtung unter unsere Matratze legen, und den kürzeren quer unter unser Kopfkissen, so daß die beiden Halme ein T bildeten. Dann sollten wir auf unsere Träume achten - was wir in dieser Nacht träumten, sollte von Bedeutung sein.

Ich hatte zwei sehr starke und deutliche Träume. Im ersten blätterte ich mit einem dänischen Freund einen Stapel sehr schöner Thangkas durch. Als ich zu dem Thangka des Schützers Mahakala kam, drückte ich das Bild an mich und sagte: "Den will ich haben!" - und es verschwand in mein Herz. Im zweiten Traum half ich einer älteren Tibeterin, die einen steilen Hang hinuntergerutscht war, wieder hinauf. Hand in Hand stiegen wir dann auf einen Berg. Auch Hannah hatte starke Träume gehabt und am Morgen waren wir beide sehr froh.

Die Einweihung selbst war noch beeindruckender als die Vorbereitung. Dölma Naldschorma ist ein schützender Buddha-Aspekt, eine halbzornige grüne weibliche Form mit acht Armen. Und nun sahen wir den Karmapa die Gestalt eines wunderschönen Mädchens annehmen und fühlten die starke Energie der Dölma zu uns herabfließen. Während der Karmapa das Kraftfeld festhielt, schickte er die jungen Tulkus durch die Reihen der Versammelten, damit sie alle mit den Reliquien berührten, die er aufgeladen hatte. Sie segneten Scheitel und Hände und pflanzten so den Samen der Erleuchtung, dessen volle Blüte der Buddha-Zustand ist. Die Kraft einer solchen Einweihung ist so groß, daß sie nach dem Tod, wenn uns kein Körper mehr behindert, zu einem Zustand der Befreiung führen kann, von dem es kein Zurückfallen mehr gibt, nur immer tiefere Erkenntnisstufen, bis zur vollen Erleuchtung. Das geschieht, indem unser Bewußtsein nach dem physischen Tod, in jener Zeit, da wir keinen festen Körper haben, mit der jeweiligen Meditationsform und deren Kraftkreis verschmilzt, eins wird mit dem Zustand, der ohne jede Identifikation mit einem Ich ist. Für die Befreiung nach dem physischen Tod ist vor allem das Kraftfeld des roten Buddha Amitabha, des Buddha des Grenzenlosen Lichtes, besonders bedeutsam. Wer mitunter an das Ende seiner Existenz in diesem Körper denkt, sollte - wenn er den Diamantweg geht - so oft wie möglich das Mantra des Öpame (Amitabha), OM AMI DEWA HRI wiederholen und sich wenn möglich eine Öpame-Einweihung geben lassen.

Am Abend des zweiten Tages war die Dölma Naldschorma-Einweihung vorüber, und wir gingen in das Gästehaus um zu hören, was in den kommenden Tagen geschehen und welche anderen Buddha-Energien der Karmapa uns nahebringen würde.

Wir sprachen kaum, waren zu erfüllt von den Erfahrungen des Tages, um Worte finden zu können. Auf dem Weg zurück ins Gästehaus war uns ein ungewöhnlich wohlgepflegter junger Lama aufgefallen, der ungefähr in meinem Alter war. Wir lernten ihn in den folgenden Tagen kennen, was nicht schwierig war, da er etwas Englisch sprach. Es handelte sich um Ayang Tulku aus einer der Bruderlinien innerhalb der Kagyüpa-Schule.

Diese Linie lehrt - wie alle alten Schule des tibetischen Buddhismus - die Bewußtseinsübertragung im Moment des Sterbens, die wir im Gefängnis nach dem Buch praktizieren wollten. Hier läßt man sowohl im Tod als auch bei der Übung das Bewußtsein durch eine Stelle hinten oben am Scheitel austreten, so daß es sich mit dem

72. Mahakala Maske aus Rumtek

73. Schützertänze im Rumtek Kloster

Kraftfeld des Amitabha-Buddha vereinigen kann. Äußere Zeichen für die erfolgreiche Bewußtseinsübertragung - sowohl im Tod als auch bei der Übung - ist eine lockere Kopfhaut, oft mit einer kleinen Wunde, einem Eiterpickel, einen Tropfen Blut oder Lymphe an der Stelle, wo das Bewußtsein ausgetreten ist. Das innere Erleben des Sterbenden oder Übenden ist, daß er sich durch eine enge Röhre nach oben bewegt, daß er hineingezogen wird in einen Zustand, der viel schöner ist als alles, was sich der im Körper lebende Mensch jemals vorstellen konnte. Dieser freudige, vollkommene Zustand ist eben das Kraftfeld des Amitabha, sein sogenanntes "Reines Land", und meine größten Freuden als Lehrer bis jetzt war es, in den Jahren '87 und '88 ein paar Tausend meiner Freunde in intensiven Kursen dieses Erlebnis zu vermitteln. Ich werde diese Praxis von jetzt ab wohl jedes Jahr lehren, vorerst in Europa und Amerika.

Ayang Tulku sah viele gute Zeichen in unseren Träumen. Auch er hatte einen sehr guten Traum gehabt, in dem er Schamar Rinpotsche, der Ausstrahlung des Amitabha-Buddha, begegnete und ihm Früchte überreichte, und er erklärte etwas über tibetische Traumdeutung. Danach erzählte er weiter von dem Tibeterlager zwischen Bangalore und Mangalore in Südindien, in dem er lebte. Wir waren erstaunt zu hören, daß dort mehrere tausend Tibeter in dem für sie so ungesunden Klima Südindiens lebten. Die meisten waren westtibetische Nomaden, denen erst 1967 die Flucht gelang. Sie hatten, als die chinesische Kulturrevolution sie nach Indien zwang, ihre Tiere und allen Besitz zurücklassen müssen. Die Chinesen, die diese Flüchtlinge als Kriminelle bezeichneten, setzten die Inder unter Druck, sie wieder auszuliefern. Deshalb hatte man sie so schnell wie möglich von der Grenze weg in bis dahin unbesiedelte Gegenden Südindiens gebracht. Etwa ein Drittel starb dort an dem für sie feindlichen Klima - es gab keine offiziellen Zahlen -, aber diejenigen, die überlebten, hatten die Möglichkeit, ihre Tüchtigkeit beim Lösen neu auftauchender Probleme zu beweisen. Der plötzliche Sprung vom arktischen Nomaden zum tropischen Bauern ist nicht leicht, aber die Tibeter schafften ihn erstaunlich schnell und zeigten den Indern dieser Gegend schon, wieviel man mit Geschick aus diesem Boden machen konnte. Ayang Tulku lud uns ein, ihn dort einmal zu besuchen, und wir versprachen, mit ihm in Kontakt zu bleiben und die Dinge, um die er uns bat, nicht zu vergessen.

Durch die Einweihungen der kommenden Tage gab der Karmapa unglaublich viel. Er pflanzte in unseren Geist Aspekte von Weisheit, Mitgefühl, Aktivität, Freude und Schutz, deren volle Verwirklichung der Buddha-Zustand ist. Für uns, die gerade am Anfang der Vorschulung standen, war dies eher eine Segnung als der Beginn der jeweiligen Übung, aber wir wußten, daß sie die Praxis, die unmittelbar vor uns lag, bereichern und intensivieren würden. Wir konnten gerade so lange in Sikkim bleiben, wie die ganze Serie von Einweihungen dauerte: insgesamt zehn Tage - es war ein reiner Luxus, uns deswegen nicht schlagen zu müssen.

Als wir nach Sonada zurückkamen, war es Zeit für den nächsten Brocken auf dem Weg, die Meditation mit dem hundertsilbigen Reinigungsmantra, das 111.111 mal wiederholt wird. Diese Praxis dauert oft länger als die Verbeugungen und hat eine unglaublich tiefgehende Wirkung. Die Kraft der Reinigung ist notwendig, da der Geist in seinem verdunkelten Zustand seine leuchtende Natur nicht erkennt und deswegen leidet.

Aus zeitloser Unwissenheit, die im Geist liegt wie Wolken am Himmel, erscheint die Illusion von Dualität, die Illusion einer Trennung zwischen Subjekt und Objekt. Aus ihr entstehen die negativen Gefühle und diese verursachen die schädlichen Worte und Handlungen, deren Ergebnisse unsere Leiden sind. Wenn es uns schlecht geht, ist es schwer einzusehen, daß wir selbst die Kakteen gepflanzt haben, in denen wir jetzt sitzen. Wir glauben, die anderen seien schuld, tun oder sagen wieder etwas Unmögliches und ernten noch einmal Leid. All dies erleben wir als wirklich, aber es hat nicht mehr Substanz als ein Bild in einem Spiegel oder Wolken am Himmel, die kommen und gehen. Damit diese illusorischen, aber als wirklich erfahrenen Zustände der Verwirrung und des Leids gereinigt werden, manifestieren alle Buddhas ihre reinigende Kraft in der Energieform des Dordsche Sempa (skr.: Vadschrasattva), der Ausdruck des diamantenen, strahlend klaren und unzerstörbaren Geistes ist. Sie wird durch unsere Mantras und Einstellung aktiviert, löst unzählige Knoten im Geist und macht uns frei.

Um zu verstehen, wie eine Reinigung vor sich geht, muß man zuerst wissen, wie das Gesetz von Ursache und Wirkung in unserem Leben wirkt, wie also Karma entsteht, wie es wirkt und wie es abgebaut werden kann. Was wir von unseren Lehrern darüber hörten, will ich hier in einigen einfachen Sätzen zusammenfassen, und wer mehr darüber wissen möchte, kann sich mein Buch "Dharma-Belehrungen" besorgen:

Damit überhaupt ein Karma entstehen kann, das heißt etwas, das als Ursache in unserem Leben Wirkungen nach sich zieht, müssen eine oder mehrere von vier Bedingungen vorhanden sein:

1. Wir müssen wissen, wie eine Situation beschaffen ist.

2. Wir müssen wünschen, daß etwas geschieht.

3. Wir müssen es selbst tun oder es durch andere tun lassen.

4. Wir müssen hinterher damit zufrieden sein.

Je mehr dieser Bedingungen in einer Handlung zusammenkommen, desto stärker ist ihre Wirkung, die sich wiederum in vier Weisen zeigt:

1. In dem, was wir nach dem Tode erleben, wenn das im Unterbewußten gespeicherte Material wegen des Fehlens neuer Sinneseindrücke in Form von starken Träumen auftritt, die als "wirklich" erlebt werden - als Freude oder Leid, als himmlische oder höllische Zustände.

Wenn der Geist sich wieder - möglicherweise erst nach langer Zeit - mit einem neuen Menschenkörper verbindet, zeigen sich drei weiteren Resultate:

2. in der Erbmasse, an die sich der Geist bindet, also ob wir einen gesunden, langlebigen Körper bekommen oder das Gegenteil.

3. in der Art der Umgebung, in der wir wiedergeboren werden. Zum Beispiel führt sexuelles leidbringendes Verhalten zur Wiedergeburt in einer Wüstengegend, während sehr gutes Karma aber verkehrte Anschauungen in eine Umgebung wie etwa Nord- und Westeuropa führt, und

74. Dordsche Sempa

4. in der Einstellung, die wir in unserem neuen Leben haben. Ob wir z.B. freundlich oder sauer sind. Die Gefühle motivieren unsere Handlungen und Worte und legen so die Samen für die "nächste Runde".

Eine weitere Ausführung über die wichtigsten Aspekte von Tod und Wiedergeburt ist in meinem Buch "Bardo" (Octopus Verlag) zu finden.

Wie befreien wir nun unseren Geist, der seit anfangsloser Zeit in dem Kreislauf von Ursache und Wirkung gefangen war, und so weit von der Wonne der Erleuchtung entfernt ist? Wiederum durch vier Stufen:

1. Wir entdecken, daß mit unserem Leben etwas nicht stimmt (daß wir nicht erleuchtet sind, negative Gedanken haben etc.).

2. Wir reinigen unseren Geist, wenn möglich durch Diamantwegsmethoden (wie Dordsche Sempa), die blitzschnelle Resultate geben.

3. Wir versprechen, Schädliches nicht mehr zu tun und wiederholen dieses Gelübde, bis es uns gelingt.

4. Schließlich handeln wir bewußt positiv, tun die nützlichen Dinge, die der Gegensatz zu dem Leid, das wir verursacht haben, sind.

"Es gibt keine Handlung, wie ernst sie auch sein mag, die mit diesen vier Mitteln nicht gereinigt werden kann", sagte Kalu Rinpotsche, "man muß sie aber einsetzen! Was nützt euch ein Stück Seife, wenn ihr es nur in der Tasche mit herumtragt, und sei es auch für hundert Jahre; nur durch Praxis kommen die Resultate".

Alles in Sonada stand im Zeichen der 100 Silben. So gut wie möglich hielten wir den Geist bei dem durchsichtigen Lichtkörper des Dordsche Sempa oberhalb unserer Köpfe, und wenn die Aufmerksamkeit schwächer wurde, holten wir sie mit Kraft zurück.

Schon nach wenigen Wiederholungen der Mantras fühlten wir, wie sich Dordsche Sempas Kraftkreis oberhalb unserer Scheitel ansammelte, um dann in uns hinabzufließen. Zwar stiegen alle möglichen Störgefühle in uns auf, die die Praxis erschwerten, aber wir wußten, daß sie nur Zeichen der Reinigung waren. Es war eine Freude zu wissen, daß sie nur die Spitze eines Bergs von großem Leid waren, der künftig aufgetaucht wäre, wenn er nicht jetzt abgebaut worden wäre. Wir meditierten bis zu sechzehn Stunden am Tag, obwohl es lange dauerte, bis sich unsere Knie nach den vielen Verbeugungen wieder an das Sitzen gewöhnt hatten.

So befreiten uns die Reinigungsmantras vor vielen Schwierigkeiten. Vor allem ich hatte das nötig, nach den vielen Abtreibungen, Schlägereien und Drogen, die meine inneren Kanäle blockierten und mich starr machten. Gegen Ende der Übung hatten wir die erwünschten starke Träume, die zeigten, daß die Reinigung erfolgreich war. Zu dieser Zeit kam erneut ein Visum für Sikkim an - wir beantragten jetzt automatisch nach jeder Rückkehr ein neues und so kamen wir zu einer Zeit nach Rumtek, in der etwas sehr Bedeutungsvolles geschah.

Wir saßen gerade bei dem Karmapa und erzählten über einige sehr fortgeschrittene Meditationen, die wir nach Anleitung unserer Bücher schon praktiziert hatten, ohne überhaupt zu wissen, daß es so etwas wie Zuflucht und Einweihung gibt. Während er uns antwortete, daß trotz der starken Erlebnisse, die wir dabei gehabt hatten, die Meditation erst jetzt, mit seinem Segen, anhaltende Wirkung haben konnte, und daß das Ngöndro tiefer wirken würde als alle früheren Experimente, geschah etwas, das wir zuerst nicht verstanden. Der Karmapa hatte mich aufgefordert, einfach zu schätzen, wie spät es sei und, als ich um eine Viertelstunde danebengetippt hatte, begonnen, uns zu erklären, daß man sich jederzeit der genauen Uhrzeit bewußt sei, wenn die inneren Kanäle ganz gereinigt sind - da rollten seine Augen plötzlich nach hinten, wie wir es bereits manchmal gesehen hatten, wenn er in einen anderen Zustand eintrat. Ohne ein Wort zu sagen, stand er auf und zog sich in den Nebenraum zurück. Wir hörten seinen Gesang, seine Glocke und die Handtrommel und wußten, daß er das Bewußtsein eines Verstorbenen herbeirief, um es dann auf eine befreite Bewußtseinsebene zu überführen.

"Was mag das wohl gewesen sein?" fragten sich alle, und erst zwei Stunden später - der Karmapa war noch immer im Nebenraum - kam die Antwort über Rundfunk und verbreitete sich wie ein Lauffeuer durch das Kloster: Der König von Bhutan, ein großer Gönner des Klosters und Schüler des Karmapa, war soeben in Nairobi an einem Herzschlag gestorben. Der Karmapa hatte ihn offenbar sofort hinübergeleitet.

Da dieser bhutanesische König - so wie der jetzige - in England erzogen wurde, hatte er die Kraft der Lehre vergessen und war immer materialistischer geworden. Doch als er in sein Land zurückkehrte, erinnerte ihn der Karmapa, der gerade zu Besuch war, an die Kraft der Übertragungslinie. Er gab die genauen körperlichen Merkmale, Familienumstände und Geburtszeiten sowie andere Details von drei Inkarnationen an, die von ihren Klöstern schon länger gesucht wurden. Sie sollten in abgelegenen Tälern des Landes leben. Der König ließ sofort in die genannten Täler schicken - und tatsächlich fand man die Inkarnationen: alle Daten des Karmapa, der selbst nie in jenen Gegenden gewesen war, stimmten genau. Die Kinder wurden wie üblich geprüft, fanden unter vielen Gegenständen diejenigen heraus, die ihnen im früheren Leben gehört hatten, und erkannten Vertraute wieder. Es war eindeutig, daß sie die Bewußtseinsströme von jenen Lehrern weiterführten, die von ihren Klöstern gesucht wurden.

Von der Allwissenheit des Karmapa überzeugt, wurde der König sein Schüler, was ihm ein reiches, sinnvolles Leben bescherte - und jetzt die Befreiung nach seinem Tod. Er hatte Einfluß und materielle Mittel zur Unterstützung der Lehre eingesetzt, und da Hannah und ich so direkt mitbekamen, wie abhängig das Kloster von äußerer Hilfe war, wurde eine starke Motivation wach, auch unser Bestes zu tun.

Am nächsten Tag bereitete sich der Karmapa und fünfzig Lamas auf die Fahrt nach Bhutan vor; er sollte die Begräbniszeremonie und Krönung des neuen Königs leiten. Der Karmapa hatte sich vorher den Kopf rasieren lassen, und wie immer, wenn er besondere Energien aufbaute, schien er größer, und seine Stimme lauter als sonst. Als er über den Hof des Klosters zu den Jeeps schritt, war ein fast sichtbares Kraftfeld um ihn, und als im Vorbeigehen ein Zipfel seines Gewandes meinen Kopf berührte, fühlte es sich an wie ein elektrischer Schlag.

Vor seiner Abreise hatte der Karmapa noch gesagt, wir sollten in Rumtek von den vier jungen Inkarnationen Schamar, Situ, Dschamgön Kongtrul und Gyaltsab Rinpotsche lernen und bei Schamar Rinpotsche das Bodhisattva-Gelübde nehmen. Schamar Rinpotsche ist der älteste und höchstgestellte der vier jungen Tulkus, die wir seit Swayambhu kannten. Sie sind die vier höchsten Lehrer der Kagyüpa-Linie und haben etwa seit dem Jahre 1200 zwischen Tod und Volljährigkeit des Karmapa die erleuchteten Energien getragen und das Heranwachsen des jeweiligen Karmapa beaufsichtigt. ("Erziehung" wäre hier das falsche Wort, da der Karmapa die Erkenntnisebene seiner früheren Geburten nicht verliert.) Nun hatten wir Gelegenheit, sie näher kennenzulernen, und sie die Möglichkeit, uns eine Menge Fragen über den Westen zu stellen, denn die Inder ließen uns erst einmal in Ruhe. Gemeinsam erklärten uns die Tulkus das Bodhisattva-Gelübde, taten ihre dürftigen Englischkenntnisse mit unseren wenigen tibetischen Wörtern zusammen, um wichtige Punkte zu erklären. Zwischen ihnen zu sitzen - im großen Klostersaal, umgeben von Hunderten von Mönchen in Meditation - war eine spannende Erfahrung, und noch auf der Rückfahrt im Jeep saßen sie ganz spürbar in unseren Herzen und erklärten weiter, - es war ein tolles Gefühl.

Während die "äußeren" Gelübde den Sinn haben, uns aus Schwierigkeiten herauszuhalten, und so unsere Energien für einen spirituellen Weg freisetzen, bewirken die "geheimen" (tantrischen) Gelübde die Umwandlung unserer Erlebniswelt in ein sogenanntes "Reines Land". Die Bodhisattvagelübde verbinden diese beiden Ebenen und geben uns die Kraft, zum Besten aller Wesen zu wirken. Alle positiven Handlungen werden dadurch unendlich verstärkt, daß man sie zum Besten aller Wesen setzt, und diese Einstellung macht alles Unangenehme nicht nur zu einer Reinigung, die man eben aushalten muß, sondern zu einer Erfahrung, die uns hilft, später anderen in ähnlichen Situationen zu nützen.

Das Bodhisattva-Gelübde besteht aus zwei Teilen. Im ersten Teil geht es um unsere Grundeinstellung: wir versprechen, die Erleuchtung zum Besten aller Wesen zu erreichen und an andere zu denken. Es ist sehr wichtig, daß man kein Wesen - auch nicht ein einziges - aus dieser Grundhaltung ausschließt; wir lernen einzusehen, daß Wesen, die Leid verursachen, eben verblendet sind, und sich sehr viele Schwierigkeiten für später einhandeln. So kehrt sich Zorn in Mitgefühl um, und das ist unerhört wichtig, denn es gibt nichts, was jedes gute Karma so restlos zerstört wie Zorn. Fallen wir einmal auf unsere Erlebnisse herein, halten das, was uns widerfährt, für "wirklich" und werden wir deshalb zornig, ist jedoch nicht alles verloren. Wir sollten es dann wenn möglich sofort oder innerhalb einer Stunde, wenigstens aber noch am selben Tag aus unserem Geist entfernen. So wird der

75. S.E. Schamar Rinpotsche

76. S.E. Situ Rinpotsche

77. S.E. Dschamgön Kongtrul
Rinpotsche

78. S.E. Gyaltsab Rinpotsche

Zerstörung entgegengewirkt und wir werden mit steigender Freude bemerken, wie Kraft und Häufigkeit der Anfälle abnehmen.

Im zweiten Teil des Gelübdes geht es um die Handlungen, die zur Erleuchtung führen, die sogenannten "sechs befreienden Taten". Das sind 1. "Freigebigkeit", die uns alles Gute mit allen Wesen teilen läßt; 2. "Ethik", das Vermeiden der zehn schädlichen Taten von Körper, Rede und Geist, die bereits erwähnt wurden; 3. "Geduld", die uns hilft, Handlungen zu vermeiden, die unsere angesammelten guten Eindrücke zunichte machen und 4. "Fleiß", der uns alle Möglichkeiten des Lebens nutzen lehrt. Der Vorteil dieser ersten vier Einstellungen ist auch für denjenigen, der nicht nach Erleuchtung strebt, leicht einzusehen, und wird allgemein anerkannt. Die letzten beiden Taten beinhalten nun das, was uns über ein gutes Leben hinaus zur Erleuchtung führt: 5. die "Versenkung" (Meditation), die zu spontaner Einsicht in das Wesen des Geistes führt, und schließlich "befreiende Weisheit", die 6. "Tat", ohne die die anderen fünf kopflos wären. Es ist die endgültig befreiende Weisheit der Buddhas, die Erkenntnis der wahren Natur des Geistes jenseits von Gott, Teufel und aller Dualität.

In einer schönen Zeremonie, bei der meine Augen nasser waren, als es eigentlich mein Stil ist, gab uns Schamar Rinpotsche die Bodhisattvagelübde. Sie waren anfangs nicht leicht zu halten - so zum Beispiel, als die Inder uns dann doch wieder aus Sikkim hinauswarfen - aber auf Dauer erwiesen sie sich als Schutz und Segen ohne Ende. Während man die "äußeren" Gelübde nur einmal ablegt (jedenfalls solange man sie nicht bricht, und zu wiederholen wünscht), lohnt es sich, das Bodhisattva-Gelübde bei allen großen Lehrern der Linie zu verstärken, und sich täglich daran zu erinnern.

Nach Sonada zurückgekehrt begannen wir mit der Mandala-Opferung, dem dritten Teil der Vorschulung, die nach der vorangegangenen Reinigung von Körper, Rede und Geist ein reines Vergnügen war. Hier baut man auf einer Metallplatte sieben Häufchen aus schön gefärbtem Reis auf, insgesamt 111.111 mal. Dabei stellt man sich das Begehrenswerteste vor, was einem in den Sinn kommen kann - in unendlicher Menge - und indem man die Reishäufchen mit dem Unterarm von der Platte herunterwischt, opfert man es ohne jegliches Anhaften der Zuflucht, die man im Geist hält. Dann baut man ein neues Universum auf und opfert es wieder. Da zugleich mit Körper (Bewegung), Rede (Opferungsformel) und Geist (innere Schau) gearbeitet wird, ist auch das Ergebnis eine Ganzheit, die Körper, Rede und Geist einschließt. Nach jeweils hundert dieser kurzen Übungen machte man damals eine längere Opferung, in der man ein nach traditionellen indischen Vorstellungen perfektes Universum in siebenunddreißig Punkten aufzählt und nach Elefanten, Pferden und Königreichen voller Freude, kehrt man dann wieder zu Primavera-Produkten, Sportwägen, Motorrädern und Parties zurück, eben dem, was einen jetzt besonders fasziniert.

Die Mandala-Opferung war die kürzeste der vier Übungen; sie dauerte nur zwanzig Tage. Wieder machten wir die letzten zehntausend vor der großen Guru Rinpotsche-Statue im Bhutia Basti-Kloster. Dieses Kloster hat übrigens eine Geschichte, an die wir erinnert wurden, wenn christlichen Missionare aus der Gegend unbedingt mit uns diskutieren wollten. Wir sagten immer, für uns sei Religion wie Medizin. Ihr Sinn sei, den Menschen zu helfen, und so sollte ein jeder die Mittel suchen können, die ihm helfen, und andere die ihren finden lassen. Einige unter ihnen waren jedoch auf Streitgespräche aus und es führte dann immer zu erfrischend langen Pausen, wenn wir sie an die Geschichte des Klosters erinnerten:

Das Bhutia Basti-Kloster lag früher auf der Kuppe des Hügels, an dessen Hang es heute steht. Es war auf dem Hügel hinter Chow Rastra und Windermeere Hotel erbaut, einer Stelle, wo sich Mahakala, der Schützer der Lehre oft gezeigt hatte. Um die Jahrhundertwende ließen die Engländer das Kloster abreißen und an dem Ort, wo es heute steht, wieder aufbauen. Sie wollten auf der beeindruckenden Stelle eine christliche Kirche bauen. Aber kaum war das Gebäude fertiggestellt, da brach es ohne ersichtlichen Grund wieder in sich zusammen. Die Kirche wurde erneut aufgebaut, sie brach wieder zusammen, das Ganze wiederholte sich ein drittes Mal - und heute steht wieder ein Mahakala-Heiligtum auf dem Hügel, wo sich aber Hindus und Lokalreligionen in die linke Hälfte eingenistet haben. Die Engländer gaben auf und bauten ihre Kirche weiter unten an der Hauptstraße von Darjeeling. Da sie heute allerdings zu einem Kino umfunktioniert wurde, entstand keinerlei Vorteil.

Der Karmapa blieb lange in Bhutan. Nach dem Tod des Königs gab es viel zu tun und außerdem benutzte er seinen Aufenthalt dazu, Inkarnationen von verstorbenen Meistern wiederzufinden und wichtige Einweihungen zu geben. Als wir mit den Mandala-Opferungen eben fertig waren, fuhren auch Kalu Rinpotsche und sein Neffe Gyaltsen nach Bhutan, nachdem er uns die große Freude erwiesen hatte, unseren Reis von den Opferungen noch bei einigen Ritualen verwenden zu lassen.

Kurz vor seiner Abreise zeigte er einen der typischen Streiche, die er den Leuten zu ihrem Besten manchmal spielt. Einige betrunkene Sherpa waren zum Kloster gekommen und hatten sich darüber beklagt, daß der Monsun nun schon über einen Monat verspätet sei, ihre Ernte würde schon sehr darunter leiden. Er kannte sie bereits; es waren Freizeitkommunisten, die laut und betrunken in Demonstrationszügen durch die Stadt zogen. Wenn sie ihn auf der Straße sahen, lief mancher rasch hinüber, um sich segnen zu lassen und gesellte sich dann wieder, Parolen schreiend, zu den anderen. Bokar Tulku, ein besonders feinfühliger junger Mönch, und Schüler Karmapas, der bei Kalu Rinpotsche aufwuchs und die meiste Zeit in Zurückziehung verbrachte, wurde ganz bleich, wenn er eingeladen wurde, bei den betrunkenen Sherpa eine Pudscha zu halten. Kalu Rinpotsche schonte ihn aber nicht, mit einem schiefen Lächeln schickte er ihn hin. Heute ist er unerschütterlich wie ein Fels, Meditationslehrer bei den Zurückziehungen im Rumtek-Kloster und unser ganz naher Lehrer und Freund. - Wir waren mit ihm in Europa und Tibet, und er ist ein Beispiel ohnegleichen für die lockere Tiefe des echten Yogitums.

Hier in der Gegend von Darjeeling, so weit von ihrer Heimat entfernt, waren die Sherpa Opfer der billigen politischen Slogans geworden, und viele der einst so in sich ruhenden Menschen aus dem Solo Khumbu-Gebiet waren frustriert und unzufrieden. Da sie hier ohne den starken Rückhalt ihrer buddhistischen Kultur lebten, war das Verhältnis zwischen Religion und Alkohol gestört, das in ihrer Heimat so gut ausbalanciert war, und sie waren nun eher dem Leichteren von beidem zugeneigt. Jetzt wollten sie, daß Kalu Rinpotsche ihnen Regen brachte. Als er sagte: "Sie sollen bekommen, was sie brauchen", sah er besonders engelhaft aus, wie so oft, wenn er eine besondere Lehre erteilen wollte. So warteten wir ab, was nun kommen sollte - und was kam. Innerhalb von wenigen Stunden zogen schwarze Wolken auf, und das Wasser stürzte herab. Der Regen überschwemmte alles und an vielen Stellen riß er die Umrandungen der terrassierten Felder herunter. So mußten die Leute im strömenden Regen die Schäden reparieren, während wir versuchten, uns zu erinnern, wie sich so viel Wasser bei schwerem Kater anfühlt.

Kalu Rinpotsche war fantastisch in "nahen Situationen". Der Karmapa baute uns immer auf, bis dumme Gewohnheiten und altes Karma uns wieder vom hohen Roß herunterholten. Diese Arbeit auf der höchsten Ebene führte er durch, bis uns alle Trips gleichgültig wurden und nur noch die Arbeit zählte, die zu dauerhafter Erleuchtung führt. Kalu Rinpotsche hingegen machte sich auch ab und zu die Mühe, den Leuten eins auszuwischen, wenn er sah, daß sie sich allzu großartig vorkamen. Er brachte sie dann in Situationen, in denen man sehr schnell sehen kann, wie weit die Arbeit am Geist wirklich gekommen ist.

Wenn sich die Gruppe zum Beispiel sehr in Richtung "bürgerliche buddhistische Moral" bewegte, was mehreren von denen, die damals da waren, lag, oder die Leute sich schon ganz feste Vorstellungen von Dingen machten, die sie nicht erlebt hatten, dann schwenkte er von seiner orthodoxen buddhistischen Belehrung plötzlich ab und erzählte uns von heiligen Freaks wie etwa Drugpa Künleg. Drugpa Künleg war ein bhutanesischer Yogi und Schüler des Karmapa, der großes Mitgefühl mit dem schönen Geschlecht hatte und die Leute in einer Art und Weise erleuchtete, die ganz jenseits von konventioneller Moral lag. Seine Arbeitsweise wird nicht unbedingt denjenigen zur Nachahmung empfohlen, die nicht die gleiche geistige Reife und Befreiung erlangt haben wie er. Aber jede Tat war zum Wohle aller Wesen und rüttelte die Menschen aus ihren Gewohnheitszuständen auf. Was jedem auf jeder Ebene nützt, sind die Worte, die er dem Dschowo, dem offiziell heiligsten Buddha Lhasas einmal zurief: "Da bist Du, erleuchtet, weil Du an andere gedacht hast. Und hier bin ich, der ich nur an mich denke!".

Für den vierten und letzten Teil der Vorschulung brauchten wir weitere Belehrungen. Die Übung besteht aus einer langen Einleitung mit intensiver Ausrichtung auf die Übertragungslinie und sehr wichtigen Belehrungen über den Geist, und nach den Wünschen für Erleuchtung schließt sie mit einer Karmapa Meditation. Da Kalu Rinpotsche nach Bhutan abgereist war, und wir die Belehrungen nicht von anderen wollten, mußten wir vorerst warten. Doch wie es eben in Karmapas Kraftkreis ist, paßten auch jetzt die Dinge genau. Gerade in diesen Tagen, wo wenig zu tun war, kamen mehrere Freunde, deren Interesse für den tibetischen Buddhismus wir inzwischen geweckt hatten, nach Sonada. Nick und Eva, Ole und Susanne, Hara, Klaus und Rikke waren nur einige von denen, deren Karma zu dieser Zeit reif wurde, und die nun um Karmapas Segen und Kalu Rinpotsches Belehrungen kamen. So zeigten wir ihnen, natürlich mit Erlaubnis von Kalu Rinpotsche, sie auf die spätere Schulung vorzubereiten, das Gebiet und machten sogar einige Ausflüge.

Das ganze Kloster lebte auf, als Kalu Rinpotsche nach ein paar Wochen aus Bhutan zurückkehrte, und auch wir hatten inzwischen gemerkt, wie viel er uns bedeutete. Wir bereiteten ihm auf dem Bahnsteig der Liliput-Bahn einen großen Empfang, und nach dem Segen blieb das Gefühl seiner Hand auf meinem Kopf noch lange erhalten. Im Crees-House hatten auch wir "Westler" nach seiner Abfahrt fast im nepalesischen Stil gelebt, und wir waren froh, daß unsere neuen Freunde nun mit einer Praxis beginnen konnten. Ich war nicht wenig stolz, als Kalu Rinpotsche mich nach einer Einweihung damit betraute, die Tschenresi-Meditation zu erklären; da muß alles stimmen und wie immer lernte ich beim Lehren am besten.

Nun bekamen wir die Belehrungen zur letzten Übung und konnten endlich beginnen. Es waren mittlerweile fast zu viel "Ferien" gewesen, und unter alten Freunden waren manche alte Gewohnheiten wieder aufgetaucht. Wir bekamen eine Ahnung, wie viel man praktizieren muß, um nicht mehr von alten Gewohnheiten mitgerissen zu werden und wir sahen mit Schaudern ein, daß die "allgemeinen" Gedanken, die wir gehabt hatten, weitgehend auf Gefühle zurückzuführen waren, die Kalu Rinpotsche als schädlich dargestellt hatte. Um so froher waren wir, nun mit der Praxis fortfahren zu können.

Während sich das Ende unserer Vorschulung näherte, begann sich die Atmosphäre in und um Sonada zu verändern. Man sah mehr Leid als zuvor. Die Kämpfe in Ostpakistan brachten viele Flüchtlinge in die Berge. Von Sonada aus waren es nur zehn Kilometer Luftlinie bis in das umkämpfte Gebiet, und wir meinten manchmal in der Ferne Kanonen zu hören - wenn sie auch vom Donner der Monsungewitter schwer zu unterscheiden waren. Wer nach Darjeeling fuhr sah oft Flüchtlinge in rosa Tüchern, die in der Höhe erbärmlich froren und zum Teil stark entzündete Augen hatten. Entlang der Bahngleise nach Kalkutta wohnte in jedem der Zementrohre, die für den Bau einer Wasserleitung seit Jahren bereitlagen, eine Familie und einige Bekannte versuchten, als Freiwillige zu helfen, aber es wurde ihnen nicht gestattet. Auch kam wohl wenig von den Spenden, die damals nach Indien flossen, bei ihnen an.

Wir sagten die letzten Mantras in einer Stimmung des Umbruchs. Überall gab es Zeichen einer grundlegenden Änderung, daß die ruhige Zeit in Sonada jetzt vorüber war und die Zeit des Lernens zu Ende ging. Es wurde uns bewußt, wie schwierig es ist, die Bedingungen für die Praxis aufrechtzuerhalten, und nutzten so jeden noch verbleibenden Augenblick. Die Fremdenpolizei wollte schon mit uns reden. Die Behörden in Delhi hatten entdeckt, daß wir unser Studentenvisum dafür verwendeten, im verbotenen Gebiet zu wohnen, und nicht brav im Flachland an einer Universität studierten. Nun sollten wir entweder die Berge oder das Land verlassen. Wir verfaßten einen freundlichen, nichtssagenden Antwortbrief, der uns bei dem Tempo, mit dem die Bürokratie dort arbeitet, normalerweise noch einige Monate Luft verschafft hätte. Aber obwohl die buddhistischen Beamten im Büro die Sache für uns hinauszögerten, wurden wir bald wieder vor die Wahl gestellt. Diesmal schickten wir ein ärztliches Attest nach Delhi, wußten jedoch, daß es sie nicht lange aufhalten würde.

Mitten in diesen Geschehnissen schlug der Blitz ein: Ein etwas nervenschwacher Ami, der auf der Flucht vor dem Vietnamkrieg war, kam hereingestürzt und sagte: "Rinpotsche fährt nach Amerika. Karmapa hat ihm den Paß besorgt und sie packen schon". Obwohl wir auf alles gefaßt zu sein glaubten, war der Schock so groß, daß mir der Magen durchfiel und ich erst einmal auf die Toilette mußte. Konnte das wahr sein? - Wir waren wie im Fieber.

Es stimmte tatsächlich. Die Zeit war gekommen, um den Segen aller Buddhas, die Überlieferungslinie Milarepas und des Karmapa in seiner traditionellen Form in den Westen zu tragen, und dieser alte Lama aus dem östlichen Tibet der Krieger und Heiligen, sollte es tun. Er, Gyaltsen und die Nonne Ani Tschögar hatten vom Karmapa die Marschorder bekommen.

Als letztes Geschenk gab Kalu Rinpotsche noch eine Einweihung für "langes Leben". Stundenlang segnete er uns, entfernte die Energien, die das Leben verkürzen und baute diejenigen in uns auf, die das Leben verlängern. Wie wir da saßen, spürte ich, wie eine Stelle in meiner rechten Hand heiß wurde und etwas schmerzte, und als ich nachschaute, war eine neue und sehr deutliche Linie in meiner sonst mit wenigen Linien gezeichneten rechten Handfläche entstanden. Zutiefst beeindruckt, aber ohne zu wissen, was es bedeutete, nahmen wir das als ein Zeichen, daß wir aufgeladen wurden für die Arbeit im Westen.

Es war rührend zu sehen, wie schwer den Tibetern der Abschied von Kalu Rinpotsche fiel. Sie hängen so sehr an ihren Lehrern, daß eine Abreise wie eine Amputation wirken kann, und obwohl man ihnen immer wieder sagt, daß der Lama keine Person ist, sondern ein Spiegel, der die eigene Buddha-Natur zeigt, haften dennoch die meisten Tibeter an der körperlichen Gestalt. Während also die Einheimischen sehr litten, waren wir Westler sehr aufgeregt: Kalu Rinpotsche würde in den Westen kommen, und viele unserer Freunde würden ihn sehen können. Fantastisch!

Mehrere seiner Schüler aus Sonada reisten ihm nach, so die Kanadier Ken und Ingrid, die auch eben ihre Vorschulung beendet hatten und Denis und Rosemary aus Frankreich. Auf dem Weg nach Amerika besuchte Kalu Rinpotsche Israel, den Papst in Rom und dann Paris, wo er drei Wochen blieb und ihn viele unserer Freunde sehen konnten. Mein Bruder bekam unseren Brief, fuhr mit einem Auto voller Freunde nach Paris hinein, und als sie sich nach der angegebenen Adresse erkundigen wollten, standen sie dort schon vor der Haustür, liefen die Treppen hoch und standen mitten in einer Tschenresi-Einweihung. Von Paris flog Kalu Rinpotsche nach Amerika, wo er ein Jahr lang aus den USA und vor allem Kanada nicht wegkam. Er hatte dem Scherab Tharchen, der die Reise mit seiner Kreditkarte bezahlt hatte, unerwünschte Ratschläge über dessen Sexualleben gegeben und dieser war sauer geworden. Erst nachdem der Diamantweg in seiner ursprünglichen Form in Nordamerika gepflanzt worden war, kam das Geld für die Rückfahrt zusammen.

Inzwischen war unsere Zeit in Sonada abgelaufen. Die Mitteilungen aus Delhi wurden immer drohender und wir konnten es der Polizei in Darjeeling nicht mehr zumuten, uns noch länger zu decken. Da wir nun schon gelernt hatten, die verschiedenen Büros, von denen keines so recht wußte, was das andere tat, nacheinander zu melken, holten wir in Siliguri ein letztes Mal eine Aufenthaltsgenehmigung für zwei Wochen, was gerade ausreichte, um alles zu beenden. Am Ende der zweiten Woche erhielten wir aus Delhi doch ein Visum für Sikkim und fuhren hinauf zum Karmapa.

Es war wunderbar, wieder in Rumtek zu sein, unserem "Reinen Land". Der Karmapa gab wieder einmal eine Reihe von Einweihungen, darunter einige der wichtigsten unserer Linie, wo ich unerwünschtes Aufsehen erregte, da ich bei der starken Energiezufuhr noch immer wilde Gesichter schneiden mußte. Meine oberen Kanäle waren also immer noch nicht gereinigt, auch wenn das Schütteln des Körpers kaum noch auftrat. Nach den Einweihungen gab Gelongma Palmo, die stattliche englische Nonne, Belehrungen zu unserer nächsten Praxis, der Meditation auf den Achten Karmapa und sein Kraftfeld. Aber inzwischen lagen die Inder wieder quer, vor allem der uns schon vertraute Mr. Das; er war stocksauer, weil wir immer viel zu lange in Sikkim blieben.

Wir riefen ihn an, aber natürlich wollte er unser Visa nicht verlängern und drohte sogar, Soldaten zu schicken, falls wir das Land nicht auf der Stelle verließen. Ich genoß es, daß er mich nicht mehr so richtig aufregen konnte und zeigte ihm das auch, aber trotz aller Zeichen, daß die Vorbereitenden Übungen genutzt hatten, war er nicht umzustimmen. Wir mußten also den Karmapa ganz schnell fragen, wo wir jetzt hinfahren sollten. Wir selbst dachten an Nepal und an unseren geliebten Tsetschu Rinpotsche. Aber der Karmapa hatte anderes mit uns vor. "Ihr fährt nach Hause", sagte er. "Nach Hause?" fragten wir entsetzt, "wohin nach Hause?". "Natürlich nach Europa", erwiderte der Karmapa.

Das war ein Tiefschlag. Nach Europa?! An alles mögliche hatten wir gedacht, wenn nicht Nepal, dann vielleicht Ceylon, oder - mit dem Segen des Karmapa - sogar Bhutan. Aber Europa? Etwas Ferneres konnten wir uns nicht vorstellen. Die Worte des Karmapa wirkten wie ein Bad in Eiswasser, weckten aber Kraft. Eigentlich war es enorm spannend. Bereits jetzt auf eigenen Beinen stehen zu müssen und in Europa das festzuhalten, was wir gelernt hatten, war eine riesige Herausforderung. Es würde spannend werden. Zum Abschied schenkte uns der Karmapa ein schönes Thangka mit den drei Meditationsformen, die Weisheit, Mitgefühl und Kraft aller Buddhas verkörpern. Er versprach uns seinen Segen, und ließ uns zur Hauptstraße fahren, wo schon ein Jeep wartete. Wir waren auf dem Weg zurück nach Europa, mit den letzten Worten des Karmapa im Ohr: "Wir sind immer zusammen."

Wir fuhren über Darjeeling, damit unsere Freunde im Büro uns hinausschmeißen konnten, und danach mit dem Zug nach Delhi. Dort mußten wir noch ein paar Tage auf die hundert Dollar meiner Eltern warten. Zusammen mit den 50, die wir selbst noch besaßen, sollte das für die Rückreise ausreichen. Die Reise kostete damals etwa fünfundsiebzig Dollar. In Delhi fanden wir Jacques, einen großen kräftigen Franzosen mit einem uralten englischen Bus, der bald in Richtung Europa abfahren sollte, und obwohl die Preise plötzlich sehr anstiegen, nahm er uns mit und spendierte uns sogar zusätzlich täglich eine Mahlzeit. Da er leicht voll bezahlende Passagiere hätte finden können, war es ein echter Freundschaftsdienst.

So verließen wir Indien, am Vorderfenster meditierend, während Jacques seine Fuhre von Hippies mit viel Geschick und unter ständigem Hupen durch die Massen von Menschen, Kühen und Karren in Indien und Pakistan steuerte. Die kalten Nächte in Afghanistan machten keinen Spaß, da unsere Schlafsäcke nach der langen Reise schon so dünn wie Papier geworden waren, und wir konnten die Sonnenanbeter, die in dieser Gegend gelebt hatten, gut verstehen. Als ich eines Nachts mit allen Kleidern über Hannah gehäuft vor Kälte jede halbe Stunde aufstehen und herumspringen mußte, um nicht ganz steif zu werden, tauchten einige riesige weiße, geruchlose Hunde mit riesigen Köpfen auf. Sie legten sich neben uns und hielten unsere Asien-geschwächten Körper warm, wofür sie dann den Segen und die Mantras des Karmapa bekamen. Jacques fuhr hervorragend; mit wenigen Stunden Schlaf pro Nacht, dafür aber vielen und riesigen Mahlzeiten brachte er uns jeden Tag ein ganzes Stück weiter in Richtung Europa.

In Istanbul stoppten wir einige Tage und besuchten altbekannte Stellen wie das Gülhane-Hotel, damals der Treffpunkt der Drogenszene zwischen Europa und Asien. Es war erschütternd. Man hätte das Haus in ein Spital umwandeln und sofort mit der Behandlung beginnen können. Alle waren mehr oder weniger krank, einige Leberkranke leuchteten in tiefem Grüngelb. Auch die Atmosphäre war völlig anders. Vertrauen und Kameradschaft der frühen Hippieszene waren verschwunden. Die Türken sperrten Leute, die sie mit Drogen erwischten, für dreißig Jahre ins Gefängnis - ein sicheres Todesurteil. So hatten alle Angst. Erst vor kurzem hatte sich ein Amerikaner, der von den Türken verhaftet wurde und der wußte, daß ihm seine Regierung nicht helfen würde, eine Maschinenpistole geschnappt und auf der Wache aufgeräumt, bevor sie ihn erschossen.

79. Tschenresi
S.H. Karmapa schenkte uns dieses Thangka im Herbst 72
mit der Ermächtigung, Zentren im Westen aufzubauen

Istanbul war noch Asien, und Jugoslawien weder dieses noch jenes, aber in Graz kam das schöne, kulturelle, freie und vielseitige Europa mit voller Macht auf uns zu und wir waren angekommen.

In Amsterdam fielen wir meinen Eltern, die uns entgegengereist waren, nach fast zweijähriger Trennung in die Arme, und hatten eine schöne Fahrt nach Dänemark in ihrem Auto. Innerhalb von wenigen Tagen kamen viele alte Freunde zu Besuch, und das Gerücht verbreitete sich bald: Der Diamantweg müsse schon eine starke Sache sein, wenn er einen solchen Härtefall wie ihren Freund Ole so sehr verändern könne. Obwohl wir wegen der vielen Arbeit wenig daran dachten; wir waren nicht mehr diejenigen, die vor zwei Jahren Kopenhagen verlassen hatten.

Unsere erste Aufgabe war es, so fanden wir, das Gelernte auch anderen zugänglich zu machen. Wir wollten eine Brücke zwischen Ost und West bauen und den Leuten, die oft von seltsamen Büchern verwirrt werden, zeigen, daß es sich nicht um magische und esoterische Rituale dreht, sondern um praktische Mittel, die uns helfen, besser zu leben, zu sterben und wiedergeboren zu werden - zum Besten aller Wesen.

Das perfekte Werkzeug dazu trugen wir in fünf dicken, handgeschriebenen Kladden bei uns: die Belehrungen, die Kalu Rinpotsche in Sonada gegeben hatte. Es waren viele Wiederholungen darin, denn er hatte immer wieder von vorne angefangen, wenn neue Schüler ankamen - aber auch das war eine Lehre, nicht nur nach den spannendsten Belehrungen zu greifen, sondern das Fundament, der ganzen weiteren Entwicklung erst fest zu zimmern. Immerhin gaben es genug Stoff für ein Buch und so verschwanden wir vorerst in unserem Holzhaus in den schwedischen Wälder, um es zu schreiben.

Während wir zehn bis zwölf Stunden täglich auf den achten Karmapa meditierten und sonst nur arbeiteten und schliefen, legte sich ein Kraftfeld um das Haus, das alle Störungen fernhielt. Wenn wir zum Klo hinausgingen, das etwa dreißig Meter vom Haus lag, tauchten kurz vor dem Häuschen eine Menge sonderbare Gedanken und Eindrücke in uns auf, die auf dem Rückweg an der gleichen Stelle wieder verschwanden. Der Geist wurde wieder klar und wir konnten ohne jegliche Ablenkung weiterarbeiten. Vom Neumond bis Vollmond sichteten wir das Material und von Vollmond bis zum Tag des

Schützers Mahakala, eben vor Neumond, schrieben wir. Dann war das Buch "Der Diamantweg" fertig, das beim Octopus Verlag in Wien schon '76 auf Deutsch erschien.

Es ist vielen, die den Diamantweg gehen wollen, ein wichtiges "traditionelles" Buch geworden und sollte mehrmals gelesen werden. Mit "Dharma-Belehrungen", "Mahamudra" (Joy-Verlag), "Ngöndro 1-4", "Tod und Wiedergeburt" und was sonst über die Jahre aus Vorträgen an Büchern und Meditationstexten entsteht (Hamburg) legt es die Basis für die Praxis des tibetischen Buddhismus, ist Grundlage und Rahmen für speziellere Belehrungen durch besuchende Lehrer.

Der nächste Punkt, der sich aufdrängte, war das Geld. Mein Vater hatte um die 50 Deutschbücher geschrieben und unser Name öffnete damit einige Türen. So unterrichteten wir in einer Schule - die Kids waren unmöglich - während wir nachts in einer anderen putzten. Sonst waren wir mit Freunden zusammen, die etwas wissen wollten. Wir verdienten viel Geld und hatten mit der ganzen äußeren Aktivität viel Spaß.

Niemals aber vergaßen wir, daß dies nur ein Zwischenaufenthalt in Europa sein sollte, und daß der Karmapa uns bald ein Zeichen geben würde, zu ihm zurückzukehren. Oft kamen Briefe von Ayang Tulku, den wir während der großen Dölma-Einweihung in Rumtek kennengelernt hatten und der besonders die Bewußtseinsüberführung nach dem Tod lehrt.

Eines Tages, als ich mich in einer Freistunde gerade zur Meditation zurückgezogen hatte - wir hatten jetzt genug Geld und es war Zeit, den Karmapa zu fragen, was wir tun sollten - ging die Tür zu dem sonst unbenutzten Zimmer auf, und drei Kinder trugen eine riesige Karte von Asien herein. Auf der großen Karte waren keinerlei Orte angegeben, nur an der Südwestküste Indiens war ein großer, karierter Ball eingezeichnet, auf dem 3ANGALORE stand. Es traf mich wie ein Blitz: Das war sowohl Bangalore als auch Mangalore, die beiden Städte, zwischen denen sich das südliche Tibeterlager befand. Dies sollte also unser nächstes Ziel sein.

Als zusätzliche Bestätigung kam am nächsten Tag ein Brief von Ayang Tulku, in dem er uns herzlich einlud, ihn zu besuchen und einige Sachen mitzunehmen. Der Weg führte also wieder einmal Richtung Osten. Nachdem wir Weihnachten und Neujahr mit unseren Eltern und Freunden durchgefeiert hatten, packten wir erneut unsere Rucksäcke.

Die südlichen Lager

Wir nahmen einen billigen Araberflug nach Bombay, waren total übermüdet und wachten nur ein paarmal zu Mahlzeiten und Wüstensand auf. Dann waren wir in Indien. Da es schwer war, sich für die Stadt zu begeistern - während Kalkutta verwirrt und Delhi zornig ist, gedeiht hier der Stolz - nahmen wir noch am selben Abend den überfüllten Bummelzug in Richtung Mysore, von wo aus man das tibetische Lager mit dem Bus erreichen konnte. Wir fuhren die ganze Nacht und den folgenden Tag hindurch, mußten einige Male umsteigen, und fanden, da wir eben eine Schreibmaschine und andere Geschenke vor den Zöllnern gerettet hatten und sie auch jetzt nicht "verlieren" wollten, auch jetzt wenig Schlaf. Als wir abends erneut umsteigen mußten, sahen wir auf einer Landkarte am Bahnhof, daß wir immer noch ganz nah bei Bombay waren. Es war ein bedauernswertes Loch in unserer Allgemeinbildung, nicht zu wissen, daß in diesem Teil des Landes die Busse (und manchmal sogar die Dampfer) schneller vorankommen als die Züge. Doch wir sahen auf diese Weise eine ganze Menge von der ständig wechselnden Landschaft und deutlicher als jemals zuvor, daß Indien ein Vielvölkerstaat ist: Alle paar Stunden änderten sich Gesichter und Ausstrahlung der Menschen, die uns umgaben, nur die großen neuindischen Mantras "Rupie" und "Paisa" hörten niemals auf, durchdrangen jede Sprache und jeden Satz.

Nach einer weiteren Nacht und einem Vormittag im Zug waren wir dann endlich in Mysore, an der Straße von Mangalore nach Bangalore.

Mit einer Pferde-Rikscha, die von einem gesund aussehenden Tier gezogen wurde, fuhren wir zum Busbahnhof. - Voll funktionierende Pferde sind im Osten außerhalb von Afghanistan und Tibet eine Seltenheit. Die schlimmsten mit drei steifen Beinen haben wir in der heiligen Stadt Irans, Mashad, gesehen - und nachdem wir uns mit Apfelsinen für die letzten Stunden der Fahrt versorgt hatten, drängten wir uns in den schon überfüllten Bus. Die Stimmung in der Stadt war schlecht. Wie an mehreren Stellen auf dem Weg zeigten sie eben einen Anti-Hippiefilm, und die Inder glauben unkritisch alles, was sie sehen. Es muß eine unschöne Sache gewesen sein, die Leute waren sauer und ich mußte sie herumtragen, um uns Plätze frei zu machen.

Nach einigen Stunden rüttelnder Fahrt zwischen Bäumen in voller Blüte standen dann die ersten tibetischen Gebetsfahnen an der Straße, und meine Augen füllten sich mit Freudentränen. Es war einfach so toll, daß es dieses Atemloch in der bedingten Welt noch gab, und wie immer entstand spontan in mir das Versprechen, es um jeden Preis zu schützen.

Die Inder verboten jeden westlichen Besuch in den Lagern, daher stiegen wir nicht am Haupteingang des Lagers aus, sondern fuhren noch einige Kilometer weiter. Dort nahmen wir einen schmalen Weg durch die Felder, den auch einige Tibeter aus dem Bus benutzten. Es war, wie sich herausstellte, sogar ein Abkürzungsweg ins Lager, und außerdem wußte kein Beamter, daß wir da waren. Uns würden sie nichts tun, aber es herrschte viel Eifersucht wegen des Fortschritts und der guten Organisation der Flüchtlinge. - Und alles, was dazu verwendet werden konnte, um auf die Tibeter Druck auszuüben, war willkommen.

Es war Anfang Februar, während des tibetischen Neujahrs, und die Nächte waren in dieser tausend Meter hoch gelegenen Gegend noch angenehm kühl, die Tage nicht zu heiß. Wir liefen durch dicht bepflanzte Maisfelder und sahen, daß die Tibeter, deren Tüchtigkeit wir kannten, auch in dieser Gegend gut leben können würden, wenn man sie in Frieden ließe. Wir erreichten Lager 4 und fanden das Haus 2, eine Zweighütte mit Lehmboden, deren eine Hälfte Ayang Tulku und seine drei Brüder bewohnten. Wie immer hatte das Frühwarnsystem der Tibeter funktioniert; schon auf dem Weg wurden wir von einer Schar unfaßbar wohlerzogener Kinder umringt, die uns zum Haus 8 weiterführten, wo alles für unseren Empfang vorbereitet war. Während wir gezwungen waren, zahllose Tellerchen von Leckereien zu verschlingen, das meiste auch für einen Europäer verdaulich, erfuhren wir, daß der Lama zur Zeit auf Reisen war. Das Telegramm, in dem wir unsere Ankunft angekündigt hatten, sei aber angekommen, und man habe ihn schon verständigt. Er werde in ein paar Tagen zurück sein, und bis dahin sollten wir bei seinen drei Brüdern wohnen. So hatten wir Zeit, unsere Gastgeber kennenzulernen, etwas Tibetisch zu reden und den Altar zu bewundern. Es war eine Freude, wieder

80. Vor unserem Abflug
nach Bombay

81. Ayang Tulku mit drei Brüdern
und Mönchen in Bylakuppe 72

von Buddha-Statuen und Thangkas umgeben zu sein. Hier hatte alles Sinn.

Nach einem Tag, an dem wir den Brüdern zeigten, wie die Geschenke zu gebrauchen waren, kam der Lama zurück. Seine Hauptpraxis ist das "Pho-Wa", die Bewußtseinsübertragung nach dem Tod. Wer sie verwirklicht und im Geist lebendig hält, wird nach dem Tod in einen befreiten Zustand geführt, in das "Reine Land" des Buddha Amitabha.

Als erste Weiße würden wir diese Belehrungen jetzt empfangen.

Schon am nächsten Tag begannen wir damit, unter einem alleinstehenden Baum, auf freiem Feld. Aber als zuviele Zuschauer zum Glotzen kamen, vertieften wir die Praxis in einem halbfertigen Betonhaus im nahen Dorf Kushaluager. Es war naß und ungesund, gab uns aber das, was in Indien das Kostbarste und Seltenste von allem ist: die Ungestörtheit, ein Stück Arbeit ordentlich zu machen.

Als wir aus der Zurückziehung herauskamen, war Ayang Tulku schon weiter gereist. Er war unter den damals 8000 Flüchtlingen fast der einzige Kagyü-Lehrer, und viel von seiner Zeit verging mit dem Verschaffen von Baugenehmigungen und Schmieren von Beamten. Jetzt war er in dem Mundgodlager wenige Stunden von dem Hippie-Mekka Goa, um dort Pho-Wa zu geben. Daher fuhren wir nach einigen Tagen auch dorthin.

Das Lager Mundgod wird von den Indern - aus welchen Gründen auch immer - besonders abgeschirmt, und so nahmen wir den schnellen Nachtbus von Mysore aus, der uns im Morgengrauen absetzte. Noch bevor die indischen Posten aufwachten, waren wir im Lager. Von einem höhergelegenen Punkt aus schauten wir über zwölf Siedlungen, die von Feldern umgeben auf einem großen, leicht hügeligen, im Urwald gerodeten Areal liegen. Es war ein seltsames Gefühl. Der Ort hatte etwas Besonderes. Das lag weder an den flatternden Gebetsfahnen noch an dem neuen Kloster - die ganze Schwingung des Gebietes war einzigartig.

Wir erkannten allmählich, was uns an diesem Lager gefangengenommen hatte: wir waren in eine heile Welt gekommen. Mundgod war ein ungestörtes Stück Tibet, etwas Ganzes, wie wir es heute nur aus den inneren Tälern Bhutans kennen. Trotz der enormen Unterschiede des Klimas und der Umgebung war hier das Kraftfeld der Buddhas so deutlich gegenwärtig.

Für ein paar Wochen sollte es uns gelingen, unterzutauchen, mit den hier lebenden Menschen eins zu werden und zu Lebensgewohnheiten zurückfinden, die ein jeder in den Knochen stecken hat. Die Erlebnisse während dieser Zeit waren besonders. Sowohl die ganz nackten Situationen, die wir mit den Leuten teilten, so unmittelbar an der Überlebensgrenze, daß die Bedeutung vieler Dinge sich enorm steigerte, als auch die Freude an Großzügigkeit und Zusammenhalt der Leute. Vom frühen Morgen an, wenn die ersten Besucher kamen, bis zum späten Abend, wenn wir gemeinsam die Opferungen des Tages verspeisten, gab es Wichtiges zu tun. Ayang Tulku arbeitete unermüdlich und pädagogisierte mit den Leuten und ich vergaß dieses Beispiel nicht; auf dem Gebiet der harten Arbeit kann ein jeder edel sein.

Mehrere Ereignisse während dieser Zeit zeigten deutlich die Kraft und Bedeutung der Übertragung des Diamantwegs. Zu einer Öpame-Einweihung, die Ayang Tulku gab, trug man auf einem Laken einen tuberkulosekranken Mann herbei. Er wog keine dreißig Kilo. Wir rutschten von dem Teppich, auf den man uns gesetzt hatte, zu den anderen in den zentimeterdicken Staub, damit der Kranke weicher liegen konnte. Es war schwer zu sehen, was ihn am Leben hielt, denn er bestand nur noch aus Haut und Knochen. In kurzen Abständen hustete er Blut und Schleim in eine Tasse, die wir jedesmal mit einem Stück Papier bedeckten, und so gut ich konnte zeigte ich den Leuten, wie Fliegen die Erreger übertragen. Während der Kranke vor uns lag und immer wieder mit kraftgeladenen Gegenständen gesegnet wurde, geschah in seinen todesmatten Augen eine deutliche Veränderung: Von Minute zu Minute strahlten sie stärker von innen heraus, während sich sein Gesichtsausdruck zunehmend entspannte.

Er war bereits in einem Zustand, aus dem heraus er mit ständig steigender Wonne alles um sich als das Reine Land des Amitabha, den "Bereich der Großen Freude" sah.

Zwei Stunden nach der Einweihung gab es von der von ihm erreichten geistigen Ebene keinen Weg zurück. Er konnte seinen zerstörten Körper verlassen und in das Reine Land gehen. Jetzt hatte er

82. Eine Flüchtlings-Frau
der Khampa aus Osttibet
in den südlichen Lagern

83. Nomadenkönig aus West Tibet,
der hier mit seiner Familie lebte

die "Fahrkarte" dazu. Eigentlich hatten alle schon ein Jahr vorher mit seinem Tod gerechnet.

Unter den Menschen im Mundgod-Lager gab es weniger politische Spiele als oft zwischen Zentral- und Westtibetern - was uns sehr gefiel. Sie erlaubten sich oft viel Raum, ein Zeichen innerer Reife, und begnügten sich nicht mit dem schon Erreichten. Morgens und abends waren überall Glocken und Handtrommeln zu hören, die Lautopferungen der rezitierten Meditationstexte, und obwohl alle sehr unter der Hitze litten und meistens T.B. und Durchfall hatten, waren sie echte Beispiele für den Weg der Laien, verbanden Reichtum und Erfahrung des Lebens mit Meditation zu einem totalen und umfassenden Erleuchtungsweg. Sie waren nicht wie die hohen Lamas schon '59 unter dem Schutz der Khampa-Krieger geflüchtet, sondern waren noch acht Jahre als friedliche Nomaden unter chinesischer Herrschaft in Tibet geblieben, bis die letzten Reste von Freiheit und Kultur während der Kulturrevolution zerstört wurden. Dann jedoch war es auch ihnen zu eng geworden und etwa achttausend flüchteten über Ladakh nach Indien. Die Inder hatten sie unter chinesischem Druck in Güterzügen in den südlichen Urwald verfrachtet, wo die Leichenfeuer monatelang brannten. Etwa ein Drittel schaffte die Umstellung nicht. Die Überlebenden jedoch hatten inzwischen landwirtschaftliches Geschick entwickelt und unterrichteten schon die einheimischen Bauern. Die wenigen Inder, die in dieser Gegend gelebt hatten, arbeiteten inzwischen fast alle für die klugen Einwanderer aus dem Norden.

Anfangs waren ihre Siedlungen im Urwald noch von Elefanten heimgesucht worden, die viele Menschen umbrachten, bis der Karmapa aus der Ferne einen Kraftkreis um die Siedlungen legte, woraufhin sich kein Elefant mehr blicken ließ. Ähnliches war auch in Bylakuppe geschehen, wo die Maisernte oft zerstört wurde, bis der Dalai Lama das Lager besuchte, und die Elefanten seitdem das Lager in Ruhe ließen. Es war eine heile Welt, aber so würde es kaum bleiben. Zwei Zeichen des kulturellen Niedergangs, die wir seit Marokko 1961 von so vielen Teilen der Welt kannten, waren auch in Mundgod nicht zu übersehen: Die jungen Leute zog es in die Städte - und die Elektrizität sollte Einzug halten. Die Masten standen und der Weg für Radiogeplärr statt Meditation war damit bereitet. Die Gefahr, die dies für ihren Lebensstil bedeutet, schienen sie nicht erkannt zu haben. Wir sagten ihnen, worauf sie besonders aufpassen sollten, aber wohl auch nicht mit der größten Überzeugung, denn auf dem Diamantweg macht man Erfahrungen nützlich, statt sie zu vermeiden. Es ist der schnellste Entwicklungsweg überhaupt, und die folgenden Jahre würden zeigen, ob sie es geschafft hatten.

Wie vor wenigen Monaten in Dänemark, als das Zeichen kam, die südlichen Lager zu besuchen, so wußten wir eines Tages plötzlich, daß die Fahrt jetzt weiterging. Wir spürten, daß der Karmapa uns wieder rief, wußten aber auch, daß wir vorher Tsetschu Rinpotsche in Nepal besuchen sollten. Der Abschied von unseren Freunden, mit denen wir jetzt ganze Welten von Erlebnissen teilten, war warm und herzlich.

Als wir nach sechs spannenden Wochen aus dem Lagertor herausmarschiert kamen, glotzten uns die indischen Polizisten an, als seien wir vom Himmel gefallen.

Das Leben - ein Traum

Die Szene in Katmandu hatte sich kaum verändert. Unsere vielen Freunden genossen nach der Mückenplage der Monsunzeit und den kalten Nebeln des Winters jetzt den schönen Frühling im Tal. Die meisten lebten mittlerweile in Bodhnath, und wir fanden für uns schnell das denkbar beste Zimmer mit dem Fenster hinaus zum Stupa-Platz. Noch in Südindien hatte ich gewußt, daß es an der Zeit war, Tsetschu Rinpotsche um die Traum-Meditation zu bitten, und so warteten wir nun auf die Rückkehr unseres ersten Lehrers, der wieder einmal unterwegs war.

Während wir so vor der neuen Meditation einige Tage Zeit hatten, entstand wirklicher Nutzen aus dem schon kennengelernten Pho-Wa. Während kurzer Zeit waren wir bei den Horden von halbverhungerten Hunden, die den Kindern noch im Hocken die Exkremente wegfraßen, sehr populär geworden. Wir warfen ihnen aus dem Fenster alle Essensreste zu und machten dabei Wünsche für sie. Ob die Mantras sie interessierten, weiß ich nicht, aber das Essen war sehr beliebt; daß sie sich dabei auch gut merkten, von wem dieser Segen kam, ahnten wir nicht. Eines Abends kehrten wir sehr spät zurück. Als wir über den menschenleeren Platz gingen und nur noch wenige Schritte von der Tür unseres Hauses entfernt waren, liefen Dutzende von Hunden wie auf ein Signal aus allen Winkeln zusammen. Im Nu waren wir von einer Meute bellender und scharf dreinblickender Hunde umringt und es sah so aus, als sollten wir ernsthafte Schwierigkeiten bekommen. Sie alle waren krank und die Bisse dieser Köter waren sicherlich das reine Gift. Ich hatte eben Hannah gegen die Mauer des Stupa gedrückt und das Messer in der Hand, da löste sich die vermeintlich so gefährliche Situation von selbst auf: Mit einer Welle von Wärme im Herzen begriffen wir, daß sie uns nicht angreifen wollten, sondern gekommen waren, um uns zu danken. Ihr rauhes Gebell bedeutete einfach: "Danke für das gute Essen". Das traf uns tief ins Herz und wir wünschten uns sehr, wirklich etwas für diese armen Wesen tun zu können. Es sollte nicht lange dauern, bis sich die Gelegenheit dazu bot.

Irgendwelche Leute, vielleicht Touristen, hatten sich über die wilden und oft tollwütigen Hunde beim Bodhnath-Stupa beschwert.

So tauchte eines Tages eine Schar von dicken Polizisten auf, die ihnen aus einem Sack graue vergiftete Brocken zum Fraß vorwarfen. Die Hunde starben langsam und unter großen Schmerzen daran, und obwohl die Tibeter versuchten, so viele Hunde wie nur möglich zu verstecken, gelang es nur bei den wenigen, die ihnen trauten.

Als wir nachmittags zurückkehrten, waren die Polizisten fort, aber das Ergebnis ihrer Arbeit war deutlich zu sehen. Um die Stupa lagen Dutzende von sterbenden Hunden und schnappten nach Luft. Während ich Hannah nach Wasser schickte, damit wir ihren Durst lindern konnten, segnete ich sie mit den Haaren des Karmapa und konnte fast allen zu einem leichten Tod verhelfen. Die Männer, die mit einem Lastwagen aufgetaucht waren, um die toten Hunde wegzukarren, mußten warten, bis ich fertig war - und vor allem die Tibeter waren froh.

Es wurde damals ein stehender Witz, daß wir bald viele Schüler mit rauher Stimme und großen Nasen haben würden, Wiedergeburten der Hunde, die an einem so heiligen Ort und mit unserer Hilfe gestorben waren.

Endlich kehrte Tsetschu Rinpotsche zurück. Es war wunderbar, ihn wiederzusehen und er wollte alles genau wissen. Als wir ihn um die Traummeditation baten, schaute er zuerst hinunter, als würde er ein Zeichen suchen, und als dieses offensichtlich stimmte, mit einem Ausdruck zu uns hinauf, den ich niemals vergessen werde. Noch bevor wir sein Ja hörten, hatte sich unsere Wahrnehmung geändert. Alles war schon ein Traum, und so blieb es den ganzen spannenden Monat, den wir bei ihm verbrachten.

Diese Meditation, die zu den "Sechs Doktrinen Naropas" gehört, greift unsere Unwissenheit auf breiter Front an und führt zu einer Ebene der Klarheit, die beide - Schlaf und Wachzustand - umfaßt. Erst lernt man den Traumzustand nachts erkennen, und dann diese Einsicht während des Tages, der ja auch ein Strom von Eindrücken ist, die wir mit anderen teilen, festzuhalten. Festigt sich dieses Erlebnis, fallen von selbst die Störgefühle weg, die ja auf unserem Glauben an die "Wirklichkeit der Dinge" beruhen, und der zeitlose, grenzenlose Raum des Geistes wird sich als Erleuchtung bewußt.

Sechs Wochen lang wohnten wir so in einer staubigen Abstellkammer unter dem Zimmer von Tsetschu Rinpotsche und die ganze Zeit träumten wir ununterbrochen, ob schlafend oder wach. Die Kraft von Tsetschu Rinpotsche war ständig dabei. Mehrmals am Tag kam eine besonders langnasige Ratte in das Zimmer, ging gemächlich zu der Stelle, an der wir etwas Essen hingelegt hatten, sammelte es auf und verschwand dann wieder; außer ihr sahen wir die ganze Zeit nichts Lebendes. Heute ist diese Erfahrung stärker denn je, und die Welt ist das spannende, freudvolle Spiel des Raums. Nichts wurde seit dieser Zeit begrenzend oder flach.

Als die Zurückziehung um war, zeigte sich Tsetschu Rinpotsche in der gewöhnlichen Form wieder. Es sei nun Zeit, zum Karmapa zu fahren. Wir würden ihn auf dem Rückweg von Bhutan an der TistaBrücke abfangen können. Um Zeit zu sparen, und weil es nur neun Dollar kostete, wollten wir den Flug nach Biratnagar im östlichen Nepal nehmen. Tsetschu Rinpotsche brachte uns zum Flughafen und zwei Tage später waren wir bereits in Sonada, wo sie Karmapas Termine kannten. Wie der Lama gesagt hatte, würde er ganz bald da sein: eben am nächsten Tag.

Über Sonada lag eine schwarze Wolke. Die Leute litten zutiefst, weil Kalu Rinpotsche seit über einem Jahr in Kanada festhing, und im Kloster nichts los war. Einerseits war es rührend, aber andererseits war es uns auch ein bißchen unheimlich. Wir fühlten selbst, daß uns der Karmapa sowohl in Richtung Hingabe als auch Selbstständigkeit entwickelte und konnten uns etwas anderes auch gar nicht vorstellen.

Wieder einmal warteten wir - aber diesmal nur kurz - an der Tista Brücke. Während wir die Eindrücke der vielen Welten aufsaugten, die sich hier begegneten, tauchten die Wägen Karmapas plötzlich auf. Er lächelte, zeigte auf die Innentasche meiner Armeejacke, wo sich ein Brief für ihn befand, und segnete uns, bis wir Licht sahen.

Voller Freude kletterten wir auf einen der Laster und unter strahlendem, wolkenlosen Himmel meditierten wir auf dem Weg nach Sikkim hinein.

Die folgenden Tage in Rumtek waren etwas Besonderes und wir waren jeden Augenblick ganz da. Der Karmapa ließ uns über seine

Schulter schauen wie niemals zuvor und zeigte vieles, was wir erst verstehen sollten, als wir selbst Verantwortung für die Entwicklung anderer bekamen.

Er sorgte dafür, daß wir da waren, wenn er Ratschläge über Zentren und Klöster gab und wenn er erklärte, welche Meditationen wie und wann zu gebrauchen waren. Oft fragte er, wie wir so etwas im Westen tun würden und lauschte unseren Ideen, aber sagte niemals ja oder nein. Ganz sicher entstand dann die von selbst einleuchtende Antwort in der nächsten Meditation.

Eines Tages, als alle Zeichen stimmten, rief er uns zu sich, gab unserem Freund Kim Wünsch und uns feine, glücksbringende Geschenke und sagte, daß wir jetzt, als erste Westler seinen Segen zum Starten von Zentren hätten.

Unsere Arbeit in Skandinavien würde sich in Europa und überall ausbreiten. Er versprach uns jede Hilfe und sagte, daß sein Segen und seine Übertragung ständig bei uns sein werde. Halb im Schock, aber mit einer Explosion von Energie, die noch heute unaufhörlich wächst, schickte er uns nach Europa, - zu dem, was unsere Lebensaufgabe werden sollte.

Die Zeit war gekommen, um zum Besten anderer zu arbeiten, und mit Dankbarkeit und Erstaunen nahmen wir die vielen glücksverheißenden Geschehnisse wahr, die sich in den drei Wochen anhäuften, bis wir wieder den überfüllten Billigflug aus Bombay nehmen konnten; es waren Zeichen voller Bedeutung, für die unmittelbare wie für die ferne Zukunft.

In Bodhgaya, wo wir dem großen goldenen Buddha in der Stupa ein übereiltes Auf Wiedersehen sagten, sahen wir beide die Statue lebendig werden und uns anlächeln. Völlig überwältigt liefen wir rückwärts aus dem Raum, um unsere Rikschas aufzuhalten, bevor sie mit unseren Sachen verschwanden und unser einziger Gedanke war: "Aber er hat ja Sinn für Humor". Was hätten wir auch sonst denken oder sagen können?

Die Vision rief eine starke Reinigung hervor, und auf dem ganzen Weg nach Bylakuppe und während des Aufenthalts dort war ich krank wie selten zuvor. Schmerzen - als würde mein Kopf und Hals ständig explodieren. Mit dem angenehmen Kalkutta-Madras-Mysore-Express, in dem es für alle Sitze gab, kamen wir gerade an, als die Fußböden im ersten Gebäude des neuen Klosters zementiert wurden. Das Kloster lag auf einem Hügel mit einer schönen Aussicht über andere Flüchtlingslager und es fühlte sich ganz richtig an, jetzt hier etwas zu tun, bevor wir mit dem Aufbau in Europa anfingen.

Der Lokalzug nach Bombay war nicht schneller geworden; vor dem Flugbüro wartete Sylvia, eine Engländerin mit blonden Locken, die in Indien herumgefahren war, auf der Suche nach der karmischen Verbindung, die ihr jetzt beim Rückflug begegnete. Sie flog mit nach Dänemark, um zu helfen und wußte schon nach zwei Tagen gemeinsamer Quarantäne in Ägypten viel über die Lehre.

An einem kalten, klaren Oktoberabend landeten wir in der schönen Stadt Kopenhagen.

Die Arbeit beginnt

Unsere wunderbaren Eltern warteten am Flughafen, froh daß wir diesmal nicht für Jahre weggeblieben waren, und um sie herum stand ein Dutzend alter Freunde. Mehrere waren ungefähr zur selben Zeit aus der Drogenszene herausgewachsen wie wir und vor allem unser erstes Buch "Diamantweg", das '72 erschienen war, hatte eine Menge Interesse geweckt. Dank ihres guten Karmas waren sie jetzt tief an der Lehre Buddhas interessiert.

Wie später so viele Freunde auf der ganzen Welt waren sie bereit, Zeit und Kraft einzusetzen, um anderen die Freiheit zu ermöglichen, die dem eigenen Leben Sinn gab, und die Arbeit konnte so mit dem besten Kapital überhaupt anfangen: Einer zusammengeschweißten Gruppe von hingebungsvollen und motivierten Leuten.

Schon am nächsten Abend erwachte Karmapas Segen im Kreis dieser Freunde. Die Übertragung der Kagyü-Linie kam voll durch, und wir verstanden Karmapas letzte Worte an uns: "Ich bin jetzt bei euch, immer und überall". An einem prachtvollen Herbstabend auf geernteten Feldern und mit den Farben des Sonnenuntergangs über Stege-Bucht, auf der dänischen Insel Mön, gab ich zum ersten Mal in diesem Leben die erleuchtete Energie Karmapas weiter. Ohne den Strom von Kraft zu unterbrechen hörte ich meine Stimme sprechen und sah wie meine Hände mit Karmapas Reliquien die Leute segneten. Etwas unendlich viel Stärkeres und Bewußtes als das "ich", das man sonst zu sein glaubt, bahnte sich seinen Weg; es war eine riesige Freude. Nichts konnte reicher oder schöner sein als diese klare Energie, die so viel Fantastisches geschehen ließ.

Am nächsten Tag ging die Fahrt nach Kopenhagen zurück und auf dem Weg hatten Freunde einen Vortrag in einem Seminarzentrum organisiert. Ich hatte niemals vorher eine Rede gehalten, und während wir wie üblich im allerletzten Augenblick in unserem alten VW-Bus seitwärts durch die Kurven hüpften, wählte Hannah unter unseren vielen Farbdias eine Handvoll aus, die ihr nützlich erschienen um die Lehre zu erklären. Eine Serie, die noch heute von buddhistischen Lehrern wie Friedel Kremer aus Wuppertal verwendet wird.

Mit einem schiefen Lächeln zu dem Karmapa - und was nun? - ging ich in den vollen Saal, aber schon nach wenigen Worten war es wie am Tag vorher. Die Energie kam durch, und mit intensiver Freude spürte ich wie wir uns begegneten, ergänzten und zusammenwuchsen, wie der Raum vor Leuchtkraft einfach knisterte. Es war der erste von den täglichen Vorträgen die ich seither überall halte und die mich in diesem Jahr - 1988 - dreimal um die Welt führen werden. Wenn Ziel und Weg verstanden und dadurch Fragen geklärt worden sind, geben wir dann Mittel wie die hier im Buch beschriebenen. Durch beide zusammen entsteht echte Erfahrung. Während dieser Tage entstand auch die Zufluchtsmeditation, die hier im Buch abgedruckt ist, eine Meditation, die wir unseren Freunden als ersten Schritt auf dem Weg geben. Wir raten sehr, die vier Zeilen 11.111 Mal im Sitzen zu wiederholen, um so den Segen der Linie zu erwecken. Dadurch entsteht ein gutes inneres Gefühl, ein überzeugendes Erlebnis, daß die Lehre nicht bloß etwas Intellektuelles ist, und zugleich entstehen Zielstrebigkeit und Ausdauer, notwendige Eigenschaften für den Rest des Wegs. Vor allem stellt die ständige Wiederholung unseren Geist auf seine Raum-Klarheit jenseits von Vorstellungen und Gewohnheiten ein. Wir erleben immer tiefer, wie vollständig fantastisch und wunderbar es ist, daß hinter Vergänglichkeit und Veränderung dieser Welt eine wirkliche Zuflucht liegt, etwas absolut Wahres und Vollkommenes, was niemals verschwinden kann.

So wurde es unser Leben, fast täglich in einer neuen Stadt zu sein und die spannendsten Leute überhaupt als Schüler und Freunde zu bekommen. Hannah ist eine sehr begehrte Übersetzerin und Vertraute der höchsten Meister unserer Linie und ich bin vor allem in Zentraleuropa in einem gebrauchten - aber schnellen - BMW unterwegs. Die deutschsprachige Welt und Osteuropa haben heute das größte Potential der Welt für geistige Entwicklung, sind offener und weniger egoistisch als sonst überall und es ist eine ständig wachsende Freude, dieses Gebiet von Karmapa als besonderes Arbeitsfeld bekommen zu haben. Sogar wenn ich die Zähne zeigen muß, weil eingeladene tibetische Lehrer, statt die Zentren zu stützen, wie es Karmapas Wunsch ist, egoistisch eigene Grüppchen abtrennen und damit Freundschaften stören und eine Menge Verwirrung und Diskussion stiften, macht das Beißen für eine gute Sache Spaß.

Die Zentren Karmapas zwischen Dublin und Krakau, Oslo und Athen, in Mexiko, USA, Südafrika und jetzt auch auf Taiwan, Hong-

84. Tenga Rinpotsche

85. Thrangu Rinpotsche

86. Gendün Rinpotsche

87. Beru Khyentse Rinpotsche

88. S.H. Karmapa im Zentrum in Kopenhagen, Dezember 76

kong und Japan wachsen fast alle gut, und hier möchten wir, Hannah und ich und Maia, die so oft auf den spannenden Fahren dabei ist, allen Freunden für ihre unermüdliche Arbeit in all den Zentren danken. Irgendwie gelingt es, Tag und Nacht immer mehr Kraft und Freude abzugewinnen. Hunderte von ganz nahen Freundschaften entwickeln sich als schönste Beigabe dazu. Die bis jetzt sieben Fahrten mit fast tausend Freunden in den Himalaja und Tibet haben viele die ersten vier Lehren des Buddha hautnah erleben lassen: Das Leiden, seine Ursache, sein Ende und der Weg dahin; und meine Kurse über bewußtes Sterben (Pho-Wa) wird es jedes Jahr geben - '89 wohl in Zentren bei Malaga und Korinth.

Weil die Übertragung der Linie so stark ist, entwickelt sich ein jeder. Die einen mögen die traditionelle dreijährige Gruppenzurückziehung, während solche, die viel Kraft und Vertrauen aus früheren Leben mitbringen, von anderen als Segensträger und Lehrer anerkannt werden. Ein jeder muß die Materie kennen, seine Bände halten und aus allem lernen, was geschieht. Persönliche Reife ist das einzige, was auf Dauer überzeugt.

Man fühlt ein typisches Unbehagen, wenn man Fehlerhaftes sagt oder ein schwaches Beispiel abgibt, während Wahrheit einfach freudvoll ist.

So liegt der Weg frei, durch häufige Verwendung der hier gegebenen Karmapa-Meditation, und durch das Mitmachen im nächstgelegenen Zentrum - nicht nur ein reiches eigenes Wachstum zu erleben, sondern allen Wesen den denkbar wichtigsten Kontakt zu ermöglichen: den Zugang zu einem sauberen, praktisch verwendbaren Erleuchtungsweg. Vertrauen zu Karmapa und seinen Vertretern und Praxis während der Ferien in einem Landzentrum wie Rödby, die Stelle in Österreich und Karma Gön naha Malaga in Spanien geben dazu die nötige Kraft.

Eines Tages werden wir alle den offenen klaren und unbegrenzten Geist erkennen und Furchtlosigkeit, Freude und aktives Mitgefühl aller Buddhas in die Welt strahlen. Alles Kleinliche, Begrenzende und Blockierende fällt dann weg, und unsere zeitlose Vollkommenheit zeigt sich klar.

Heute müssen wir nicht weit fahren, um die Mittel zu finden. Überall gibt es Zentren und Gruppen. Die höchsten Meister der Linie besuchen uns öfters und die Prophezeiung von Guru Rinpotsche hat sich nach 1200 Jahren erfüllt:

"Wenn der Feuerochse auf Rädern fährt (Züge) und der eiserne Vogel überall fliegt, wird meine Lehre ins Land des weißen Mannes kommen".

Die Buddhas vom Dach der Welt sind schon unter uns.

Karmapa-Meditation

Drei-Lichter-Meditation

Wir spüren den formlosen Luftstrom, der an der Nasenspitze kommt und geht, lassen Gedanken und Geräusche einfach vorbeigehen, ohne an ihnen zu haften.

Dann denken wir kurz über die vier Dinge nach, die uns auf dem Weg zur Erleuchtung motivieren:

Über die kostbare Möglichkeit, mit den Mitteln eines Buddha dieses Leben zum Besten aller Wesen zu nutzen.

Über die Vergänglichkeit aller Dinge, mit dem Wissen, daß das Einzige, was niemals verschwindet, die offene klare Unbegrenztheit des Geistes ist, und daß wir nicht sicher sein können, wieviel Zeit uns bleibt, um diese zu erkennen.

Über Ursache und Wirkung, - wir verstehen, daß wir selbst mit unseren Handlungen und Worten bestimmen, was geschieht. Daß unsere früheren Handlungen und Gedanken unsere heutige Welt wurden und daß wir jetzt den Samen für morgen legen.

Und schließlich denken wir an die Gründe, warum wir mit dem Geist arbeiten; einerseits, weil Erleuchtung zeitlose, höchste Freude bedeutet, jenseits von allem, was wir jetzt kennen, und andererseits, weil wir für andere wenig tun können, solange wir selbst verwirrt sind und leiden.

Da wir unseren Geist nicht immer so halten können, wie wir es möchten, wollen wir uns denen öffnen, die dazu in der Lage sind:

Wir nehmen Zuflucht zum Buddha, dem absoluten Zustand unseres Geistes, zu den Mitteln, die uns dahin führen, der Lehre, und zu unseren Freunden und Helfern auf dem Weg, den Praktizierenden.

Vor allem nehmen wir Zuflucht zu dem Punkt, wo all dies als Segen, Erleuchtung und Schutz zu uns kommt: zu unserem Lama, dem Karmapa.

Unser eigener Körper, unsere Freunde, die Wände um uns, die Erde unter uns, alles überall wird traumhaft, wie Formen aus Licht und Energie. Schließlich lösen sich diese im offenen, unbegrenzten Raum völlig auf. Wir ruhen in diesem Zustand.

In dieser Offenheit, die nicht ein Nichts ist, sondern in der sich aller spielerische Reichtum des Geistes frei entfaltet und wieder auflöst, entsteht vor uns die leuchtende, durchsichtige Gestalt unseres Lamas, des Karmapa, eine Form aus Energie und Licht.

Er trägt die Schwarze Krone auf dem Kopf, die Form, die die Fähigkeit hat, die tiefsten Zustände der Offenheit in uns zu erwecken.

Sein Gesicht ist golden und mild. Seine Augen sehen uns, kennen uns und wünschen uns alles Gute.

Er trägt die roten Roben, die Arme hat er am Herzen gekreuzt und er sitzt in der Meditationsstellung. Um ihn herum befindet sich ein Kraftfeld aus Regenbogenlicht.

Wir verstehen, daß hier nicht ein Mann oder ein begrenztes Wesen erscheint, sondern daß sich die Wahrheit des ganzes Raums, der Geist aller Buddhas, in dieser Form manifestiert, um uns unser eigenes Wesen zu zeigen.

Wir verstehen, daß der Karmapa spontan da ist, wenn wir an ihn denken, gleichgültig, ob wir ihn klar sehen können oder nicht.

Wir wünschen zutiefst, zum Besten aller seine Fähigkeiten zu verwirklichen und öffnen uns ihm gegenüber, indem wir sagen und denken:

"Lieber Lama, Du der Du die Essenz aller Buddhas bist, Dich bitten wir: Gib uns Deine Kraft, die die Unwissenheit und Verdunklung von allen Wesen und uns selbst entfernt. Laß das zeitlose, klare Licht, das wahre Wesen unseres Geistes in uns erwachen."

Während wir dies zutiefst wünschen, kommt jetzt sein ganzes Kraftfeld viel näher - und der Karmapa ist jetzt ganz nahe vor uns im Raum.

Jetzt strahlt aus der Stirn des Karmapa, zwischen seinen Augenbrauen, ein sehr kraftvolles, klares weißes Licht heraus.

Es strömt in unsere Stirn hinein, durch die Stirn in unseren Kopf und füllt ihn völlig mit kristallklarem, durchsichtigem Licht. Durch die Wirkung des Lichts löst sich jetzt alles Störende in den Nerven und im Gehirn auf; alle negativen Handlungen, alle Krankheiten, alles Blockierte in den Sinnen und im Körper verschmilzt total im klaren Licht. Und unser Körper wird ein Werkzeug, um den Wesen Liebe und Schutz zu geben. Wir ruhen im klaren Lichtstrom, der unseren Kopf ausfüllt und hören dabei die tiefe, innere Schwingung "OM".

Jetzt strahlt aus der Kehle des Karmapa vor uns ein tiefes klares rotes Licht aus. Es strömt direkt in unseren Mund und Hals und füllt die ganze Sprachgegend mit durchsichtigem, roten Licht. Durch die Wirkung des roten Lichts lösen sich jetzt alle Störungen in unserer Rede auf. Alles Negative, was wir sagten, verschwindet, und unsere Rede wird Mitgefühl und Weisheit, wird ein Mittel, um anderen zu helfen.

Wir verweilen im roten Licht, das unseren Mund und Hals ausfüllt, und hören dabei die tiefe innere Schwingung "AH".

Jetzt strahlt aus dem Herzzentrum des Karmapa vor uns, mitten aus seinem Körper, ein sehr tiefes klares blaues Licht aus. Es strömt in unsere Brust hinein und füllt die ganze Herzgegend mit tiefem, durchsichtigem blauen Licht. Durch die Wirkung des blauen Lichts lösen sich jetzt alle störenden Gefühle auf. Alle extremen, steifen Vorstellungen verschwinden im tiefen blauen Licht und unser Geist wird spontane Freude, Freude, die von selbst im Raum entsteht. Wir halten das blaue Licht im Herzen fest und hören währenddessen die tiefe innere Schwingung "HUNG".

Jetzt strahlen die drei Lichter auf einmal in uns hinein, und wir spüren die drei Punkte zusammen, so gut es geht:

weiß in die Stirn

rot in die Kehle

blau in das Herz.

Dies gibt uns die ganze Essenz des Karmapa, sein Mahamudra.

Während wir die drei Lichter im Geist halten, sprechen wir auch das tiefe Mantra, das bedeutet:

"Tatkraft aller Buddhas, werde eins mit mir".

Wir sagen es innerlich oder laut, wie wir es wünschen und konzentrieren uns währenddessen auf die drei Lichter.

...KARMAPA TSCHENNO ... (oft wiederholen)

Dann löst sich die goldene, durchsichtige Form des Karmapa mehr und mehr in Regenbogenlicht auf. Auch die schwarze Krone löst sich auf - und all das Licht fällt jetzt auf uns, strömt in uns hinein und füllt uns ganz auf. Wie Wasser in Wasser strömt und untrennbar eins wird, so verschmilzt der Geist aller Buddhas mit uns - und wir bleiben in diesem unendlichen leuchtenden Zustand, so gut es geht.

Wenn die Gedanken stärker werden, entsteht wieder in dem unbegrenzten, leuchtenden Raum unseres Geistes eine Welt. Wir und alle Wesen entstehen als Buddhas und Bodhisattvas, ob wir es erkannt haben oder nicht.

Alles um uns herum entsteht als ein Reines Land: frisch und leuchtend, voll unbegrenzter Möglichkeiten. Alle Geräusche haben die Schwingung von Mantras und alle Gedanken und Erlebnisse sind fantastisch, bloß weil sie geschehen.

Wie wir jetzt in eine aktive Phase hinüberwechseln, denken wir nicht, daß wir die Meditation abbrechen und etwas anderes tun, sondern behalten das Gefühl der Frische in uns und versuchen ständig, alles auf der höchstmöglichen Ebene zu sehen.

Sobald es uns wieder möglich ist, lassen wir erneut unseren Lama vor uns entstehen und nehmen die Lichter nochmals in uns auf.

Und wir wünschen zuletzt, daß all das Gute, was hier geschehen ist, grenzenlos wird und zu allen Wesen überall hinausstrahlt, ihnen ihr ganzes Leid nimmt und ihnen die einzige, dauernde Freude gibt; das Mahamudra, das Erkennen vom eigenen Geist.

Auf Tibetisch lautet das so:

"ge wa di yi nyur du da

tschag gya tschenpo drub gyur ne

dro wa tschig kyang ma lü pa

de yi sa la gö par scho"

Karmapa Tschenno

Die Umformung der inneren Energien

Ein Interview mit Ole Nydahl von Sybille Greiling

Erschienen in der Zeitschrift ESOTERA am 4. April 1982

Esotera: Die zentrale geistige Beziehungsfigur Ihres Lebens, der 16. Gyalwa Karmapa, ist im letzten Herbst im Alter von 56 Jahren an Herzversagen in einer Klinik in Chicago gestorben. Gibt es irgendwelche Erklärungen für diesen frühen Tod, abgesehen von dem rein organischen Versagen?

Nydahl: Ja, es gibt viele Gründe dafür. Es war eigentlich, technisch gesehen, die richtige Zeit. Erstens hat der Karmapa, wie alle hohen Bodhisattvas (Wesen, die sich für das Wohl der anderen opfern), seinen Körper verwendet, um so viele negative Energien wie möglich aus der Welt herauszuziehen. Es gibt Meditationen, wo man den eigenen Körper als ein ganzes Universum visualisieren und dann in der Form von Schwierigkeiten, Krankheiten etc. viel Negatives, was sonst zahlreiche andere Wesen berühren würde, auf sich nehmen kann. Tatsächlich ist der Karmapa an sechs bis acht tödlichen Krankheiten gleichzeitig gestorben. Er war völlig von Krebs befallen, hatte Leberversagen, Nierenversagen, also so ungefähr alles, woran man sterben kann. Zu der Zeit und an jenem Ort zu sterben, war seine eigene, freie Wahl gewesen. Anderthalb Jahre zuvor hatte er nämlich bereits zu Hannah und mir gesagt, daß wir an jenem 1. November zu ihm kommen sollten und daß wir unsere Freunde mitbringen könnten. Wir hatten damals beide das Gefühl, daß es war, um Abschied zu nehmen.

Und er hätte nicht die Kraft gehabt, seinen Körper von dieser Krankheit zu befreien?

Nydahl: Es war nicht so sinnvoll. Er ist ja nicht alleine, er hat ja vier junge Inkarnationen (sog. Tulkus), mit denen er abwechselnd wiedergeboren wird, und sie sind jetzt alle 30 Jahre alt. Wenn er also als 20-jähriger zurückkommt, um voll die Linie zu übernehmen, dann sind diese 50 Jahre. Wenn er während der Flucht aus Tibet gestorben wäre, gäbe es den größten Teil des tibetischen Buddhismus heute nicht mehr, unsere paar hundert Zentren auf der Welt existierten überhaupt nicht. Wenn er 20 Jahre später gestorben wäre, dann wären die Lamas zum Zeitpunkt seiner Wiederkehr als Träger der Linie ungefähr siebzig Jahre alt gewesen. Obwohl es uns also allen wehtut, sehr wehtut, daß er gestorben ist - wie haben alle sehr an seinem großen, warmen, spaßvollen Körper gehangen -, so ist es technisch gesehen absolut die richtige Zeit für die Übertragung. Auch daß er in Chicago starb, ist sehr sinnvoll. Chicago hat die größten Schlachthöfe der Welt, und ich habe in Chicago mehr unglückliche und kranke Wesen gesehen als je zuvor.

Indem er dort starb, hat er also eine Reihe von Wesen gleichsam miterlöst?

Nydahl: Er hat zumindest sehr viel negative Energie von den Leuten absorbiert, weggenommen. Ich habe früher miterlebt, wie er dies tat, auch bin ich ziemlich sicher - das sagen auch die großen Lamas -, daß es in der Zukunft große Fortschritte in der Behandlung der Krankheiten, an denen er starb, geben wird, also Krebs etc. Da wird es bald zu Wendepunkten kommen.

Sie waren bei seinen letzten Ehren zugegen. Was hat sich da ereignet?

Nydahl: Oh, es hat sich sehr viel ereignet. Hannah und ich waren seine ersten westlichen Schüler, und wir haben seit 1969 schon des öfteren gesehen, wie er mit den sogenannten Naturgesetzen spielen konnte. Aber was wir diesmal erlebten, nachdem er den Körper verlassen hatte, das war uns nie zuvor begegnet. Nach seinem Tod in der Nacht des 5. November ist er hintereinander fünf Tage in Meditation sitzengeblieben, ohne daß sein Körper kalt oder steif wurde.

Klinisch war er aber bereits tot?

Nydahl: Ja, sein Körper blieb warm ohne jede Gehirn- oder Herzaktivität, vor allem das Herzzentrum. Immer wieder stellten dies die Ärzte fest. Das war natürlich auch ein Grund, warum er im Westen starb. Dann wurde er nach Rumtek (Sikkim) geflogen, wo wir mit 101 Freunden auf ihn warteten. Wir konnten sehen, wie er ohne Balsamierung im großen Mandala eingesetzt wurde. Ich gehörte zu denen, die ihn in den Klosterhof hineingetragen hatten. Als ich nach fünf Tagen meinen Kopf gegen seinen Fuß lehnte, war er immer noch warm. Das ist natürlich äußerst ungewöhnlich.

Er wurde dann in Meditationshaltung ohne Balsamierung in einen warmen Raum eingesetzt, und während der 45 Tage, die man ihn dort sitzen ließ, bis zum 20. Dezember, wo er verbrannt wurde, schrumpfte der Körper auf die Größe eines kleinen Kindes zusammen, er war etwa 50 Zentimeter groß am Schluß. Ein dünner Schal hing über sein Gesicht, aber alles war noch voll zu sehen, die Augenhöhlen etc. Ich bin Zeuge dafür, unsere anderen Leute, die da waren auch. Als die Pudscha (die Gesänge, um seinen Geist zu erwecken, d.h. aus dem Zustand der Unbegrenztheit wieder hierher, zu einer neuen Inkarnation zu leiten) beendet war, tauchte um die Sonne herum ein riesiger, vollkommen runder Regenbogen auf (von dem es Fotos gibt), er war ganz deutlich zu sehen. Dann war kurze Zeit nichts, und als das Feuer gelegt wurde, kam dieser Regenbogen noch einmal ganz stark zum Vorschein.

Zuerst wollte der Körper nicht richtig brennen, und der Rauch ging in alle vier Richtungen der Stupa (dem Verbrennungsort), was von den Tibetern als ein Segen aufgefaßt wird. Als man nach einiger Zeit durch die oberen Löcher in die Brennstelle hineinblickte, war diese plötzlich leer. Es ging dann ein junger Lama an der Stupa vorbei, und in diesem Augenblick kam aus dem Observationsfenster eine Kugel herausgeflogen. Man untersuchte sie und stellte fest, daß sie außen hart und innen weich war. Mit der Zeit wurde sie immer kleiner, entmaterialisierte sich sozusagen, und das kam nicht von der Hitze, denn die Kugel lag ja schon außerhalb der Feuerstelle.

Die Tibeter sagen, die Dakinis, die weiblichen Buddhas, die nicht so viel von uns Menschen halten, klauten die Essenzen von erleuchteten Wesen, nähmen sie zu sich. Diese Kugel war offensichtlich das Herz des Karmapa, und als es immer kleiner wurde, deckte man es zu und brachte es an einen anderen Ort. Es dient jetzt als Reliquie, und man verwendet es zum Erteilen von Segnungen.

Während des Verbrennens hatte ich auch psychische Erlebnisse, die völlig neu waren. Ich habe niemals Wünsche, ich bin ein Mann ohne Wünsche. Was auf der Welt geschieht, ist so spannend und fantastisch, wie kann ich mit Wünschen daran herumarbeiten? Die buddhistischen für das Wohl und die Erleuchtung aller Wesen habe ich natürlich schon, sonst aber keine. In jenem Augenblick jedoch kam ein unendlicher Strom von Wünschen in mir hoch, und hinterher stellte ich fest und tue es noch, daß ein jeder dieser Wünsche sich verwirklichte. Eine Woche nach der Verbrennung des Karmapa, am 27.Dezember, wurde die Stupa geöffnet. In dem Augenblick kam ein riesiger Adler, kreiste eine Zeitlang über der Stelle und flog dann direkt nach Westen. Die Asche erhielt sehr viele Reliquien. Ich habe zum Beispiel in meiner Asche einige kleine goldene und silberne Metallkügelchen gefunden, die Asche produzierte hinterher noch weitere davon, das Kraftfeld ist also noch weiter lebendig gewesen.

Es handelt sich also um Wunder?

Nydahl: Ja, ganz eindeutig. Aber mit Fortschreiten der Wissenschaft ist das, was wir heute als Wunder bezeichnen, vielleicht in einigen Jahren erklärbar.

Sind die Tibeter daran interessiert, daß diese Dinge wissenschaftlich erklärt werden?

Nydahl: Ja, deswegen ist der Karmapa im Westen gestorben, dessen bin ich sicher. Er wünschte tatsächlich, daß die Leute sich über seine Todesmeditation Gedanken machten. Hier werden ganz bestimmt Brücken zum Westen geschlagen werden.

Sehen Sie die Möglichkeit und Notwendigkeit, im Westen einen neuen, universellen Buddhismus zu schaffen, bei dem ethnische Komponenten (tibetischer, japanischer, chinesischer Buddhismus...) keine Rolle mehr spielen?

Nydahl: Das geschieht gerade. Wir sind dabei, die alten Zöpfe abzuschneiden und das, was vom Buddhismus wirklich wichtig ist und Sinn hat, zu übernehmen: das Wissen um das absolute Wesen des Geistes einerseits und andererseits die Mantras und die verschiedenen Meditationsformen. Was mit den jeweiligen Kulturen zu tun hat, das filtert sich langsam weg. Das Beste des Ostens soll mit dem Besten unserer (westlichen) Kultur vereint werden.

Es gibt also keine grundlegenden Unterschiede zwischen den einzelnen Formen des Buddhismus? Wie würden Sie etwa den tibetischen Buddhismus vom Zen-Buddhismus abgrenzen?

Nydahl: Ich würde sagen, daß das, was im Japanischen "Zen" heißt und im Tibetischen "chakchen" und "dzogchen", das "große Zeichen" und die "große Vervollkommnung" dasselbe sind. Der tibetische Buddhismus arbeitet eben zusätzlich mit Visualisierungen und inneren Energien, aber das essentielle Erkennen vom Wesen des Geistes ist dasselbe.

Trotz der Bereitschaft zu meditativen Erfahrungen sind viele Suchende beim tibetischen Buddhismus von den zahlreichen Göttern und Bodhisattvas zunächst verunsichert. Ist die Archetypenwelt der Tibeter für uns ohne weiteres zugänglich?

Nydahl: Es gibt natürlich bei verschiedenen Menschen, die mit etwas so Reichem wie dem tibetischen Buddhismus anfangen, Schwierigkeiten. Wenn diese entstehen, so ist es jedoch der Fehler von uns, den Lehrenden. Wenn die Menschen vor der sehr großen Zahl von unterbewußten Mitteln wie den verschiedenen Meditationsbuddhas usw. stehen, müssen wir ihnen beibringen, daß diese alle denselben Sinn haben, daß sie alle nur unterschiedliche Werkzeuge sind, die unsere jeweiligen Neurosen auf einer reinen Ebenen abbilden. Und da, wo man immer wieder das Unreine, Verwirrte unseres eigenen Geistes mit diesen reinen Bewußtseinsebenen vermischt und vermengt, da entstehen dann die verschiedenen Erleuchtungsprozesse. Aber man braucht eigentlich nur eine einzige Sache. Und es ist unsere Aufgabe, den Wesen, wenn sie zu uns kommen, zu erklären, was ihnen hilft, genau wie man von all den Mitteln in einer Apotheke auch immer nur ein ganz bestimmtes braucht.

Und das, was zu einem paßt, findet der Lama heraus?

Nydahl: Ja, man hat aber natürlich auch selbst ein Gefühl dafür. Die einen werden von Anhaftung und Begierde dominiert, die anderen von Widerwillen und Zorn, manche sind einfach verwirrt, wissen nicht, was sie haben oder nicht haben wollen. Je nachdem, wie der Geist arbeitet, paßt zu dem einen dann eine friedvolle, zornige oder vereinigte Form als Meditationsinhalt.

Wir leben in einem Zeitalter der Therapie. Inwieweit könnte man die Meditationstechniken des tibetischen Buddhismus als therapeutisch betrachten?

Nydahl: Wenn der Mensch Herr über seinen eigenen Geist wird, die Schicht zwischen Unterbewußtsein und Bewußtsein weggenommen wird, so ist das das Ziel der Entwicklung.

Man hört diesbezüglich von westlicher Seite des öfteren, daß für Menschen, die von Natur aus bereits nur eine dünne Schicht zwischen Unterbewußtsein und Bewußtsein besitzen, durch bestimmte Meditationstechniken die Gefahr eines Abgleitens in Bereiche der Psychose bestünde, also der Inflation des Bewußtseins durch Inhalte des Unterbewußten.

Nydahl: Bei uns kenne ich solche Fälle nicht. Wie arbeiten ja ganz bewußt stufenweise. Zuerst muß da die richtige Anschauung entwickelt werden. Wenn die richtige Anschauung da ist, das heißt, wenn wir das Wesen der bedingten Welt erkennen, nehmen wir die sogenannte "Zuflucht": Wir öffnen uns den verschiedenen Buddha-energien und werden dadurch geschützt. Dann arbeiten wir zunächst mit friedvollen Aspekten, die keine psychologischen Schocks hervorrufen. Wir bauen sie auf, lösen sie in Licht auf und verschmelzen sie mit uns auf friedvoller Ebene. Allmählich geht man auch zu den zornigen Aspekten über, wenn man nämlich erkennt, daß letztlich der, der sieht, das, was gesehen wird, und die Handlung des Sehens eine Einheit sind.

Dieser Zugang zum Unterbewußtsein ist also gefahrlos?

Nydahl: Es kommt darauf an, was man mitbringt. Man kommt ja zum Lehrer, zum Lama, und macht sich nicht seine eigene Meditation. Unsere Aufgabe ist es dann, herauszufinden, was der einzelne gebrauchen kann. Die einen kommen, weil sie irgendein großes Problem haben, das sie schmerzt. Andere kommen, weil sie so viel Überschuß entwickelt haben, daß man ihnen Weisheit und Mitgefühl vermitteln kann, Mitgefühl, das so stark wird, daß alle Grenzen und Trennungen verschwinden, und Weisheit, die zeigt, daß es nur natürlich ist, gut zu sein, da wir alle eins sind.

Sie würden also einen problembeladenen Menschen statt zu irgendeinem Therapeuten oder Psychoanalytiker eher zum Lama schicken?

Nydahl: Der Lama kennt eben den ganzen Weg, und man kann immer nur so viel geben oder lehren, wie man selbst verstanden hat. Der Lama hat entweder durch seine Retreats (Phasen der Zurückgezogenheit - Anm.d.Red.) oder besondere Übertragungen und Segnungen oder durch Meditationen in vergangenen Leben ein direktes Erlebnis vom Geist. Er erfährt den eigenen Geist als offen wie der Raum, leuchtend klar und jenseits aller Grenzen. Indem man erlebt, daß der Geist offen wie der Raum ist, wird man furchtlos, denn der Raum ist nicht zu stören; indem man erlebt, daß er leuchtend klar ist, fühlt man sich leicht und froh, denn in dieser Offenheit spielen so viele Möglichkeiten, und aus der Unbegrenztheit heraus erlebt man Liebe und Mitgefühl. Einem Therapeuten und Analytiker stehen, da er sich ja für den Geist interessiert, diese Möglichkeiten alle offen.

Religion und Therapie gehen bei der Bhagwan-Bewegung zum Beispiel eine besonders schwer zu definierende Verbindung ein. Wie betrachtet man das Phänomen Bhagwan aus tibetischer Sicht?

Nydahl: Er ist da überhaupt nicht bekannt. Es ist ein indischer Trick, sich von allen Leuten gutheißen zu lassen. Die Geschichte Bhagwans zum Beispiel, er hätte in früheren Leben mit dem Karmapa zusammen meditiert, ist einfach falsch. Der Karmapa kennt ihn überhaupt nicht. Ich weiß das als sein Schüler. Aber andererseits, wenn Bhagwan für die Wesen etwas Gutes tut, dann freuen sich natürlich auch die Tibeter; ich freue mich auch darüber, aber ich weiß nicht genug über das, was er tut, und kann deshalb nicht so viel darüber sagen.

Überall gibt es heute Prophezeiungen über ein bevorstehendes Weltende, aber auch einen neuen Erlöser. Was sagen die Lamas dazu?

Nydahl: Die Lamas betonen, daß es jetzt wichtig ist, bewußt mit dem Geist umgehen zu lernen, denn in den nächsten Jahren wird es nicht leichter werden. Von einem wirklich großen Weltende wird nicht gesprochen, aber daß es ständig mehr Unzufriedenheit, Verwirrung, Leid und störende Gefühle geben wird, das scheint offensichtlich zu sein. Die Lamas erklären das damit - der Karmapa selbst hat es öfters so formuliert -, daß neben den immer gleichbleibenden Grundgefühlen die Schicht von unverdauter Information, unverbrauchtem Material, von Dingen, die unbewußt im Geist arbeiten, stärker ist als je zuvor. Daran gilt es zu arbeiten.

Wie wichtig ist das Studium der buddhistischen Philosophie für authentische spirituelle Erfahrungen?

Nydahl: Innerhalb des tibetischen Buddhismus gibt es vier Schulen, die für verschiedene Leute geeignet sind, ihnen zu helfen. Einige sind eher intellektuell, trocken - das ist für gewisse Leute sehr wichtig -, andere, wie zum Beispiel die, die ich vertrete, die Kagyü-Schule, die im Westen am weitesten verbreitet ist und für die ich ständig herumreise, arbeitet unter Voraussetzung eines fundamentalen, tiefen Vertrauens mit der direkten Übertragung geistigen Erlebens. Der Lehrer kann durch den Strom seiner Energie dem Schüler etwas direkt übertragen. Wenn die höchsten Belehrungen des Diamantwegs, mit denen wir arbeiten, verstanden werden, dann fällt einem der Rest frei in die Hand, so wie man, wenn man den König erobert, das ganze Land besitzt.

Man kann also den Hauptteil der Lehre durch Transmission, Intuition erfahren?

Nydahl: Durch Transmission und einen bestimmten Grad an Wissen. Man muß schon wissen, daß der Geist nicht irgendein Ding ist, und man muß auch über den Glauben an ein eigens abgeschnittenes Ich hinaus sein.

Ist Ihrer Ansicht nach das Christentum am Ende?

Nydahl: Ich glaube, das Christentum hat viele Aspekte. Ein Aspekt, wo man bestimmt nicht am Ende ist, ist der des Heilens. Im Namen Jesu werden zum Beispiel noch viele Heilungen und Wunder vollbracht. Ich denke, daß für Menschen, die nicht allzu viel Philosophie wünschen und sehr viel Hingabe entwickeln können, Christus immer noch sehr nützlich ist, vor allem, wenn man sich von dem eingrenzenden Prinzip der Alleinseligmachung befreit. Als einmal Missionare zu den Tibetern kamen und ihnen von Jesus erzählten, sagten jene: "Ein großer Bodhisattva, schön, was er alles gemacht hat." Als dann über die Wunder berichtet wurde, meinten sie: "Das glauben wir, das ist bestimmt wahr." Die Missionare verwunderten sich: "Ja, dann seid ihr ja Christen!" "Nein", entgegneten die Tibeter, "denn der Yogi ein paar Häuser weiter kann dasselbe tun."

Wo Christus als großer Lehrer und Bodhisattva erscheint, ist er sehr nützlich, aber wo in ihm der Einzige, der Erlöser etc. gesehen wird, ist er nicht mehr so modern.

Noch eine private Frage. Sie sind inzwischen ein echter Wanderlama, reisen sehr viel, sind eigentlich ständig unterwegs. Dennoch sind Sie auch verheiratet. Vermissen Sie Ihre Frau nicht sehr?

Nydahl: Doch, wie vermissen uns sehr, aber wir sind tatsächlich wie Zwillinge. Ihre Funktion ist es, mit traditionellen Lamas zu reisen und für sie zu übersetzen, und ich erfahre manchmal ganz direkt, daß das, was sie gerade übersetzt, plötzlich in meinen Vorträgen auftaucht, wie von selbst entsteht. Ebenso erlebt sie meine Glückszustände mit, wenn ich zum Beispiel mit vielen Freunden zusammen bin. Es funktioniert zwischen uns beiden. Dennoch vermisse ich ihre Gegenwart natürlich sehr.

Was sind Ihre nächsten Stationen?

Nydahl: Dänemark, Schweden, Norwegen, dann noch einmal Südeuropa, Südafrika, Nordamerika, Südamerika, Ostasien, von überall kommen Einladungen.

Ist es noch wichtig für Sie, nach Tibet oder Sikkim zu reisen?

Nydahl: Die hohen Lamas kommen alle hierher. Meine Freunde wohnen dort, aber meine Lehrer kommen alle in den Westen.

KAGYÜPA-KONTAKTADRESSEN
IN DER BRD, ÖSTERREICH UND DER SCHWEIZ

Da unsere bis jetzt etwa 50 Zentren in den deutschsprachigen Ländern anscheinend der tibetischen Nomadentradition folgen, sich vergrößern und dadurch umziehen, hier ein paar sichere Kontaktadressen. Jede größere Stadt hat schon eine Gruppe, mit der man meditieren kann.

DEUTSCHLAND

Karme Chö Ling Hamburg
Hakortstieg 4, D-2000 Hamburg 50
Tel. 040 / 389 56 13

Karme Chö Ling Wuppertal
Heinkelstr.27, D-5600 Wuppertal
Tel. 0202 / 875 52

Schwarzenberg, Sys Leube
Tel. 08366 / 897

Karme Chö Ling Heidelberg
Friedensstr.20, D-6900 Heidelberg
Tel. 06221 / 41 04 95

Karme Chö Ling Passau
Löwengrube 16, D-8300 Passau
Tel. 0851 / 311 95

Karme Chö Ling München
Tel. 089 / 49 37 72

ÖSTERREICH

Karme Chö Ling Wien
Fleischmarkt 16, A-1010 Wien
Tel. 0222 / 82 85 434

SCHWEIZ

Karma Dorje Ling
Neuarlesheimerstr.15, CH-4143 Dornach

KAGYÜPA-ZENTREN IN WEITEREN EUROPÄISCHEN LÄNDERN

DÄNEMARK

Karme Chö Ling Kopenhagen
Svanemöllevej 56, DK-2100 Kopenhagen
Tel. 01 / 29 27 11

Retreat-Zentrum Karme Chö Ling Rödby
Korterupvej 21, DK-4920 Sollestedt bei Rödby
Tel. 03 / 91 60 97

ITALIEN

Karma Phüntsok Dechen Ling
c/o Rondini-Savoli, Via delle Cossere 9, I-25100 Brescia
Tel. 030 / 53 782

GRIECHENLAND

Karma Drub Dje Chö Khor Ling
Platia Vathis, Sonierou 15b, GR-10438 Athens
Tel. 01 / 52 20 810

SPANIEN

Karma Gön
Atalya Alta, Apartado 179, E-29700 Velez Malaga

Ole Nydahl

Freude und

Freiheit

grenzenlos

Joy-Verlag

Tibetischer
Buddhismus

Ole Nydahl
„Mahamudra"

Neu

„Mahamudra ist das Spannendste von der ganzen Welt:
Springt man mit dem Fallschirm ab, bevor er sich öffnet,
oder mitten in den tollsten Augenblicken der Liebe,
wer hat da die Erlebnisse, wer hat die Freude, wer hat
die Spannung? Ihr könnt nachschauen, es ist immer
derselbe, nämlich unser eigener Geist."

Joy-Verlag
Thomas & Maria
Kettenring

Senngutweg 22
7972 Isny
Tel.: 07562/4155

80 Seiten, illustriert
Format 23×17 cm

Preis DM 24.--

ISBN 3-9801624-3-5